근본적 경험론에 관한 시론

 M 카이로스총서 49

근본적 경험론에 관한 시론

Essays in Radical Empiricism

지은이 윌리엄 제임스
옮긴이 정유경

펴낸이 조정환
책임운영 신은주
편집 김정연
디자인 조문영
홍보 김하은

펴낸곳 도서출판 갈무리 등록일 1994. 3. 3. 등록번호 제17-0161호
초판인쇄 2018년 1월 30일 초판발행 2018년 1월 31일
종이 화인페이퍼 인쇄 예원프린팅 제본 은정제책

주소 서울 마포구 동교로18길 9-13 [서교동 464-56]
전화 02-325-1485 팩스 02-325-1407
website http://galmuri.co.kr e-mail galmuri94@gmail.com

ISBN 978-89-6195-174-6 93130
도서분류 1. 철학 2. 서양철학

값 18,000원

이 도서의 국립중앙도서관 출판예정도서목록(CIP)은 서지정보유통지원시스템 홈페이지(http://seoji.
nl.go.kr)와 국가자료공동목록시스템(http://www.nl.go.kr/kolisnet)에서 이용하실 수 있습니다.(CIP제어
번호 : CIP2018001600)

근본적 경험론에
관한 시론

Essays in Radical Empiricism
by William James

윌리엄 제임스 지음
정유경 옮김

갈무리

일러두기

1. 본문의 숫자와 강조는 편집자 랠프 바튼 페리가 직용한 것이다.
2. 이 책의 8장은 불어로 쓰였으며, 1912년에 처음으로 출간될 때도 불어본으로 실려 있었다. 그러나 이 책의 번역에 사용된 Dover 출판사의 2003년 판본에는 스탠리 애플바움이 번역한 영어본이 실려 있으며, 이밖에 1967년에 출간된 살바토레 살라디노의 영어본도 존재한다. 옮긴이는 제임스 자신이 쓴 불어본을 기본으로 작업하였으되, 책의 나머지 부분과의 연결성을 고려해 위의 두 영어본과 대조를 거쳤다.
3. 이 책에서 언급된 윌리엄 제임스의 주요 저서 목록은 다음과 같다. 인용된 책의 페이지는 모두 원서에 준하며, 주석에서는 참조 시의 편의를 위해 책 제목을 따로 번역하지 않았다.
   The Principles of Psychology (1890);『심리학의 원리』, 정양은 옮김 (2005 : 아카넷)
   The Will to Believe (1897);『믿음의 의지』
   The Varieties of Religious Experience (1902);『종교적 경험의 다양성』, 김재영 옮김 (2000 : 한길사)
   Pragmatism (1907);『실용주의』, 정해창 옮김 (2008 : 아카넷)
   The Meaning of Truth (1909)『진리의 의미』
   A Pluralistic Universe (1909)『다원론적 우주』
   Some Problems of Philosophy (1911)『철학의 몇 가지 문제』
   Essays in Radical Empiricism (1912)『근본적 경험론에 관한 시론』
4. 대문자로 강조된 어휘는 작은따옴표로 묶어 표시하였다. 저자가 본문에 섞어 쓰고 있는 각종 외래어들은 특별히 개념적으로 강조된 것이 아닐 경우가 종종 있으나, 문체의 특성을 반영하므로 원어를 병기하였다.
5. 지은이 주석, 옮긴이 주석, 영어판 편집자 주석은 같은 일련번호를 가지며, 옮긴이 주석에는 [옮긴이], 영어판 편집자 주석에는 [편집자]라고 표시하였다.
6. 별도의 표시가 없는 한 ( )로 삽입된 구절은 영어판 편집자의 것이며, [ ]로 삽입된 구절은 옮긴이의 것이다.

이 책은 윌리엄 제임스가 죽기 전 몇 해 동안 구상한 것으로 알려진 계획을 실행에 옮기려는 시도이다. 그는 1907년에 발췌원고들을 모아 "근본적 경험론에 관한 시론"이라는 제목이 쓰인 봉투에 넣어 보관했다. 또한, 그는 같은 제목을 붙인 이 발췌 묶음의 사본을 하버드 일반 도서관과 에머슨 홀의 철학 도서관에 비치해 학생들이 이용하게 했다.

2년 후에 제임스 교수는 『진리의 의미』와 『다원론적 우주』를 출간했고, 이 책들에 그가 "근본적 경험론에 대한 시론"에 쓰려고 했던 몇 편의 글을 끼워 넣었다. 그런데도 그가 살아 있었다면 당초의 계획을 완수했을 것이라고 확신할 수는 없다. 다만 몇 가지 사실은 매우 분명히 부각된다. 우선 최초의 계획에는 포함되어 있었으나 훗날 출간된 책들에서 제외된 글들은 그의 다른 저작들을 이해하는 데 반드시 필요하다. 그는 이 글들을 반복적으로 시사한다. 『진리의 의미』(p. 127)에서 그는 다음과 같이 말한다. "이 서술은 내가 쓴 두 편의 글, 「"의식"은 존재하는가?」와 「순수경험의 세계」를 읽지 않은 사람에게는 지나치게 모호한 것으로 여겨질 것이다." 본서에도 이런 식의 언급이 몇 차례 등장한다. 두 번째로 원래 "근본적 경험론에 대한 시론"이라는 제목으로 묶인 글들은 하나의 일관된 전체를 구성한다. 이 글들 대부분이 2년 이내의 기간에 연달아 쓰였을 뿐 아니라, 수많은 상호참조를 포함하고 있다. 세 번째로 제임스 교수는 "근본적 경험론"을 하나의 **독립적 학설**로 여겼다. 그는 이를 분명하게 주장했다. "내가 이해하는 바의 실용주의와, 최근에 내가 '근본적 경험론'으로 제시한 것 사이에는 아무런 논리적 연관성이 없다는 점을 말하고자 한다. 후자는 독자적인 것이다. 근본적 경험론을 전적으로 부정하는 사람이라도 여전히 실용주의자일 수 있다." (『실용주의』[1], 서문, p. ix.) 끝으로 제임스 교수는 말년에 "근본적 경험론"을 "실용주의"보다 기본적이고 중요한 것으로 여기게 되었다. 『진리의 의미』 서문에서 저자는 실용주의를 둘러싼 논란을 계속하고, 또한 가능하면 결론짓고자 하는 바람을 다음과 같이 설명하고 있다. "나는 철학에서 내가 근본적 경험론이라 명명한 또 다른 학설에 관심이 있다. 그리고 내가 보기에 진리에 관한 실용주의 이론의 수립은 근본적 경

---

1. [한국어판] 윌리엄 제임스, 『실용주의』, 정해창 옮김, 아카넷, 2008.

험론을 널리 퍼뜨리는 데 가장 중요한 한 단계이다."(p. xii).

그러므로 편집자는 이 책을 준비할 때 두 가지 동기에 지배되었다. 한 가지는 제임스 교수의 여타 저작에서 찾아볼 수 없는 중요한 글들을 보존하고 접근 가능하게 만드는 것이다. 이것은 1, 2, 4, 8, 9, 10, 11장의 시론들에 해당한다. 다른 하나는 독립적이고 일관되며 기본적인 하나의 학설을 체계적으로 다루고 있는 일련의 시론들을 한 권의 책으로 묶어내는 것이다. 이를 위해서는 최초의 계획에 포함되어 있었지만 나중에 다른 책들에 발췌 출간된 세 편(3, 6, 7장)의 시론과, 최초의 계획에 포함되어 있지 않은 7장의 시론을 이 책에 함께 묶는 것이 최상이라 여겨졌다. 3, 6, 7장의 시론은 시리즈의 연속성을 위해 불가결하고, 나머지 시론들과 밀접하게 관련되어 있으므로 연구자들에게 제공되어야 할 것이다. 7장의 시론은 저자의 일반적 "경험론"을 조명하는 데 중요하며, "근본적 경험론"과 저자의 여타 학설 사이의 중요한 연결고리를 형성하기도 한다.

요컨대 이 책은 논집이라고 하기보다는 전체가 한 편의 논문으로 구성되었다. 아직 단행본 형태로 출간되지 않았지만 전기적, 혹은 역사적 중요성을 갖는 글들을 엮은 다른 책이 나올 것이다.[2] 이 책은 제임스 교수의 철학을 연구하는 학자뿐 아니라, 형이상학과 지식 이론 연구자를 위한 것이기도 하다. 이 책은 "근본적 경험론"의 학설을 짧은 분량 안에서 체계적으로 제시하고 있다.

이 학설의 일반적 의미에 관해 한마디 더 할 수 있겠다. 『믿음의 의지』(1898)에서 제임스 교수는 자신의 "철학적 태도"에 "근본적 경험론"이라는 이름을 붙이고 다음과 같이 설명한다. "그것이 사실에 관한 가장 확실한 결론들을 미래의 경험이 펼쳐지면서 수정되기 쉬운 가정들로 여기는 데 만족하기 때문에 나는 '경험론'이라는 말을 하는 것이다. 또한 '근본적'이라고 말하는 것은, 그것이 일원론의 학설 자체를 하나의 가정으로 다루기 때문이다. 또한, 실증주의라거나 불가지론, 과학적 자연주의 등으로 불리는 저 많은 어중간한 경험론과는 달리, 근본적 경험론은 일원론을 모든 경험이 부합해야 하는 것으로 교조적으로 긍정하지 않는다"(pp. vii~viii). 이렇게 기술한 "경험론"은 학설이라고 하기보다는 "철학적 태도" 또는 정신의 기질이며, 제임스 교수의 모든 저작의 특성을 나타낸다. 그것은 이 책의 열두 번째 시론에서 제시된다.

좁은 의미에서 "경험론"은 철학적 문제를 해결하기 위해

---

2. [옮긴이] 이 책의 편집자 페리는 제임스에 관한 복수의 저작을 출간했으며, 특히 1936년에 두 권으로 이루어진 제임스의 전기 *The Thought and Character of William James*(London : Oxford)를 펴냈다.

특수한 경험에 의존하는 방법이다. 합리론자는 원리의 인간이고, 경험론자는 사실의 인간이다. (『철학의 몇 가지 문제』, (xx) p. 35; 그리고 같은 책, p. 44와 『실용주의』, pp. 9, 51 참조.) 또는 "원리는 보편적이고, 사실은 특수하므로, 합리론적 사고가 전체에서 부분으로 감으로써 가장 쉽사리 진행되는 반면 경험론적 사고는 부분에서 전체로 감으로써 가장 쉽게 진행된다고 말함으로써 두 경향을 가장 잘 규정할 수 있을 것이다." (『철학의 몇 가지 문제』, p. 35; 그리고 같은 책, p. 98와 『다원론적 우주』, p. 7 참조.) 더욱이 경험론은 "우리를 감각으로 되돌려 보낸다." (앞의 책, p. 264.) "경험론적 관점"은 "실재가 날마다 일시적으로 창조되므로, 개념들은⋯ 결코 적절히 지각을 대체할 수 없다⋯. 실재의 더 심오한 특징은 지각적 경험에서만 발견된다"고 주장한다. (『철학의 몇 가지 문제』, pp. 100, 97.) 이런 의미에서 경험론은 지금까지는 제임스 교수의 철학이 **전체로서** 가진 특징이다. 이 책에 제시된 것은 독특하고 독립적인 학설이 아니다.

이러한 최종적이고 가장 좁은 의미에서 "근본적 경험론"에 관해 작성된 유일한 개요가 『진리의 의미』 서문(pp. xii~xiii)에 실려 있는데, 이 책의 본문에 대한 열쇠로 그것을 여기 발췌 수록하고자 한다.

"근본적 경험론은 (1) 우선 하나의 공준, (2) 다음으로 하나의 사실 언표, (3) 끝으로 일반화된 결론으로 구성된다."

(1) "공준은 철학자들 사이에서 논쟁거리가 될 수 있는 것은 경험에서 가져온 용어로 규정할 수 있는 것들뿐이라는 것이다. (경험할 수 없는 성질을 가진 사물은 임의로 존재할 수 있겠지만, 그것은 철학적 논쟁을 위한 재료의 어느 부분도 형성하지 않는다.)" 이것은 "방법적 공준"으로서의 "순수경험의 원리"이다(이 책 166, 243쪽 참조). 이 공준은 저자가 반복해서 섀드워스 호지슨의 공으로 돌리는 관념, 즉 "실재란 단지 그것이 '인식된-바'의 것일 뿐"이라는 관념에 상응한다.(『실용주의』, p. 50; 『종교적 경험의 다양성』, p. 443; 『진리의 의미』, pp. 43, 118.) 이런 의미에서 "근본적 경험론"과 실용주의는 밀접하게 관련되어 있다. 실제로 실용주의가 "어떤 명제든 그것의 의미는 언제나 우리 미래의 실천적 경험에서 특수한 어떤 결과를 초래할 수 있다 …" 는 주장으로 규정된다면 "요점은 경험이 활성화되어야 한다는 사실보다는 경험이 특수한 것이어야 한다는 데 있다."(『진리의 의미』, p. 210) 그럴 때 실용주의와 위의 공준은 동일한 것이 된다. 그러나 이 책은 이 공준을 주장하는 것보다는 그것을 이용하기 위해 쓰였다. 그리고 그 방법은 관계에 대한 어떤 "사실의 언표"에 힘입어 특수하게 적

용될 때 성공적이다.

(2) "사실의 언표는 사물들 사이의 연접적이거나 이접적인 관계가 사물 그 자체보다 더하지도 덜하지도 않은, 직접적인 특수한 경험의 문제이기도 하다는 것이다." (역시 『다원론적 우주』, p. 280; 『믿음의 의지』, p. 278 참조.) 이것은 이 책의 중심 학설이다. "근본적 경험론"은 여기서, 다른 부분에서는 연관성을 갖는 흄이나 J. S. 밀 등의 "통상적 경험론"과 구별된다 (이 책 54~56쪽 참조). 그것은 "활동"에 대한 경험론적이고 관계적인 설명을 제공하며, 그리하여 저자의 주의설 主意說, voluntarism을 그것과 쉽게 혼동되는 어떤 관점 — 순수하거나 초월적인 활동을 지지하는 관점과 구별 짓는다 (이 책 6장 참조). 그것은 이제껏 철학을 혼란에 빠뜨려온 지독한 괴리로부터 탈출할 수 있게 해준다. 그것은 의식과 물리적 성질, 사유와 그 대상, 한 정신과 다른 정신, 하나의 "사물"과 다른 사물 사이의 괴리이다. 이러한 이접들은 어떤 "외적인 초경험적 연접적 지지"를 소환함으로써 "극복"될 필요 없다 (『진리의 의미』, 「서문」, p. xiii). 그러한 이접은 문제가 되는 이원성을 단지 공통의 경험적 항들 사이의 경험적 관계의 차이로 읽음으로써 피할 수 있다. "의미"와 "진리"에 관한 실용주의적 해석은 "관념"과 "대상"의 지독한 이접을 어떻게 피할 수 있는지 보여줄 뿐이다. 이 책은 실용주의를

이러한 관점에서 제시할 뿐 아니라, 위에서 언급된 다른 이원성에 관한 유사한 해석을 덧붙인다.

이렇듯 실용주의와 근본적 경험론은 **방법**으로 볼 때는 본질적으로 다르지 않지만, 학설로서는 서로 독립적이다. "의미"와 "진리"에 관한 실용주의 이론은, 관계에 관한 어떤 기본적 이론에 근거하지 않고, 그러한 관계 이론을 남은 철학적 문제들로 확장하지 않더라도 성립한다. 요컨대 앞서 말한 "사실의 언표"나 뒤따르는 "일반화된 결론"과 별개로 성립하는 것이다.

(3) "일반화된 결론은 그러므로 경험의 부분들은 그 자체가 경험의 부분들인 관계들에 의해서 차례로 결합해 간다는 것이다. 요컨대 직접적으로 파악된 우주는 외적인 초경험적 연접적 지지를 필요로 하지 않으며, 그 자체로 연쇄되거나 연속되는 구조를 가진다." 이렇게 일반화했을 때, "근본적 경험론"은 실용주의를 특수한 장으로 포함하는 지식 이론일 뿐 아니라, 형이상학이기도 하다. 그것은 "초경험적 실재에 관한 가정"(이 책 200~202쪽 참조.)을 배제한다. 그것은 저자가 실재는 "경험-연속체"라는 자신의 이론을 가장 철저하게 언표한 것이다. (『진리의 의미』, p. 152; 『다원론적 우주』, 5, 7강.) 제임스 교수는 그러한 실증적이고 구성적인 "경험론"에 관해 다음과 같이 말했다. "경험론을, 지금까지 어떤 기이한

오해를 통해 그것이 무종교와 연합되어 온 것처럼 종교와 연합하게 해 보자. 그러면 철학은 물론 종교의 새로운 시대가 시작될 준비가 될 것이라고 나는 믿는다."(『다원론적 우주』, p. 314; 같은 책, 8강, 여러 곳, 『종교적 경험의 다양성』, pp. 515~527 참조.)

편집자는 이 시론들이 발췌 출간되었던 잡지들과, 이 책의 준비과정에서 값진 조언과 도움을 준 제임스 교수의 많은 친우들에게 감사를 표하고 싶다.

랠프 바튼 페리
케임브리지, 메사추세츠
1912년 1월 8일

차례

1장

"의식"은
존재하는가?[*]

"사고"thoughts와 "사물"things은 두 종류의 대상에 붙여진 명칭이다. 이 둘은 상식의 관점에서 언제나 대비될 것이고, 실제로도 언제나 서로 대립할 것이다. 철학은 과거에 그 대비에 관해 성찰하면서 다양한 설명을 제시해왔으며, 미래에도 다양한 설명을 기대할 수 있다. 처음에는 "정신spirit과 물질", "영혼과 신체"가, 중요성과 관심 면에서 매우 대등한 한 쌍의 등위적 실체equipollent substances를 대표했다. 그런데 어느 날 칸트가 영혼을 약화시키고 선험적 자아를 도입하자, 그 후로 양극적 관계는 상당히 균형을 잃었다. 선험적 자아는 오늘날 합리론 진영에서는 모든 것을 의미하지만, 경험론 진영에서는 거의 아무런 의미도 없는 듯하다. 슈페Ernst Julius Wilhelm Schuppe, 1836-1913, 렘케Johannes Rehmke, 1848-1930, 나토르프Paul Gerhard Natorp, 1854-1924, 뮌스터버그Hugo Münsterberg, 1863-1916 — 적어도 초기 저술의 경우, 슈베르트–졸더른Richard Ritter von Schubert-Soldern, 1852-1935 등의 저자에 의해서, 정신의 원리는 경험의 "내용"이 인식된다는 사실을 가리키는 명칭에 불과한 전적으로 유령과 같은 상태로 약화한다. 그것은 인칭적 형태와 활동을 상실하고 — 이

---

* [편집자] *The Journal of Philosophy, Psychology and Scientific Methods*, vol. I, No. 18, September a, 1904에 실렸던 글. 이 시론과 이어지는 시론들의 관계에 대해서는 이 책 64~66쪽 참조.

러한 것들이 내용으로 넘어가면서 ─ 그 자체로는 절대 아무것도 말할 것이 없는 단순한 의식성Bewusstheit 또는 의식 일반 Bewusstsein überhaupt이 된다.

나는 "의식"이 일단 이러한 순수한 투명성의 상태로 증발하면, 그것은 완전히 사라지는 지경에 있다고 믿는다. 그것은 비존재nonentity의 이름이며, 제1원리들 사이에 놓일 권리가 없다. 아직도 거기에 매달리는 이들은 한낱 메아리에 매달려 있는 것이다. 그것은 사라지는 "영혼"이 철학의 대기 속에 남겨 두고 간 흐릿한 소문일 뿐이다. 지난 수년 동안 나는 여러 편의 글에서 저자들이 의식 개념을 버리고,[1] 그것을 두 요소로 구성된 것이 아닌 절대적 경험의 개념으로 대체하기에 이른 것을 읽었다. 그러나 그들은 충분히 근본적이지 않았고, 충분히 대담하게 부정하지 못했다. 20년 동안 나는 의식이 어떤 존재entity라는 것을 불신해왔고, 7, 8년 전부터는 학생들에게 그것의 비-존재non-existence를 주장하면서 경험의 실재들에서 그것의 실용적pragmatic 등가물을 제시하고자 했다. 공개적으로 그리고 보편적으로 의

---

1. 볼드윈(James Mark Baldwin, 1861~1934), 워드(James Ward, 1843~1925), 보든(Henry Heath Bawden, 1871~1950), 킹, 알렉산더(Heartley Burr Alexander, 1873~1939) 등의 글들. 페리(Ralph Barton Perry, 1876~1957) 박사는 솔직히 경계 선상에 있다.

식을 부정할 때가 무르익었다고 본다.

"의식"이 존재한다는 것을 노골적으로 부정하는 것은 표면상 너무나 터무니없어 보이기 때문에 – "사고"가 부정할 수 없이 존재하므로 – 독자들 일부는 내가 하는 이야기를 더는 따라오지 않는 것이 아닐까 두렵다. 그렇다면 곧장, 나는 단지 그 말이 어떤 존재를 나타낸다는 것을 부정하려는 것뿐이고, 그러나 그것이 어떤 기능을 나타낸다는 것은 무엇보다 열렬히 주장하고자 한다는 점을 설명하겠다. 요컨대 내 말은 물질적 대상들을 구성하는 것과는 대조적으로, 우리의 사고를 구성하는 시원적 재료stuff나 존재의 성질은 없다는 것이다.[2] 그러나 경험에는 기능이 있으며, 사고가 그것을 수행하고, 그것의 수행을 위해 존재의 이러한 성질이 환기된다. 그 기능은 앎knowing이다. "의식"은 사물이 단순히 존재할 뿐 아니라 알려지고 인식된다는 사실을 설명하는 데 필수적인 것으로 전제된다. 의식이라는 개념을 자신의 제1원리들의 목록에서 지워버리는 사람이라 해도, 그는 그러한 기능을 수행하게 될 방법은 여전히 제공해야 한다.

---

2. [편집자] 유사하게 " '의식'의 활동과 같은 것"도 없다. 여섯 번째 시론 「활동성이라는 경험」, 각주 15를 참조.

I

    나의 논지는, 세상에 단 하나의 일차적 재료 또는 물질, 즉 모든 것을 구성하는 재료가 있다는 가정에서 출발한다면, 그리고 우리가 그 재료를 "순수경험"이라고 부른다면, 그럴 때 앎은 순수경험의 부분들이 진입할 수 있는, 상호 간의 특수한 종류의 관계로서 쉽게 설명된다는 것이다. 관계 자체는 순수경험의 일부이다. 그 "항들" 가운데 하나는 주체, 혹은 지식을 지닌 자, 인식하는 자가 되고[3] 다른 항은 인식 대상이 된다. 이것을 이해하기 위해서는 상당한 설명이 필요할 것이다. 가장 좋은 방법은 이를 대안적인 관점과 비교해보는 것이다. 그러기 위해서 가장 최근의 대안을 들 수 있다. 거기서 명확한 영혼-실체의 증발은, 그것이 아직 완성되지 않은 채로 갈 수 있는 데까지 진행되었다. 신칸트주의가 예전에 이원론의 형식들을 추방했다면, 이번에는 우리가 신칸트주의를 추방함으로써 모든 형식을 추방하게 될 것이다.

    내가 신칸트주의자라고 부르는 사상가들이 보기에, 의

---

3. 『심리학의 원리』에서 나는 우리가 "현행 사고"(passing thought) 외에 다른 어떤 인식하는 자도 필요로 하지 않음을 보이고자 했다. 〔*The Principles of Psychology*, vol. I. pp. 338ff. [윌리엄 제임스, 『심리학의 원리』 1~3, 정양은 옮김, 아카넷, 2005.]〕

식이라는 말은 오늘날 경험이 구조 면에서 확고하게 이중적이라는 사실을 알려줄 뿐이다. 그것은 주체도 대상도 아닌 대상-더하기-주체가 현실적으로 존재할 수 있는 최소한임을 뜻한다. 한편 주체-대상의 구별은 마음mind과 물질, 육체와 영혼의 구별과 완전히 다르다. 영혼은 분리 가능했고, 독립된 운명을 가졌다. 또한 영혼에 이런저런 일이 일어날 수 있었다. 의식 자체에는 아무것도 일어날 수 없다. 왜냐하면, 그 자체로 초시간적인timeless 의식은 단지 시간 속에서 벌어지는 것의 목격자일 뿐, 그 사건에서 아무런 역할도 하지 않기 때문이다. 한마디로 그것은 어떤 '경험' 속에서 "내용"에 대하여 논리적 상관관계에 있는 것이며, 그것의 독특성은 그 안에서 사실이 밝혀진다는 것, 내용에 대한 인지awareness of content가 일어난다는 것이다. 의식은 그 자체로 완전히 비인칭적이다 ─ "자아"와 그것의 활동은 내용에 속한다. 내가 자유 의지의 발휘에 대해 의식하고 있다, 혹은 자아를 의식하고 있다는 말은 단지 "자아"와 "의지의 노력"effort of will이라는 이름을 가진 특정한 내용들이 발생할 때 목격자가 없지 않다는 것을 뜻한다.

따라서 뒤늦게 칸트의 샘물을 마신 이들을 위해 우리는 의식의 "인식론적" 필연성을, 설령 그것이 존재한다는 직접 증거가 없다 해도 인정해야만 한다.

그러나 이 외에도 우리가 의식 자체에 대한 직접적 의식을 가진다고 생각하는 이가 대부분이다. 외부적 사실의 세계가 물질적으로 존재하기를 멈출 때, 그리고 우리는 다만 기억 속에서 그것을 회상하거나 상상할 뿐일 때, 의식은 일종의 미묘한 내부의 흐름으로 나타나고 느껴지는 것으로 간주된다. 일단 이러한 종류의 경험 속에서 인식되면 그것은 외부 세계의 현전 속에서 대등하게 감지될 수 있다. "우리가 의식에 주의를 고정하고, 그것이 무엇인지를 뚜렷하게 보려고 하는 순간"에 관해 최근의 한 저자는 말한다.〔그 순간〕 "그것은 사라지는 것처럼 보인다. 마치 우리 앞에 그저 공허가 있는 것 같다. 파랑의 감각을 내관(內觀)하려고 할 때, 우리가 볼 수 있는 것은 파랑뿐이다. 마치 다른 요소는 투명한 것 같다. 그러나 우리가 충분히 주의를 기울여서 바라보고, 거기에 봐야 할 것이 있음을 안다면, 그것을 식별할 수 있다."[4] "의식"(의식성)에 관해 다른 철학자는 이렇게 말한다. 의식은 "불가해하고 거의 기술할 수 없지만, 모든 의식적 경험이 가진 공통점은, 우리가 그들의 내용이라 부르는 것이 '자아'라는 이름을 가진 어떤 중심을 이렇듯 고유하게 참조한다는 것이다. 오로지 그러한 참조 덕분에 내용

---

4. George Edward Moore, *Mind*, vol. XII, N. S., 〔1903〕, p. 450.

은 주관적으로 주어지거나, 혹은 나타난다 …. 이런 식으로, 아무에게도 의식되지 못한 채 거기 있을 수 있는 종류의 어떤 존재와 의식적 내용을 구별 짓는 유일한 것이 의식, 또는 자아에 관한 참조인 반면, 이 유일한 식별의 근거는 그 이상 상세한 모든 설명을 거부한다. 설령 의식의 존재가 심리학의 기본적 구성요소라고 할지라도, 그것은 확실한 것으로 규정될 수 있고, 분석에 의해 드러날 수 있을지언정 그것 자체가 아닌 어떤 것에서 유추되거나 규정될 수는 없다."5

"분석에 의해 드러날 수 있다"고 이 저자는 말한다. 이것은 의식이 본질적으로 이중적인 내부 구조에 관한 경험을 이루는 하나의 요소, 계기, 구성요소 – 무엇이라 부르든 – 임을 전제한다. 그것에서 우리가 내용을 추출한다면 의식은 그 자신의 눈앞에 드러난 채로 있게 될 것이다. 이쯤 되면 경험은 세계지도를 그린 물감 같은 것이 될 것이다. 물감은 이중의 구조를 가지며, 그 자체가 용제6(오일, 도사陶沙 등)와, 안료의 형태로 거기에 떠있는 내용 무더기

---

5. Paul Natorp, *Einleitung in die Psychologie*, 1888, pp. 14, 112.
6. "비유적으로 말하자면 의식은 하나의 보편적인 용제, 또는 용매로서, 구체적인 종류의 상이한 심적 행동과 사실이 은폐된 형태로든 명백한 형태로든 거기에 포함된다." George Trumbull Ladd, *Psychology, Descriptive and Explanatory*, 1894, p. 30.

를 포함한다. 안료를 가라앉히면 순수한 용제를 얻을 수 있고, 도사나 오일을 따라내면 순수한 안료를 얻을 수 있다. 우리는 여기서 물리적 **뺄셈**에 따라 움직인다. 그리고 통상적인 관점은 심적 **뺄셈**에 의해 우리가 경험의 두 구성요소를 유사한 방식으로 ― 그것들을 완전히 고립시키지 않고, 그것이 두 가지라는 것을 알 수 있을 정도로 구별하는 방식으로 분리할 수 있다는 것이다.

II

그런데 내가 주장하는 것은 이와 정반대이다. 나는 경험에 그런 내부의 이중성이 없다고 믿는다. 또한, 그것은 뺄셈을 통해서가 아니라 덧셈을 통해서 의식과 내용으로 분리된다고 여긴다 ― 그것은 주어진 구체적 한 조각의 경험에 다른 경험 묶음을 더하는 것으로, 이와 관련해 그것의 용도나 기능은 각기 서로 다른 두 종류가 될 수 있다. 여기서도 물감을 예로 들 수 있겠다. 병에 담겨 화방에 다른 물감들과 나란히 진열된 그것은 온전히 상품이다. 반면 다른 물감들과 더불어 캔버스 위에 펴 바르면 그것은 그림 속의 어떤 형상을 표상하고 정신적 기능을 수행한다. 분할되지 않고 주어진 경험의 부분도 그와 마찬가지로 연합의 어떤 맥락에서 취해지면 인식하는 자의 역할, 마음의 상태state of mind의 역할, "의식"의 역할을 한다. 반면 다른 맥락에서 경험의 분할되지 않은 같은 부분은 인식된 사물의 역할, 객관적 "내용"의 역할을 한다. 한마디로, 어떤 군에서 그것은 사고의 역할을 하고, 다른 군에서는 사물의 역할을 하는 것이다. 그리고 그것이 양쪽 군에서 동시에 어떤 역할을 할 수 있기 때문에 우리는 그것이 주관적인 동시에 객관적이라고 얼마든지 말할 수 있다. "경험", "현상", "여건", "발견/앞에 있음"Vorfindung7 등의 이중 용어들이 – 이 용어들은, 어쨌든 철학에서 점점 더 "사고"와 "사물"이라는 단일 용어들을 대체하는 경향이 있다 – 함축하는 이원론은 이러한 설명에서 여전히 보존되지만, 재해석되어서 신비롭거나 종잡을 수 없다기보다는 입증 가능하고 구체적인 것이 된다. 그것은 관계의 문제이고, 고려된 단일한 경험의 경계 안쪽이 아니라 바깥에 자리하며, 언제나 특정되고 규정될 수 있다.

  이원론을 이해하는 이 더 구체적인 방식에 쐐기를 박은 것은 "관념"이라는 말이 사물과 사고에 차별 없이 쓰이게

---

7. [옮긴이] 데이비드 램버트에 의하면 제임스는 Vorfindung이라는 단어를 아베나리우스(Richard Avenarius)에게서 가져왔다. 아베나리우스는 『순수 경험 비판』(*Kritik der reinen Erfahrung*)에서 Vorgefundenes의 형태로 동사 vorfinden을 명사화하여 썼다. vorfinden은 '앞에서 찾다', 즉 '발견하다'라는 의미를 가지며 'sich'와 결합하여 '발견되다', 또는 '있다'는 뜻이 된다. 제임스와 아베나리우스에 관한 주석은 David Lambert, *William James and the metaphysics of Experience* (Cambridge : 2004), p. 85 참조.

한 로크, 그리고 현실에서 상식이라는 말로 뜻하는 것이 바로 철학자들이 관념이라는 말로 의미하는 것이라고 말한 버클리이다. 로크도 버클리도 자신의 진리를 완벽히 명료하게 사유해 내지는 못했지만, 내가 옹호하고 있는 개념 또한 그들이 처음 사용한 것에 비해 "실용적" 방법을 일관되게 수행하는 것에 지나지 않는 것 같다.

독자 여러분은 각자의 경험에 비추어 내가 하는 말의 의미를 이해할 수 있을 것이다. 지각적 경험, 물리적 대상의 이른바 "현전", 당신의 현실적 시계視界, 당신이 읽고 있는 책을 중심으로 하여 당신이 앉아 있는 방에서 시작해 보자. 그리고 당신은 당분간 이러한 복합적 대상을, 상식적으로 그러하듯 보이는 바대로 "실재적으로" 존재하는 것으로 여기도록 하자. 다시 말해 복합적 대상을 물리적인 사물의 집합, 그것이 현실적이거나 잠재적인potential 관계를 맺고 있는 다른 물리적 사물들을 둘러싼 세계에서 잘려 나온 물리적 사물의 집합으로 보는 것이다. 동시에 그것은 당신의 마음이 지각하는 바로 그 동일한self-same 사물이다. 데모크리토스 이래로 지각 철학 전체는, 명백한 하나의 실재인 것이 외부 공간과 한 사람의 마음이라는 두 장소에 동시에 존재해야만 하는 역설을 두고 벌인 오랜 언쟁이었다. 지각의 "표상" 이론은 그러한 논리적 역설을 회피하지만, 반면에 그 이론은 독자의 삶에 대한 감각을 침해한다. 삶에 대한 감각은 개입하는 아무런 심상도 모른 채 방과 책을 그것들이 물리적으로 존재하는 것으로서 직접적으로 보는 듯하다.

하나의 동일한 방이 어떻게 두 장소에 있을 수 있는가 하는 수수께끼는, 근본적으로 하나의 동일한 점이 어떻게 두 개의 선분 위에 있을 수 있는가 하는 수수께끼나 다름없다. 그 점이 두 선의 교차점에 위치한다면 가능하다. 이와 유사하게 그 방에 관한 "순수경험"이 그 방을 서로 다른 연합군에 각각 연관시키는 두 과정의 교차점이라면, 그것은 두 번 중복해서 헤아려질 수 있을 것이다. 비록 그것이 숫자상 줄곧 단일한 사물로 존재할지라도, 각 군에 속하는 것으로, 그리고 두 장소에 존재하는 것으로 느슨하게 거론될 것이다.

자, 경험은 다양한 과정의 일부이며, 각각의 과정은 완전히 다른 경로로 흘러갈 수 있다. 하나의 자기동일적 사물은 경험의 나머지와 너무 많은 관계를 가지고 있어서, 우리는 그것을 이질적인 연합의 여러 체계에서 취할 수 있고, 또한 그것을 상반되는 여러 맥락에 속하는 것으로 다룰 수 있다.[8] 이 중 하나의 맥락에서 그것은 독자인 당신의 "의식

---

8. [편집자] 이 책의 7장 「인본주의의 본질」, II절 참조.

의 장"이고, 다른 맥락에서는 "당신이 앉아있는 방"인데, 그것은 두 맥락 모두에 그 전체로서 들어가므로 그것이 한 부분이나 한 측면으로 의식에 소속하고 또 다른 부분이나 측면으로 외부 현실에 소속한다는 말을 할 구실을 남겨두지 않는다. 그렇다면 방–경험이 이런 식으로 동시에 진입하는 두 과정은 무엇인가?

하나는 독자의 개인사이고 다른 하나는 그 방이 포함된 집의 역사이다. 현전, 경험, 요컨대 저것that(무엇what인지 결정하기 전까지는 그저 저것일 뿐이니까)은 감각, 정서, 결단, 운동, 분류, 기대, 등 현재에서 끝나는 연쇄의 마지막 항이다. 그것은 독자 편에서는 미래로 연장되는 일련의 "내부" 작동들의 첫 번째 항이다. 반면 동일한 바로 저것은 목공, 도배, 가구 놓기, 난방 등 앞선 많은 물리적 작동의 종착점 terminus ad quem이자, 물리적 방의 운명을 겪을 때 고려되게 될 미래의 많은 물리적 작동의 출발점terminus a quo이다. 물리적 작동과 심적 작동은 이상하게도 양립할 수 없는 군을 저마다 형성한다. 방으로서 경험은 그 장소를 점유해왔으며 30년간 그 환경을 가졌다. 독자의 의식의 장으로서 경험은 지금까지 한 번도 존재한 적 없을 수도 있다. 방으로서의 경험에서는 주의를 기울이면 끊임없이 새로운 세부들이 발견될 것이다. 단지 독자의 심적 상태로서의 경험에는 주목해봐야 새로운 것이 거의 나타나지 않을 것이다. 방으로서의 경험은 어쨌든 일정한 시간이 지나면 지진이 일어나거나 갱들이 침입하여 그것을 파괴할 것이다. 독자의 주관적 상태로서의 경험은 눈을 감거나 우리의 환상이 순간적으로 작용하는 것으로 충분할 것이다. 실재 세계에서 불은 집을 소멸시킨다. 독자의 마음 안에서는 불이 나도 아무런 영향이 남지 않을 수 있다. 외적 대상으로서의 그 방에 한 달을 머문다면 방세를 지불해야 한다. 내적 내용으로서는 무료로 얼마든지 그 공간을 차지할 수 있다. 요컨대 독자가 개인사의 사건들과 더불어서만 경험을 취하면서 그것을 심적 방향으로 따라간다면, 모든 종류의 거짓된 것들도 참이 될 것이다. 반면 독자가 경험을 경험된 실재 사물로서 취급하고 그것을 물리적 방향으로 따라가 외부 세계의 연합에 관련짓는다면, 참인 것이 거짓으로 받아들여질 것이다.

III

　여기까지는 모든 것이 순조로워 보이지만 지각에서 개념으로, 눈앞의 사물의 경우에서 멀리 있는 사물의 경우로 옮겨가면 내 주장은 독자에게 필시 점차 설득력을 잃게 될 것이다. 그럼에도 나는 여기 또한 동일한 법칙이 통용된다고 믿는다. 우리가 개념적 다양체, 혹은 기억이나 환상을 예로 든다면 그것들 또한 제1차 개념에서는 그저 순수경험의 편린이며, 어떤 맥락에서는 대상으로 작용하고 다른 맥락에서는 심적 상태 역할을 하는 단일한 저것이다. 그러한 것들을 제1차 개념으로 취한다고 말할 때, 내가 의미하는 바는 그것이 연관될 수 있는, 그것이 이어지고 종결될 수 있는, 또한 그럴 경우 그것이 "표상하는" 것으로 여겨질 수 있는 가능한 지각 경험과의 관계를 무시하겠다는 것이다. 그것들을 우선 이런 식으로 취함으로써 우리는 문제를 직접적으로 느껴지거나 보이는 세계가 아니라 다만 "사유된" 세계에 한정한다.[9] 이 세계는 지각표상의 세계와 마찬가지로 처음에는 경험의 혼돈 상태로 우리에게 당도하지만, 곧 질서의 선들이 감지된다. 우리가 그 세계에서 사례로서 잘라낼 수 있는 어떤 부분도, 우리의 지각 경험이 그러하듯 연합의 구별되는 군에 연관된다는 것을, 이러한 연합들은 상이한 관계로 세계에 연계된다는 것을 우리는 알게 된다.[10]

---

9. [편집자] 저자가 실재성을 "조정하는 영역으로서의 개념"으로 인식하는 것에 관해서는 그의 *The Meaning of Truth*, pp. 42, 195, 주석, *A Pluralistic Universe*, pp. 339~340, *Some Problems of Philosophy*, pp. 50~57, 67~70, 이 책에서 바로 뒤에 오는 주석 10 참조. 그는 이러한 관점을 "논리적 실재론"라고 명명하면서, 다른 책에서는 그의 철학이 "논리적 실재론을 다른 점에서는 경험론석인 사유 방식과 결합하려는 시도라는 점에서 좀 괴이하게 여겨질 수 있다"고 말한다(*Some Problems of Philosophy*, p. 106).

10. 다른 곳에서 그러했듯, 여기서도 관계란 물론 경험된 관계들, 즉 관계된 항

또한 어떤 관계는 어떠한 사람 내부의 역사를 형성하는 반면, 다른 어떤 관계는 비인칭적이고 "객관적인" 세계로서 작용한다는 것을 알게 된다. 그럴 때 이 비인칭적이고 객관적인 세계란 공간적이고 시간적인 것이거나, 그렇지 않으면 단순히 논리적이거나 수학적인 것, 또는 "관념적인" 것이다.

이러한 비지각적 경험이 주관성은 물론 객관성을 가진다는 것을 독자들이 아는 데 방해가 되는 첫 번째 장애물은 아마도 **지각표상**이 그의 마음에 침입하는 데서 기인할 것이다. 지각표상은 비지각적 경험이 관계를 맺는 연합의 세 번째 군이다. 또한 지각표상은 전체로서 비지각적 경험을 "표상하며", 이것은 사고와 사물의 관계와도 같다. 비지각적 경험의 이 중요한 기능은 문제를 복잡하게 하고 혼란스럽게 만든다. 우리는 지각표상을 유일한 실재로 다루는 데 너무 익숙해서, 그것들을 논의 밖에 두지 않는 이상 비지각적 경험 자체에 존재하는 객관성을 완전히 간과하는 경향이 있기 때문이다. 우리는 지각표상을 "인식하면서" 그것을 철두철미하게 주관적인 것으로 취급하고, 그것이 의식이라 불리는 재료로 전적으로 구성되었다고 말한다. 그런데 여기서 의식이라고 하는 이 말이 일종의 존재를 가리

들 자체가 일부를 이루는 비지각적 경험들의 원래 혼돈스러운 동일한 다양체의 부속들이다. 〔이 책 54~55쪽 참조.〕

키는 말로 쓰이는 방식은 내가 논박하고자 하는 바이다.[11]

그럴 때 전적으로 지각표상들로부터 추상하면서 내가 계속 주장하는 것은, 어떤 단일한 비지각적 경험도 지각적 경험과 마찬가지로 하나의 맥락에서는 대상 또는 대상의 장으로, 또 다른 맥락에서는 마음의 상태로 두 번 헤아려지는 경향이 있다는 점이다. 그리고 이 모든 것에는 의식과 내용으로의, 최소한의 내적 자기괴리도 없다. 한 번은 전적으로 의식이고, 다른 한 번은 전적으로 내용인 것이다.

이러한 비지각적 경험의 객관성, 즉 눈앞에서 느껴지는 것과 멀리서 사유되는 것 사이에 실재성의 관점에서 발생하는 완전한 평행론은 뮌스터버그의 『요강』*Grundzüge*에 매우 잘 제시된 것으로 보이므로, 이를 그대로 인용해 보겠다.

"나는 내 대상에 관해 그저 생각만 하는 것일지 모른다"고 뮌스터버그 교수는 말한다. "그러나 나의 생생한 사고 속에서 그것은 지각된 대상과 정확히 같은 모습으로 내 앞에 있다. 그 둘의 발생에서 그들을 포착하는 두 가지 방식이 얼마나 서로 다른 것이든 말이다. 여기 내 앞의 테이

---

11. 비지각적 경험 전체의 표상적 기능에 대해서 나는 이어지는 글에서 한마디 하게 될 것이다. 이런 짧은 글에서 다루기에 지식의 일반이론까지는 너무 먼 이야기다.〔이 책 2장「순수경험의 세계」참조.〕

블 위에 놓여 있는 책과, 옆방에 있으니 가지러 가야겠다고 내가 생각하는 책은 둘 다 내게 동일한 의미에서 주어진 실재들이다. 내가 인정하는 실재와 내가 고려하는 실재인 것이다. 지각 대상이 나에게 어떤 관념이 아니고, 그 지각표상과 사물이 구별 불가능한 하나로서 실재적으로 거기, 외부에서 경험된다는 데 동의한다면, 우리는 대상에 관한 사유가 그저 사유하는 주체의 내부에 숨겨져 있다고 믿지 말아야 할 것이다. 내가 생각하는 대상, 그것이 지금 내 감각에 작용하게 하지 않고서도 내가 그 존재를 인지하는 대상은 내가 직접적으로 보는 대상과 마찬가지로 외부 세상에 한정된 위치를 점하고 있다."

"여기와 저기에 적용되는 것은 또한 지금과 그때에도 적용된다. 나는 눈앞에 있고 지각되는 것에 관해 알지만, 어제는 있다가 지금은 없는 것, 단지 기억만 하는 것에 관해서도 안다. 둘 다 내 현재의 행동을 결정할 수 있으며, 둘 다 내가 고려하는 실재의 일부이다. 내가 과거의 많은 것에 관해 확신하지 못하는 것은, 지금 내 앞에 있더라도 흐릿하게만 지각되는 많은 것에 관해 확신하지 못하는 것이나 마찬가지이다. 그러나 시간의 간격이 원칙적으로 대상과 나의 관계를 변화시키는 것은 아니며, 그것을 미지의 대상에서 심적 상태로 변화시키지도 않는다 …. 지금 내가 살펴보는 이 방 안에 있는 사물과, 떨어져 있는 집에 있는, 내가 생각하는 사물, 이 순간의 사물과 오래-전에-사라진 내 소년기의 사물은, 그것들에 대한 내 경험이 직접적으로 느끼는 어떤 실재성과 더불어 하나같이 내게 영향을 미치고 나를 결정한다. 그것들 모두가 내 실재 세계를 만들고, 직접적으로 그것을 만들며, 지금 여기서 내 안에 나타나는 관념들에 의해 우선 내게 소개되고 매개되어야 하는 것이 아니다…. 내 회상과 기대의 이러한 나-아닌 성격은 내가 그 경험들에서 인지하고 있는 외부의 대상이 반드시 다른 이들을 위해서도 거기 있어야 함을 시사하지 않는다. 꿈꾸는 사람이나 환각에 빠진 사람의 대상은 전적으로 일반적 가치를 갖지 않는다. 그러나 켄타우로스가 됐든 황금산이 됐든 그것들은 여전히 우리 '내부'가 아니라 '저 바깥' 요정의 나라에 있을 것이다."12

이것은 확실히 우리의 사유된 세계를 취하는 직접적이고, 일차적이고, 꾸밈없으며, 또는 실용적인 방식이다. 지각 세계가 있어서 "더 강력"하고 더 순수하게 "외부적"임으로써 텐Hyppolite Taine, 1828-1893적 의미에서 그 "환원"13으로 기

---

12. Münsterberg, *Grundzüge der Psychologie*, vol. I, p. 48.
13. [옮긴이] Hyppolite Taine, *De l'intelligence*, vol. 2.

능해주지 (그리하여 그저 사유된 세계 전체가 비교적 약하고 내부적인 것처럼 보이게 해주지) 않는다면, 우리의 세계는 유일한 세계가 될 것이고, 우리의 믿음 속에서 완전한 실재성을 향유하게 될 것이다. 이것은 지각표상이 끼어들기 전까지 실제로 우리의 꿈과 백일몽에서 벌어지는 일이다.

그러나 (우리가 앞서 들었던 예로 돌아가서) 눈에 보인 방 역시 의식의 장인 것과 마찬가지로, 상상되거나 회상된 방 역시 마음의 상태이다. 그리고 경험의 중첩은 두 경우에 모두 유사한 근거를 가진다.

사유된 방은 요컨대 사유된 많은 사물과 사유 속에서 숱하게 짝지어진다. 이러한 짝지음 중 어떤 것은 일관되지 못하고, 어떤 것은 안정적이다. 독자의 개인사에서 그 방은 단일한 날짜를 차지한다 ― 그는 어쩌면 일 년 전에 딱 한 번 그것을 보았을 것이다. 반면에 집의 역사로 보자면 그것은 항구적 구성요소이다. 로이스Josiah Royce, 1855-1916의 표현을 빌자면, 어떤 짝지음은 사실의 기이한 완고함을 갖고, 또 다른 어떤 짝지음은 공상의 유동성을 보여준다 ― 우리는 그것들이 멋대로 오고 가게 내버려 둔다. 그 방은 그 집의 나머지와, 그 마을의 이름과, 그 소유주의, 건축주의 이름과, 그 집의 가치, 장식 계획과 묶여 확고한 발판을 유지한다. 우리가 그것을 느슨하게 만들려고 해도, 그 방은 그

발판으로 되돌아가려는 경향이 있으며 힘차게 자기를 주
장하려는 경향이 있다.[14] 한마디로 그것은 이 연합들과 긴
밀한 관계를 가지는 반면, 다른 집들, 다른 마을들, 다른
소유주들 등과 긴밀한 관계를 맺으려는 경향은 전혀 보이
지 않는다. 두 집합, 즉 긴밀한 관계를 유지하는 첫 번째 집
합과 느슨하게 연합되는 두 번째 집합은 불가피하게 대비
된다. 우리는 첫 번째 집합을 외적 실재의 체계라고 부른
다. 그 속에서 그 방은 "실재적으로" 존재한다. 또 다른 집
합은 우리의 내적 사고의 흐름이라 불리며, 거기서 방은 "심
상"으로서 한동안 부유한다.[15] 이와 같이 그 방은 두 번 헤
아려진다. 그것은 두 가지 상이한 역할을 한다. 사고Gedanke
와 사고된 것Gedachtes, 즉 대상에 대한 사고와 사고된 대상
이라는 두 가지가 하나 안에 존재한다. 그리고 동일한 물질
적인 것이 주변 세계의 상반되는 부분들과의 관계 때문에
높으면서 낮은, 혹은 작으면서 큰, 나쁘고 좋은 두 가지 모
두일 수 있는 것과 마찬가지로 이 모든 것은 역설이나 신비

---

14. A. L. Hodder, *The Adversaries of the Sceptic*, pp. 94~99 참조.

15. 논의를 간단히 만들기 위해 나는 "외적" 실재성에 대해서만 설명하겠다. 그
    러나 관념적 실재성의 체계 또한 존재하며, 거기서 그 방은 자신의 역할을
    한다. 비교의 관계, 분류, 순서, 가치의 관계 또한 완고하며, 그 방에 한정된
    위치를 부여한다. 우리의 계기적 사고의 단순한 광상곡에서 그것이 일관성
    없는 위치를 가지는 것과는 달리 말이다.

없이 존재한다.

"주관적"이라고 할 때 우리는 경험이 표상하는 것을, "객관적"이라고 할 때는 경험이 표상되는 것을 말한다. 표상하는 것과 표상되는 것은 여기서 수적으로 동일한 것이다. 그러나 경험 자체에는 표상되는 것과 표상하는 것의 이원론은 없다는 것을 기억해야 한다. 순수한 상태에서, 혹은 고립되어 있을 때 경험은 의식과 의식"의" 대상인 것으로 자기분열하지 않는다. 그 주관성과 객관성은 다만 기능적인 속성일 뿐으로, 그 경험이 "취해졌을" 때, 즉 두 번 이야기되고, 그 두 개의 상이한 맥락과 더불어 각각, 새로운 회고적 경험에 의해 고려되었을 때 비로소 실현된다. 이 새로운 회고적 기억을 가지고 과거 복합체 전체는 이제 신선한 내용을 형성하게 된다.

순간적인 현재의 장은 언제나 내가 "순수한" 경험이라 부르는 것이다. 그것은 아직은 오직 가상적으로 혹은 잠재적으로 대상이거나 주체이다. 당분간 그것은 있는 그대로의 특화되지 않은 현실성 또는 존재이며 단순한 저것이다. 이 꾸밈없는 직접성에서 그것은 물론 유효하다. 그것은 거기에 있고, 우리는 그것에 따라 행동한다. 또한 그것이 회고적으로 마음의 상태로 중첩하는 것과 그럼으로써 의도된 실재는 그 행동들 중 하나일 뿐이다. 회고를 통해 처음에 그 자체로 분명하게 다루어진 "마음의 상태"는 수정되고 확인될 것이고, 그 회고적 경험은 다시 유사한 취급을 받게 될 것이다. 그러나 지나가는 직접 경험은 그 고유한 운동에서 언제나 "진리"[16], 실용적 진리, 그 자체의 움직임에 따라 작용하게 될 어떤 것이다. 세계가 그때 거기서 마치 촛불처럼 꺼진다면, 그것은 절대적이고 객관적인 진리로 남을 것이다. 그것은 "마지막 말"이 될 것이기 때문에 비평가는 없을 것이고, 아무도 거기서 의도된 실재에 관해 이루어진 사고에 결코 반대하지 않을 것이다.[17]

나는 이제 내 논지를 분명히 주장할 수 있을 것 같다. 의식은 일종의 외적 관계를 함축하며connote, 특수한 것이나 존재방식을 나타내지denote 않는다. 저것이 존재할 뿐 아니라 인식된다는 우리 경험의 독특성을 설명하기 위해서는 저것의 "의식적" 성질이 소환되는데, 그러한 독특성은 그 경험 서로

---

16. 이 용어의 모호성에 주목하자. 이 말은 때로는 객관적으로, 때로는 주관적으로 쓰인다.

17. *The Psychological Review* 7월호〔1904년〕에서 R. B. 페리 박사가 발표한 '의식'에 관한 견해는 내가 아는 다른 누구의 것보다 내 관점에 가깝다. 페리 박사는, 현재 모든 경험의 영역은 너무 많은 "사실"이라고 생각한다. 그 것은 동일한 대상에 대해 사고하는 생생한 경험이 그것을 바꾸고 수정할 때 회고적으로만 "의견" 또는 "사고"가 된다. 그러나 수정 경험은 그 자체가 다시 수정되고, 따라서 전체로서 경험은 원래 객관적이었던 것이 영원히 주관적인 것이 되고, 대상에 관한 우리의 포착이 되는 과정이다. 독자들에게 페리 박사의 감탄스러운 글을 일독하기를 강력하게 권한다.

간의 관계 ― 이 관계 자체가 경험이지만 ― 에 의해 더욱 잘 설명된다.

IV

이제 내가 개념적 경험에 의한 지각적인 것의 앎을 다루고자 한다면. 그것은 다시금 외적 관계들의 사건으로 입증될 것이다. 어떤 경험은 인식하는 자가 될 것이고 다른 경험은 인식된 실재가 될 것이다. 그리고 나는 "의식"이라는 관념이 없이도 현실적이고 실천적으로 앎이 무엇에 이르는지 완벽하게 정의할 수 있을 것이다. 그것은 세계가 공급하는 일련의 이행적 경험들을 통해 지각표상들로 나아간다 ― 즉 지각표상들로 종결된다. 그러나 지면상의 문제로 이를 다루지는 않겠다.[18] 차라리 나는 현재 제시된 바의 전체 이론에 대해 주장될 것이 분명한 몇 가지 반론을 다루겠다.

---

18. 나는 *Mind*, vol. X, p. 27 1885〔*The Meaning of Truth*, pp. 1~42에 재게재〕, 그리고 *The Psychological Review* vol. II, p. 105, 1895〔*The Meaning of Truth*, pp. 43~50에 부분 게재〕에서 이 문제에 대해 부분적으로 설명했다. *The Journal of Philosophy, Psychology and Scientific Methods*, vol. I, p. 253, May 12, 1904에 실린 스트롱(Charles Augustus Strong 1862~1940)의 글도 참조하라. 나 자신도 곧 이 문제로 되돌아올 수 있기를 희망한다. 〔이 책 3장 「순수경험의 세계」 참조.〕

V

우선 이런 질문이 떠오를 것이다. "경험이 '의식적' 존재가 아니라면, 부분적으로 '의식'으로 만들어진 것이 아니라면, 경험은 무엇으로 만들어지는가? 우리는 물질에 관해 알고, 사고에 관해 알며, 의식적 내용에 관해 알지만, 중립적이고 단순한 '순수경험'이라는 것에 관해서는 전혀 알지 못한다. 그것을 이루는 것이 **무엇인지** – 그것은 무엇인가로 이루어져 있을 테니까 – 말해보라. 할 수 없다면 그 개념을 포기하라!"

이러한 도전에 대한 답은 간단하다. 이야기의 편의상 나 자신이 이 글의 앞부분에서 순수경험의 재료에 대해 말하기도 했지만, 지금은 경험 전반을 만드는 **일반적인** 재료는 없다고 말해야 하겠다. 경험된 사물에는 여러 "성질"만큼이나 여러 가지 재료가 있다. 순수경험의 어떤 한 부분이 무엇으로 만들어졌는지를 묻는다면 그 답은 항상 같다. "그것은 저것으로, 바로 나타나는 것으로, 공간, 강도, 평평함, 갈색임, 무게, 등등으로 만들어져 있다." 여기서 섀드워스 호지슨Shadworth Hodgson, 1832-1912의 분석은 나무랄 데 없다.[19] 경험은 이 모든 감각 가능한 성질들에 대한 집합명사일 뿐

---

19. [편집자] Shadworth Hodgson, *The Metaphysic of Experience*, vol. I, 여러 곳; *The Philosophy of Reflection*, bk. II, ch. IV, §3 참조.

이며, 시간과 공간을 (그리고 말하자면 "존재"를) 제외하면 모든 사물을 만들어내는 보편적 요소는 나타나지 않는다.

VI

다음에 등장하는 반론은 더욱 만만찮으며, 사실 처음 들었을 때 상당히 파괴력이 있다.

"순수경험의 똑같은 단편이 어떤 때는 사고로, 어떤 때는 사물로 두 번 취득되는 것이라면" — 반론은 다음과 같다 — "그 속성들은 어째서 두 취함에서 그토록 근본적으로 다른가? 사물로서 경험은 연장되지만, 사고로서 그것은 공간이나 장소를 차지하지 않는다. 사물로서 그것은 붉고, 단단하고, 무겁지만, 붉고, 단단하고, 무거운 사고라는 것을 들어본 사람이 있는가? 그런데도 당신은 경험은 단지 나타나는 것으로 이루어진다고 말하는데, 나타나는 것은 바로 그러한 형용사들이다. 어떻게 하나의 경험이 사물로 기능할 때는 그 형용사들로 만들어지고, 그것들로 이루어지고, 그것들을 고유한 속성으로 가지는 한편, 사고로 기능할 때는 그것들을 더 이상 갖지 않고, 그것들을 다른 곳에 귀속시킬 수 있는가. 여기에는 자기모순이 있으며, 그로부터 우리를 구해줄 수 있는 것은 사고와 사물의 근본적 이원론밖에 없다. 사고가 어떤 종류의 존재일 때만 그 형용사들은

(스콜라주의 용어로) '지향적으로' 그 안에 존재할 수 있다. 사물이 다른 종류의 존재일 때만, 형용사들은 그 안에 구성요소로서 그리고 활력적으로 존재할 수 있다. 어떤 단순한 주어도 동일한 형용사를 취해서 어느 때는 그것에 의해 수식/특화되고, 또 어느 때는 다만 뜻해지거나 인식된 어떤 것으로서 단순히 그것'이 될' 수는 없다."

이 반대자가 제시하는 해결책은 다른 많은 상식적 해결이 그렇듯 곱씹어 볼수록 만족스럽지 못하다. 애초에 사고와 사물은 흔히 말하듯 이질적인가?

사고와 사물이 어떤 공통의 범주들을 가진다는 것은 아무도 부정하지 않는다. 그들의 시간과의 관계는 동일하다. 나아가 둘 모두는 부분들을 가질 수 있다(심리학자 일반은 사고가 부분들을 가진 것으로 다루기 때문이다). 또한 둘 다 복잡하거나 단순할 수 있다. 둘 모두 종류가 있으며, 비교될 수 있고, 더해지거나 빼질 수 있고 순서대로 배치될 수 있다. 모든 종류의 형용사들이, 그 자체가 순수한 투명성이며, 의식과 양립 불가능하게 보이는 우리의 사고들을 수식/특화한다. 예컨대 그것들은 자연스럽고 쉽거나 아니면 힘들다. 그것들은 아름답고, 행복하고, 강렬하고, 흥미롭고, 현명하고, 어리석고, 초점이고, 주변이고, 무미하고, 혼란스럽고, 애매하고, 정확하고, 합리적이고, 인과적이고, 일반적이고, 특수하고, 그 밖에 여러 가지이다. 심리학 서적의 "지각"에 관한 장들은 사고와 사물의 본질적인 동질성을 향한 사실들로 가득하다. "주체"와 "대상"이 "존재의 전 영역에서" 분리되어 있다면 그리고 어떠한 공통의 속성도 갖지 않는다면, 현전되고 재인된 물질적 대상에서 어느 부분이 감각기관들을 통해 도래하고 어느 부분이 자신의 머리에서 나온 것인지를 말하는 것이 어째서 그토록 어렵겠는가? 감각과 통각 관념은 여기서 너무나 밀접하게 융합되어서, 우리는 더 이상 어디서부터 통각 관념이 시작되고 어디서 감각이 끝나는지 말할 수 없다. 그것은 최근에 전시된 저 교묘한 원형 파노라마에서 실제 전경과 그려진 캔버스가 어느 부분에서 합쳐지는지 말할 수 없는 것이나 마찬가지다.[20]

데카르트는 최초로 사고를 절대적으로 연장되지 않는 것으로 정의했으며, 후대의 철학자들은 그 기술을 옳은 것으로 받아들였다. 그러나 우리가 피트 자나 제곱 야드에 대

---

20. 스펜서가 자신의 "변형 실재론"(Transfigured Realism)(절대적으로 심적이지 않은 실재성이 있다는 그의 학설)에 관해 제시한 증거가 떠오르는데, 이것이야말로 사고와 사물 사이에 근본적 이질성을 수립하는 일의 불가능성을 보여주는 탁월한 사례이다. 그가 애써 집적한 모든 차이점은 점차 그 반대편으로 달아나고, 예외들로 가득하다. 〔Spencer, *The Principles of Psychology*, part VII, ch. XIX 참조.〕

해 생각할 때 연장이 우리의 사고에 속하지 않는다고 말하는 것에 어떤 의미가 있는가? 모든 연장적 대상의 **적합한** 심상은 그 대상 자체의 모든 연장을 가지고 있어야 한다. 객관적 연장과 주관적 연장의 차이는 맥락에 대한 관계의 차이일 뿐이다. 마음에서 다양한 크기는 반드시 서로에게 상대적으로 완고한 질서를 유지할 필요는 없는 데 반해, 물리적 세계에서 그들은 안정적으로 서로에게 결부되어 있으며, 합쳐지고, 우리가 실재 '공간'이라 믿고 그렇게 부르는 거대한 포괄적 '단위'를 만든다. "외부적"으로 그것들은 말하자면 서로에 반대로 작용하며, 서로를 배제하고 그들의 거리를 유지한다. 반면 "내부적"으로 그들의 질서는 느슨하고, 그들은 통일성이 상실된 어떤 혼잡durcheinander을 형성한다.[21] 그러나 이를 근거로 내부 경험이 절대적으로 비연장적이라고 주장하는 것은 내가 보기엔 거의 터무니없다. 두 세계는 연장의 존재냐 부재냐에 의해서가 아니라 두 세계 모두에 존재하는 연장과의 관계에 의해 달라진다.

연장의 이러한 사례는 다른 성질들의 사례에서도 우리를 진리의 궤도에 올려놓지 않는가? 그러하다. 그리고 그런

---

21. 나는 여기서 마음이 그 물질들과 자유롭게 유희하는 완전한 내부적 삶에 관해 이야기하고 있다. 물론 마음의 자유로운 유희는 그것이 실재 공간에서 실재 사물들을 모방하려고 할 때 제한된다.

사실들이 오래전에 주목받지 않았다는 점은 놀랍다. 이를 테면 우리는 왜 불은 뜨겁다고, 물은 적신다고 말하면서도 이러한 대상들"에 관한" 우리 심적 상태 또한 젖어있다든지 뜨겁다고 말하지 않는가? 어쨌든 "지향적으로", 그리고 그 심적 상태가 생생한 이미지일 때 뜨거움과 젖어있음은 물리적 경험에서와 마찬가지로 거기에 있다. 이유는 다음과 같다. 우리의 모든 경험의 일반적 혼돈을 잘 가려내면, 우리는 거기에 언제나 장작을 태워 우리의 몸을 따뜻하게 해줄 불이 있고, 언제든 불을 꺼줄 물이 있다는 것을 알게 되지만, 반면에 거기에는 전혀 작용하지 않을 다른 불과 물도 있는 것이다. 작용하는 경험의 일반적 군, 즉 고유하게 그러한 여러 성질을 가지고 있을 뿐 아니라 그것들을 형용사적으로 그리고 활력적으로 입고서 그것들이 서로 맞서도록 돌려놓고 있는 경험군은, 불가피하게 꼭 같이 동일한 성질을 가진 부분들로 이루어진, 자신을 "활력적인" 방식으로 구체화하지 못하는 부분들로 이루어진 군과 대립하게 된다.[22] 나는 지금 불이 타오르는 경험을 스스로 만든다. 나는 그것을 내 몸 근처에 두지만, 그것은 조금도 몸을 따뜻하게 해주지 않는다. 나는 나뭇가지를 그 위에 얹고, 그 나

---

22. [편집자] 그러나 사고들이 "서로에게 작용하는" "심적 활동의 연쇄"도 있다. 이 책 6장의 「활동성이라는 경험」, 주석 19 참조.

뭇가지는 내가 원하는 대로 타거나 푸르게 남아있다. 나는 물을 떠올리고, 그것을 불 위에 붓는데, 여기서는 절대적으로 아무런 차이도 발생하지 않는다. 이러한 일련의 경험들을 비실재적인 심적 연쇄라고 부름으로써 나는 그러한 사실들을 설명한다. 마음의 불은 실재의 나뭇가지들을 불태우지 않는다. 마음의 물일지언정 (당연히 그렇겠지만) 마음의 불을 반드시 끌 수 있는 것은 아니다. 마음의 칼은 날카로울 수 있지만 실재의 나무를 자를 수 없다. 마음의 삼각형은 뾰족하지만 그 꼭짓점은 상처를 입히지 않는다. 반면 "실재" 대상은 언제나 결과를 축적한다. 그리고 그러하므로 실재 경험은 심적 경험과 구분되고, 사물은 그것에 대한 환상적이거나 사실적인 우리의 사고와 구분되며, 물리적 세계라는 이름 아래서 혼돈으로서의 전체 경험의 안정적인 부분으로 함께 촉발된다. 여기서 우리의 지각 경험은 핵이며, 그것은 원래 강력한 경험으로 존재한다. 우리는 거기에 많은 개념적 경험을 보태면서 이러한 것들을 상상력 속에서도 강력한 것으로 만들고, 그것을 가지고 물리적 세계의 더 멀리 떨어진 부분들을 구축해낸다. 그리고 실재성의 이 핵을 중심으로, 느슨하게 연관된 환상들과 단순히 광상적인 대상들의 세계가 층운層雲과도 같이 떠 있다. 구름 속에서는, 핵심에서 지켜지는 온갖 종류의 규칙들이 위반된다. 거기서 연장은 무한하게 자리 잡을 수 있으며, 거기서 운동은 뉴턴의 법칙을 따르지 않는다.

VII

독특한 부류의 경험이 있다. 우리가 그 경험을 주관적인 것으로 받아들이든, 객관적인 것으로 받아들이든 우리는 그것의 몇 가지 성질을 그 경험에 속성으로 **부여**하게 되는데, 두 가지 맥락에서 모두 그러한 성질이 그 연합에 능동적으로 영향을 주기 때문이다. 물론 둘 중 어느 쪽도 사물이 물리적 에너지에 의해 다른 사물과 영향을 주고받는 경우만큼 "강력하게" 또는 날카롭게 영향을 주는 것은 아니다. 나는 여기서 **평가**appreciations에 관해 말하고 있다. 그것은 존재의 모호한 영역을 형성하며, 한편으로는 정서에 속하고, 다른 한편으로는 객관적 "가치"를 갖지만, 흡사 분열이 시작되었으나 완결되지 않은 것처럼 내부적인 것으로도 외부적인 것으로도 보이지 않는다.[23]

예컨대 고통스러운 대상에 관한 경험은 통상 고통스러운 경험이며, 사랑스러움에 관한 경험, 추함에 관한 경험은 사랑스러운 것으로, 또는 추한 것으로 받아들여지는 경향

---

23. [편집자] 이 주제는 뒤에 5장 「순수경험의 세계에서 감정적 사실들의 위치」에서 다시 소환된다.

이 있다. 또한, 도덕적으로 고결한 것에 관한 직관은 고결한 직관이다. 때로 형용사는 어디에 가서 붙어야 할지 불확실한 것처럼 방황한다. 우리는 유혹적인 광경이라고 말해야 할까 아니면 유혹적인 사물의 광경이라고 말해야 할까? 혹은 사악한 욕망인가, 사악함에의 욕망인가? 건강한 사고인가 건강한 대상에 관한 사고인가? 좋은 충동인가 아니면 선에 관한 충동인가? 분노의 느낌인가, 분노한 느낌인가? 마음과 사물에서 모두 이 성질들은 그들의 맥락을 수정하고, 특정한 연합을 배제하고 다른 것들을 결정하며, 맞는 짝과 그렇지 않은 것을 가진다. 그러나 물리적 성질들의 경우처럼 완고하지는 않은데, 왜냐하면 미와 추, 사랑과 증오, 쾌락과 고통은 특정한 복합적 경험에서 공존하기 때문이다.

원래는 혼돈스러운 많은 순수경험들이 점차 질서 잡힌 내부와 외부 세계로 분화하게 되는 방식을 진화론적으로 구축하게 된다면, 그 이론 전체는, 한때 능동적이던 어떤 경험의 성질이 어떻게, 또는 왜 덜 능동적이 될 수 있는지, 또한 어떤 경우에 활력적인 속성이었다가 다른 경우에 불활성의, 또는 단순히 내적인 "성질"의 상태에 빠지게 되는지를 설명하는 것으로 옮겨갈 것이다. 이는 심적인psychical 것이 물리적인physical 것의 품으로부터 "진화"하는 것이 될 터이고, 거기에서 미적, 도덕적, 그밖에 정서적인 경험은 중간 단계를 표상하게 될 것이다.

VIII

그러나 아마도 많은 독자는 최종적으로 불가하다^{non possumus}고 외칠 것이다. "독창적인 저작으로서는 전부 아주 훌륭하다"면서 그들은 말할 것이다. "그러나 우리의 의식 자체가 직관적으로 당신의 주장에 반대한다. 우리는 우리대로 우리가 의식이 있다는 것을 안다. 우리는 우리의 사고가 우리 안에서 생명처럼 흐르는 것을 느낀다. 그것은 사고가 그토록 꾸준히 수행^{隨行}하는 대상들과는 절대적으로 대비된다. 우리는 이러한 직접적 직관에 대한 신념을 잃을 수 없다. 이원론은 근본적 여건이다. 누구도 신이 갈라놓은 것을 결합하게 하지 말자."

이에 대한 대답이 내가 끝으로 할 말인데, 나는 이것이 많은 이들에게 유물론적인 이야기로 들리리라는 점이 대단히 슬프다. 그러나 어쩔 수 없다. 나 역시 내 직관을 가지고 있으며, 그것을 따라야만 하니까 말이다. 다른 이들의 경우는 차치하고, 나는 나 자신 안에서 사고의 흐름(나는 그것을 단호하게 하나의 현상으로서 인식한다)이란, 면밀히 살펴보면 주로 내 호흡의 흐름으로 이루어져 있는 것으로 밝혀지는 어떠한 것에 붙여진 경솔한 명칭에 지나지 않는다는 점을 확신하고 있다. 칸트가 나의 모든 대상에 동반될 수 있어야 한다고 말한 "나는 생각한다"는 실제로 그것들에 동반되는 "나는 숨 쉰다"이다. 숨쉬기 외에도 다른 내부적 사실들(뇌 내 근육 조정 등, 내가 『심리학의 원리』에서 말한 것들)이 있고, 그것들은 "의식"이 직접적 지각에 종속되는 한 그것[의식]의 자산을 증대시킨다.[24] 하지만 언제나 "정신"의 시초였던 숨, 성대와 콧구멍 사이로 밖으로 나가는 숨이, 철학자들에게 의식으로 알려졌던 존재를 구축한 본질이라고 나는 확신한다. 구체적인 것에서 사고가 완전히 실재적인 반면 그 존재는 허구적이다. 그러나 구체적인 것에서 사고는 사물들과 동일한 재료로 만들어져 있다.

이 글을 통해 내가 그 점을 타당하게 여겨지도록 만들었다고 믿고 싶다. 다른 글[2장]에서 나는 순수경험들로 구성된 세계의 일반 관념을 좀 더 명료하게 만들고자 한다.

---

24. [편집자] *The Principles of Psychology*, vol. I, pp. 299~305. 이 책의 6장 「활동성이라는 경험」 주석 15 참조.

2장

순수경험의
세계[*]

시대의 철학적 분위기에서 기이한 불안을 못 본 체하기란 어렵다. 또한 우리는 오래된 지표들의 이완, 대립의 완화, 고래의 배타적 체계들이 서로를 차용하는 것, 그리고 비록 희미하지만, 현존하는 학파의 해결책들이 적절하지 않다는 것만은 확실하다고 말하는 듯 새로운 주장에 기울어지는 관심 등을 모를 수가 없다. 이러한 현재의 해결책들에 대한 불만은 대부분 그것이 너무 추상적이고 관학적academic이라는 데서 기인하는 듯하다. 삶은 혼란스럽고 과잉되어 있으며, 젊은 세대는 설령 논리적 엄격성과 형식적 순수성을 어느 정도 희생시키는 한이 있더라도 철학에서 생명의 기질을 좀 더 갈망하는 것으로 보인다. 초월론적 관념론은 그 '절대적 주체'와 그의 목적의 통일성에도 불구하고 세계가 불가해하게 흔들리도록 내버려 두는 경향이 있다. 버클리식 관념론은 절약의 원리를 버리고 범심론적汎心論的, panpsychic 사변에 발을 들이고 있다. 경험론은 목적론과 놀아나며, 무엇보다 이상한 것은 그처럼 오랫동안 점잖게 묻혀 있던 자연적 실재론이 땅속에서 머리를 내밀고 가장 그럴

---

* [편집자] *The Journal of Philosophy, Psychology and Scientific Methods*, vol. I, 1904, No. 20, September 29, 와 No. 21, October 13에 실렸던 글임. III~V절은 부분적인 생략, 수정, 추가를 거쳐 『진리의 의미』, pp. 102~120에 실리기도 했음. 이 책에는 이때 이루어진 변화가 반영되어 있음.

것 같지 않은 진영에서 기꺼이 내민 손을 잡고 다시 한 번 일어서려고 한다는 점이다. 나는 우리가 모두 저마다의 개인적인 느낌에 따라 편향되어 있다는 것을 안다. 그리고 나는 개인적으로 현존하는 해결책들이 불만스럽다. 그리하여 나는 마치 좀 더 실재적인 개념들과 좀 더 유익한 방법들의 격변이 내재해 있을 듯한, 덜 딱 끊어지고, 덜 직선적이고, 덜 인공적인 진정한 풍경이 초래될 수 있을 것 같은 거대한 동요의 징후들을 읽게 되는 듯하다.

철학이 실제로 어떤 상당한 재배치를 앞두고 있다면, 이는 자신만의 제안을 가지고 있는 사람이 그것을 꺼내놓을 적기일 것이다. 과거 수년 동안 나의 마음은 특정한 유형의 세계관Weltanschauung으로 성장해왔다. 옳든 그르든, 나는 다른 패턴으로는 사물들을 거의 볼 수 없는 지점에 이르렀다. 그러므로 나는 큰 용기를 가지고 내가 일관성을 유지할 수 있는 한 명료하게 그 패턴을 기술하고, 그것을 대중 앞의 끓는 통 속으로 던져 넣으려고 한다. 거기서 경쟁자들에게 떠밀리고 평론가들에게 찢긴 후에, 비로소 그것은 눈앞에서 사라지거나, 운이 좋다면 고요하게 심연으로 가라앉아 새로운 성장의 가능한 소요, 또는 새로운 결정화의 핵의 역할을 하게 될 것이다.

I. 근본적 경험론

나는 내 세계관에 "근본적 경험론"이라는 명칭을 붙이 겠다. 경험론은 합리론에 대비되는 것으로 알려져 있다. 합 리론은 보편자를 강조하고 논리의 질서와 존재의 질서에서 전체를 부분보다 우선시하는 경향이 있다. 반면 경험론은 부분, 요소, 개별자를 설명에서 강조하며, 전체를 하나의 집합으로, 보편을 추상으로 취급한다. 사물에 대한 나의 기술은 그러므로 부분들에서 시작하고 전체를 이차적인 것으로 만든다. 그것은 흄과 그의 계승자들의 철학이 그렇 듯 본질적으로 모자이크 철학, 복수적 사실들의 철학이다. 이 철학자들은 이 사실들을 그것들을 포함하는 '실체'에도 그것을 대상으로서 창조하는 '절대정신'에도 조회하지 않는 다. 그러나 근본적 경험론은 한 가지 특별한 점에서 흄 유 형의 경험론과 다르며, 그러므로 나는 근본적radical이라는 명칭을 붙인다.

하나의 경험론이 근본적이려면, 그것을 구축할 때 직 접 경험되지 않은 어떤 요소도 받아들여서는 안 되고, 직 접 경험된 어떠한 요소를 배제해서도 안 된다. 그러한 철학 에서 경험들을 연관시키는 관계는 그 자체가 경험된 관계여야 하고, 경험된 어떠한 종류의 관계든 체계 안의 다른 어떤 것이나 마찬가지로 "실재적"인 것으로 간주되어야 한다. 요소들은 실로 재분배될 수 있고, 사물들 원래의 위치 선정은 수정될 수 있지만, 최종적인 철학적 배치에서 항이든 관계든 모든 종류의 경험된 것의 실재적 위치가 발견되어야 한다.

그런데 보통의 경험론은, 연접적이고 이접적인 관계들이 경험의 완전히 대등한 부분으로서 모습을 드러내고 있음에도 언제나 사물들의 연관을 없애고, 극도로 이접을 강조하려는 경향을 보여 왔다. 버클리의 유명론, 우리가 식별하는 사물은 무엇이든 마치 어떤 방식의 연관도 없다는 듯이 "느슨하게 분리되어" 있다는 흄의 주장, 닮은꼴들이 "실제로는" 공통된 어떤 것을 가진다는 데 대한 제임스 밀의 부정, 인과 관계의 습관적 연속으로의 해소, 물리적인 것과 자아는 모두 불연속적 가능성으로 구성된다고 보는 존 밀의 해석, 연합과 마음–입자mind-dust 이론에 의한 모든 '경험'의 일반적 분쇄 등이 내가 말하고자 하는 것의 사례들이다.[1]

그러한 세계상의 자연스러운 결과로 합리론은 통일의

---

1. [편집자] Berkeley, *Principle of Human Knowledge*, Introduction; Hume, *An Enquiry Concerning Human Understanding*, sect. VII, part II(Selby-Bigge's edition, p. 74) [데이비드 흄, 『인간의 이해력에 관한 탐구』, 김혜숙 옮김, 지만지, 2010.]; James Mill, *Analysis of the Phenomena of the Human Mind*, ch. VIII; J. S. Mill, *An Examination of Sir William Hamiltion's Philosophy*, ch. XI, XII; W. K. Clifford, *Lectures and Essays*, pp. 274ff 참조.

초경험적 작인들, 즉 실체, 지성적 범주와 지성적 힘, 또는 '자아'를 추가함으로써 그것[경험]의 지리멸렬을 수정하려고 애썼다. 그런데 경험론이 오직 근본적이었고, 분리는 물론 연접을 물리치지 않고 서로 액면 그대로 도래하는 모든 것을 받아들여 왔다면, 그 결과를 그처럼 인위적으로 수정할 필요는 없었을 것이다. 근본적 경험론은 내가 이해하는 한 연접적 관계들을 완전히 공정하게 다룬다. 그러나 그러면서도 근본적 경험론은 합리론이 언제나 하는 것처럼 어떤 숭고한 방식을 충실히 따르면서 마치 사물의 통일성과 그것의 다양성이 전적으로 상이한 종류의 진리와 활력에 속하는 것처럼 연접적 관계들을 다루는 경향을 보이지 않는다.

II. 연접적 관계

관계의 친밀성intimacy에는 정도의 차이가 있다. 그저 담론의 우주 속에 서로와 "더불어" 있다는 것이 항들이 가질 수 있는 가장 외적인 관계이며, 그것은 그 이상의 결과들에 관해서는 아무것도 포함하지 않는 듯하다. 동시성과 시간 간격이 그다음에 오고, 그러고는 공간인접과 거리가 온다. 그 뒤로는 유사성과 차이가 많은 추론의 가능성을 가지고 오게 된다. 그다음에 활동의 관계가 항들을 변화, 경향, 저항을 수반하는 계열, 그리고 일반적 인과의 질서로 묶어낸다. 끝으로, 마음의 상태를 형성하는, 그리고 서로 연속됨을 직접적으로 의식하는 항들 사이에서 경험된 관계가 온다. '자아'를 기억, 목적, 분투, 완수 또는 실망의 체계로 조직하는 것은 모든 관계 가운데 가장 친밀한 이런 관계에 부수된다. 그 관계의 항들은 많은 경우에 현실적으로 서로의 존재를 관통하고 채우는 듯하다.[2]

철학은 언제나 문법적 불변화사들에 좌우되어 왔다. 더불어, 가까이에, 다음에, 같은, 에서, 으로, 향하여, 왜냐하면, 때문에, 통해서, 나의 ─ 이 말들은 친밀성과 포괄성의 거칠게 상승하는 질서 속에 배치된 연접적 관계의 유형들을 지칭한다. 선험적으로$^{a\,priori}$ 우리는 더불어 있음^{withness}의 우주를 상상할 수 있지만 다음에 옴^{nextness}의 우주는 상상할 수 없다. 또는 다음에 옴의 우주는 상상할 수 있어도 닮음^{likeness}의 우주는 상상할 수 없다. 아니면 우리는 활동이 없는 닮음의 우주, 또는 목적이 없는 활동의 우주, 아니면 자아가 없는 목적의 우주를 상상할 수 있다. 이것들은 저마다 나름의 통일성의 등급을 가지고 있는 우주일 것이다. 인간 경험의 우주는 그것의 이런저런 부분에 의해서 각기 모두 이러한 등급들의 우주이다. 그것이 좀 더 절대적

---

2. [편집자] 이 책의 6장 「활동성이라는 경험」을 보라.

인 어떤 등급의 합일^{union}을 향유할 수 있는지의 여부는 표면으로 드러나지 않는다.

우리의 우주는 그것이 나타나는 그대로 받아들인다면 상당 부분 혼돈스럽다. 어떤 단일한 유형의 연관도 그것을 구성하는 모든 경험을 관통하지 않는다. 공간-관계를 들어 말하자면 그것은 마음을 어떤 규칙적 체계에 연관 짓는 데 실패한다. 원인과 목적은 사실들의 특수한 계열 사이에서만 존재한다. 자기관계는 극단적으로 제한되고 두 개의 상이한 자아들을 연결하지 않는 듯하다. 일단$^{prima\ facie}$ 절대적 관념론의 우주를 수족관, 즉 금붕어가 노니는 수정의 구체에 비한다면, 경험론자의 우주는 보르네오의 다야크 사람들이 그들의 오두막에 장식해 놓은 말린 사람 머리에 비유해야 할 것이다. 두개골은 견고한 핵을 구성하지만, 수많은 깃털, 나뭇잎, 끈, 구슬, 온갖 종류의 흔들리는 장식물들이 거기에 매달려 있는데, 그것들은 거기서 종결된다는 것을 제외하면 서로 아무런 관계도 없어 보인다. 나의 경험들과 당신의 경험들도 그와 같이 매달려 있고, 공통 지각이라는 핵에서 종결되지만 대부분 보이지 않고, 무관하며, 서로 상상할 수 없다. 불완전한 친밀성, 경험의 총합의 어떤 부분과 다른 부분의 이 기본적인 **더불어 있음**의 관계는 평범한 경험론이 합리론에 비해 과장하는 사실이다. 합리론은 언제나 그것을 과도하게 간과하는 경향이 있다. 반면 근본적 경험론은 통일성과 불연속성 모두에 대해 공정하다. 그것은 둘 중 한쪽을 환영적이라고 취급할 이유가 없다. 그것은 양편에 각각 한정된 기술 영역을 할당하고, 시간이 지남에 따라 통일성을 더 크게 만드는 경향이 있는 현실적인 힘들이 나타난다는 데 동의한다.

철학에서 가장 큰 어려움을 초래한 연접적 관계는 이른바 **공통의식적 이행**co-conscious transition으로, 그것에 의해 하나의 경험은 그것과 동일한 자아에 속하는 다른 경험의 일부가 된다. 그러한 사실에 관해서는 이견의 여지가 없다. 내 경험과 당신의 경험은 다양한 외적 방식으로 서로와 "더불어" 있지만 내 경험은 내 경험의 일부가 되고, 당신의 경험은 당신의 경험의 일부가 된다. 그것은 당신의 경험과 내 경험이 결코 서로의 일부가 되지 않는 방식으로 이루어진다. 우리 각자의 역사 내에서 주체, 대상, 흥미, 목적은 **연속적**이거나 **연속적**일 수 있다.[3] 개인의 역사란 시간 속에서 변화의 과정이며, 변화 자체가 직접적으로 경험된 사물 중 하나이다.

---

3. 최근의 심리학 서적들이 여기서 제시한 사실들을 정확한 타당성을 가지고 기술했다. S. H. Hodgson, *The Metaphysic of Experience*, vol. I, ch. VII와 VIII, 그리고 내 저서인 『심리학의 원리』에서 "사고의 흐름"과 '자아'에 관해 다룬 장들을 언급할 수 있을 것이다.

이 경우에 "변화"는 불연속에 대조되는 연속적 이행을 뜻한다. 그러나 연속적 이행은 연접적 관계의 한 종류이다. 그리고 근본적 경험론자가 된다는 것은 무엇보다 이 연접적 관계를 고수한다는 뜻이다. 왜냐하면 이것은 전략적 지점, 즉 구멍이 하나 뚫리면 그곳을 통해 변증법의 온갖 타락과 형이상학적 허구들이 우리의 철학으로 흘러들어오게 되는 위치이기 때문이다. 이 관계를 고수한다는 것은 그것을 더도 덜도 아닌 액면 그대로 받아들인다는 의미이다. 그리고 그것을 액면 그대로 받아들인다는 것은 무엇보다 그것을 우리가 느끼는 그대로 받아들이되, 우리 자신이 그것에 관한 추상적인 담화로 혼란되지 않는 것이다. 추상적인 담화가 수반하는 말들은 우리를 추동해 이차적인 개념들을 발명하게 하며, 그럼으로써 그 암시들을 무효화하고 우리의 현실적 경험을 다시 합리적으로 가능한 것처럼 보이게 만든다.

내 경험의 뒤에 오는 계기가 앞의 계기에 이어질 때 내가 실제로 느끼는 것은 단순히, 그것들이 두 계기일지언정 하나에서 다른 것으로의 이행은 **연속적**이라는 것이다. 여기서 연속성은 명확한 종류의 경험이다. 그것은 내가 나 자신의 경험에서 당신의 경험으로 이행하고자 할 때 피할 수 없음을 알게 되는 **불연속성–경험**이 명확한 것과 마찬가지이다. 이러한 불연속성의 경험에서 나는 올라탔던 것에서 다시 내림으로써 체험된 것에서 단지 생각만 한 것으로 옮겨가야만 하며, 그 단절은 실증적으로 체험되고 주목된다. 내 경험과 당신의 경험에 의해 행사된 기능들이 같을지라도(예컨대 동일한 대상을 알고 동일한 목적을 따르더라도) 그 같음sameness은 이 경우에 그 단절이 느껴진 후에 분명히 (그리고 종종 어려움과 불확실성을 수반하면서) 확인된다. 반면 나 자신의 계기 중 하나에서 다른 것으로 이행할 때 대상의 동일함은 깨어지지 않으며, 앞의 경험과 뒤의 경험은 모두 직접적으로 체험된 사물들에 관한 것이다.

모든 연접적 관계들 가운데 가장 친밀한 것, 동일한 자아에 속하는 하나의 경험이 다른 경험의 일부가 되는 것에는 이러한 단절의 부재와 연속성의 감각 외에 다른 어떤 성질도, 무엇임whatness도 없다. 그리고 이 무엇임은 실재적 경험 "내용"이다. 대비되는 경우에 분리와 불연속성의 무엇임이 실재적 내용인 것과 마찬가지이다. 누군가의 인칭적 연속체를 이런 생생한 방식으로 경험하는 것은 사실상 연속성과 같음이라는 관념의 기원을 아는 것, 말이 구체적으로 나타내는 것을 아는 것, 그것이 뜻할 수 있는 모든 것을 소유하는 것이다. 그러나 모든 경험에는 조건이 따른다. 그리고 여기서 사실에 대해 사고하고 그것이 어떻게 가능한지를 묻는 과민한 지성은 개념의 많은 정적인 대상을 직접적인 지각적 경험으로 대체하는 결과를 맞이했다. "같음"에 대해 그들은 이렇게 말한다. 그것은 "엄정한 수적 동일성이어야 한다. 그것은 다음으로, 또 다음으로 계속될 수 없다. 연속성은 단순히 간극의 부재를 뜻하는 것일 수 없다. 두 개의 사물이 직접적으로 접촉하고 있다고 말할 때 접촉하고 있는 그것들이 어떻게 둘일 수 있겠는가? 다른 한편으로 당신은 그들 사이에 이행의 관계를 상정하는데, 그 관계 자체는 제3의 것이며 그것의 항들에 관계되고 결부될 필요가 있다. 무한한 계열이 수반된다"는 등이다. 그 결과는 이어지는 난제들이며, 있는 그대로의 연접적 경험은 두 학파 모두에서 의심받는다. 경험론자는 사물을 영원히 분리된 채로 내버려 두며, 합리론자는 그의 '절대자' 또는 '실체'에 의해, 또는 그가 도입했을 수 있는 다른 어떠한 허구적 합일의 작인에 의해 느슨함을 교정한다.[4] 그 모든 인위성에서 우리를 구원해줄 수 있는 것은 몇 가지 단순한 성찰이다. 첫째로 연접과 분리는 어쨌든 대등한 현상이며, 우리가 경험을 액면 그대로 받아들인다면 그것들은 대등하게 실재적인 것으로 설명되어야 한다. 둘째로, 합일이 요구

---

4. [편집자] 이 책 뒤에 실린 글 「사물과 그 관계들」을 참조.

될 때 우리가 상정한 분리를 극복할 초월론적 원리를 소환하면서 사물이 연속적으로 결합된 것으로 주어질 때 우리가 사물을 실재적으로 분리된 것으로 다루기를 주장한다면, 우리는 언제라도 그 정반대 행위를 수행할 준비가 되어 있어야 한다. 우리는 불일치*disunion*의 더 높은 원리들을 적용해야 하고, 또한 우리의 단순히 경험된 이접*disjunctions*을 더욱 참되게 실재적인 것으로 만들어야 한다. 이에 실패한다면 우리는 원래 주어진 연속성들이 자립하도록 내버려 두어야 한다. 우리에게는 한편으로 기울거나 변덕을 부릴 권리가 없다.

III. 인지적 관계

그와 같이 경험을 근본적으로 고수함으로써 우리는 최초의 거대한 위험을 모면하게 되는데, 그 위험이란 인식하는 자와 인식 대상의 관계에 대한 인위적 개념이다. 철학사 전반에 걸쳐 주체와 그 대상은 절대적으로 불연속적인 존재로 다루어져 왔다. 또한, 그에 따라 주체에게 대상의 존재, 또는 주체에 의한 대상의 "포착"apprehension은 모든 종류의 이론이 극복하기 위해 발명해야 했던 역설적 성격으로 추정되었다. 표상 이론들은 심적 "재현", "이미지", "내용"을 일종의 매개물로서 간극에 삽입한다. 상식 이론들은 그 간극을 건드리지 않으면서 우리의 마음이 자기초월의 도약을 통해 그것을 해결할 수 있다고 선언한다. 초월론적 이론들은 유한한 앎의 주체들을 횡단할 수 없는 채로 내버려 두고서 도약 행위에 '절대자'를 관여시켰다. 그러는 동안, 관계를 이해시키는 데 요청되는 모든 연접이 바로 유한한 경험의 한 가운데에 완전히 주어졌다. 인식하는 자와 인식 대상은

(1) 상이한 맥락에서 두 번 인수된 경험의 동일한 조각이거나,

(2) 동일한 주체에 속하는 **현실적** 경험의 두 조각으로서 그들 사이의 연접적 이행의 경험에 관한 명확한 관^關 또는 계^{系, tract}를 수반한다. 또는

(3) 인식 대상은 그 주체 또는 다른 주체의 **가능한** 경험이고, 위에서 말한 연접적 이행은 충분히 연장될 경우 그것에 도달하게 될 것이다.

하나의 경험이 다른 경험을 인식하는 자로서 기능할 수 있는 모든 방식을 논하는 것은 이 시론의 범위를 벗어난다.[5] 나는 방금 제1유형, 즉 지각이라 불리는 종류의 지식

---

5. 간결하게 이야기하기 위해서 나는 일반 명제들의 참에 관한 지식으로 구성되는 유형을 전체적으로 언급하지 않고 넘어가겠다. 이 유형은 듀이의 『논리론 연구』(*Studies in Logical Theory*)에서 꼼꼼하게, 그리고 내가 아는 한은 만족스럽게 설명되었다. 그러한 명제들은 "S는 P이다" 형태로 환원할 수 있다. 그리고 확인하고 완수하는 "종점"은 결합한 SP이다. 물론 지각표상들

을 다루었다.[6] 이런 유형의 경우에 마음은 현시된 대상에 관한 직접적 "지식"acquaintance을 향유한다. 다른 유형들에서 마음은 직접적으로 거기에 있지 않은 대상"~에-관한-지식"knowledge-about을 가진다.[7] 제2유형에 해당하는 가장 단순한 종류의 개념적 지식에 관해 나는 두 편의 글을 통해 약간 설명했다.[8] 제3유형은 형식상 그리고 가정상 언제나

은 매개하는 경험들이나, 새로운 위치에서 P의 "만족"에 관련될 수 있다. [S는 주어, P는 술어.]

6. [편집자] 이 책 1장 「"의식"은 존재하는가?」, II절 참조.

7. [옮긴이] 제임스는 『심리학의 원리』 1권에서, 그리고 1885년에 쓴 「인식의 근간에 대하여」(On the Foundation of Cognition)에서 지식의 두 종류를 거론한다. 제임스는 자신이 이 구분을 존 그로트(John Grote, 1813~1866)의 『철학적 탐구』(*Exploratio philosophica*)에서 차용했음을 밝히고 있다. 이에 따르면 우리는 어떤 대상에 대해 직접적 지식으로서의 지식(acquaintance of knowledge)과 ~에-관한-지식(knowledge-about)을 가질 수 있다. 전자가 대상과의 대면을 통해 얻어지는 감각적 지식이라면, 후자는 대상을 개념적으로 파악하는 지적 지식이다. 이러한 구분은 여러 언어의 개념 쌍을 나열해 보면 좀 더 분명하게 드러난다. 요컨대 직접적 지식과 ~에-관한-지식은 헬라어의 그노나이(γνῶναι)와 에이데나이(εἰδέναι), 라틴어의 noscere와 scire, 독일어의 kennen과 wissen, 프랑스어의 connaître와 savoir에 해당한다. 이 둘은 '상대적인 용어'로 규정되며, '느낌'과 '사고'라는 말로도, '표상'과 '개념'으로도 표현된다. 문법적으로는, 문장의 주어는 직접적 지식의 대상이, 술어는 ~에-관한-지식의 대상이 된다고 본다. *The Principles of Psychology* vol. I, pp. 221~223 참조.

8. ["On the Function of Cognition," *Mind*, vol. X, 1885와 "The Knowing of Things Together," *The Psychological Review*, vol. II, 1895. 첫 번째 글은 전체가, 그리고 두 번째 글은 부분적으로 『진리의 의미』, pp. 1~50에 다시 실렸다.] 이 글들과 그 학설에 주목한 사람은 달리 없었던 것으로 보이는데, 최근에 스트롱 교수가 이에 관해 호의적인 논평을 했다. ["A Naturalistic Theory of the Reference of Thought to Reality," *The Journal of*

제2유형으로 환원될 수 있으므로 그에 관해서는 간단한 설명을 통해 지금의 독자에게 내 관점을 충분히 보여주고, 신비한 인지적 관계의 현실적인 의미가 어떠한 것인지 알려 줄 것이다.

내가 "메모리얼홀"에서 도보로 10분 거리에 있는 케임브리지의 이 내 서재에 앉아 전자의 대상에 관해 성실히 생각하고 있다고 해보자. 내 마음 앞에는 그 이름만 있을 수도 있고, 아니면 명료한 이미지, 또는 그 홀에 관한 매우 흐릿한 이미지만 있을 수도 있다. 그러나 이미지의 그런 고유한 intrinsic 차이들은 그 인지적 기능에서 아무런 차이가 없다. 그 이미지에 전해지는 것, 그것이 무엇이든 그 앎의 직무에 전해지는 것은 특정한 **부대적**extrinsic 현상들, 연접의 특수한 경험들이다.

예를 들어서, 나의 이미지라는 것이 어떤 홀을 뜻하는지 누군가 묻는데 내가 아무 말도 못 한다거나, 내가 그에게 하버드 델타를 지적하거나 그쪽으로 이끌지 못한다면, 또는 그 사람에게 내둘러서, 내가 보는 홀이 내가 생각했던

Philosophy, Psychology and Scientific Methods, vol. I, 1904.〕 디킨슨 S. 밀러 박사는 독자적으로 동일한 결과를 사고해냈는데〔"Meaning of Truth and Error," *Philosophical Review*, vol. II, 1893; "The Confusion of Function and Content in Mental Analysis," *The Psychological Review*, vol. II, 1895〕 스트롱은 그에 따라 그것을 제임스-밀러 인식 이론이라고 부른다.

그것인지 아닌지 불확실하다고 여기게 된다면, 그럴 때 그는 나에게 비록 내 심상이 어느 정도 그것과 닮아있었다고 해도 내가 "의미한" 것이 그 특정한 홀은 전혀 아니라고 마땅히 부인하게 될 것이다. 그 유사^{類似, resemblance}는 그럴 경우 단순히 우연적인 것으로 여겨질 것이다. 이 세상에서 한 종류에 속하는 온갖 것들은 서로 유사하지만, 그것 때문에 서로를 인식하는 것으로 여겨지지는 않기 때문이다.

반면에 내가 그를 그 홀로 데려가 그 역사와 현재의 용도에 관해 설명할 수 있다면, 그 앞에서, 아무리 불완전한 것이라 해도 나의 관념이 여기로 이어지고 이제 **종결되려고** teminated 하는 것을 느낀다면, 이미지의 연합과 느껴진 홀의 연합이 병행하여 내가 걸어갈 때 전자의 맥락에 속하는 각 항이 후자의 맥락에서 응답하는 각 항과 연속적으로 상응한다면, 그렇다면 나의 영혼은 예언자적이며, 또한 내 관념은 실재성을 인식하는 것이 틀림없다고, 그것도 만장일치로 말해질 것이 분명하다. 그 지각표상은 내가 **뜻한** 것이다. 충족된 의도와 동일함에 대한 연접적 경험에 의해 나의 관념이 그 일부가 되었기 때문이다. 어디에도 잡음은 없으며, 오히려 뒤의 모든 순간이 앞선 순간을 계속하고 입증한다.

어떠한 초월론적 의미로도 취해지지 않았지만, 명확히

느껴지는 이행을 보여주는 이러한 계속과 입증에는, 지각 표상에 관한 관념의 앎이 담거나 의미할 수 있는 모든 것이 있다. 그러한 이행이 느껴지는 곳이라면 어디서나 첫 번째 경험은 마지막 경험을 안다. 그 이행들이 개입하지 않는 곳, 혹은 가능성으로서조차 개입할 수 없는 곳에서 앎을 가장할 수는 없다. 이 후자의 경우에 양극단이 조금이라도 연관되어 있다면, 그들은 열등한 관계들−순수한 닮음이나 계기succession에 의해서, 혹은 "더불어 있음"에 의해서만 연관될 것이다. 감각 가능한 실재에 관한 지식은 그렇게 경험의 조직 내부에서 생기를 띠게 된다. 그것은 만들어지되, 시간속에 펼쳐지는 관계에 의해 만들어진 것이다. 특정한 매개자가 주어질 때마다, 그리하여 그 매개자가 자신의 종착점을 향해 전개될 때, 거기에는 한 점에서 또 한 점으로 어떤 방향을 따라 이어지는, 그리고 최종적으로 하나의 과정이 충족되는 경험이 있으며, 결과적으로 그 **출발점**은 그로 인해 인식하는 자가 되고 그 종착점은 의미되거나 인식된 대상이 된다. 그것이 앎이 (단순한 경우를 고려할 때) ~으로−인식될 수 있는 전부이며, 그것은 경험적 항들로 표현된 그것의 성질 전체이다. 우리 경험의 연속이 그와 같을 때마다 우리는 처음부터 최종적 대상을 "마음에" 두고 있었다고 자유롭게 말할 수 있다. 비록 처음에 우리 안에는 다른 것과 마찬가지로 실체적 경험의 밋밋한 조각 외에 아무것도 없었고, 그에 대한 어떤 자기초월성도 없었으며, 아무런 신비도 없었지만 말이다. 거기에는 다만 존재로 도래하는 신비, 실체적 경험의 다른 조각들이 점차 따라붙는 신비만이 있을 뿐이며, 여기에 그 사이를 연적접으로 이행하는 경험들이 수반된다. 그것이 여기서 대상이 "마음에" 두어진다고 하는 말이 뜻하는 것이다. 더욱 심오하고 더욱 실재적으로 마음에 두어지는 방식에 관한 어떤 실증적 개념도 우리에게는 없으며, 그런 식으로 말함으로써 우리의 현실적 경험의 신빙성을 없앨 어떤 권리도 없다.

나는 많은 독자가 여기에 대해 반발하리라는 것을 알고 있다. 그들은 이렇게 말할 것이다. "단순한 매개자는 설령 그것이 연속적으로 커가는 충족감이라고 해도, 인식하는 자와 인식대상을 분리할 뿐인 데 반해, 지식에서는 전자에 의한 후자와의 일종의 직접 접촉이 일어난다. 그것은 어원적 의미에서 '포착'이고, 번개에 의해 간극을 뛰어넘음이며, 두 개의 항이 그들의 차이를 무시하고 하나로 빠져드는 행위이다. 당신의 이 모든 죽은 매개자는 서로의 밖에 있으며, 여전히 그들의 종착지 밖에 있다."

그러나 그러한 변증법적 난점들은 물에 비친 뼈다귀의 이미지를 잡아채려고 입에 문 뼈다귀를 놓치는 개를 연상시키지 않는가? 우리가 다른 곳으로부터의aliunde 좀 더 실재적인 종류의 합일을 알았다면, 우리는 우리의 모든 경험적 합일에 가짜라는 낙인을 찍을 권리를 가졌을 것이다. 그러나 우리가 아는 것은 연속적 이행에 의한 합일뿐이며, 이는 직접적 지식에서 종결되는 ~에 관한 지식의 문제에서든, 인칭적 동일성에서, 계사 "이다"is를 통한 논리적 서술에서든, 또는 다른 곳에서든 마찬가지다. 어디서든 실현된 좀 더 절대적인 합일이 있다면, 그것은 단지 그러한 연접적 결과에 의해서만 우리에게 나타날 수 있을 것이다. 이러한 것들이 합일의 가치이며, 합일로, 연속성으로 우리가 사실상 뜻할 수 있는 것은 이것이 전부이다. 지금이야말로 그것[실체]으로서 작동하는 것이 그것[실체]으로 존재하는 것to act like one is to be one이라는 로체Rudolph Hermann Lotze, 1817-1881의 실체 규정을 되풀이할 때가 아닐까?9 여기서 우리는, 경험과 실재가 동일한 것으로 도래하는 세계에서 연속적으로 경험되는 것은 실제로 연속적인 것이라고 말해야 하지 않을까? 화랑에서는 그려진 걸이에 그려진 사슬을 걸 수 있고, 그려진 케이블로 그려진 배를 고정할 수 있다. 항들과 그들의 구별이 모두 경험의 사건인 세계에서, 경험된 연접은 적어

9. [편집자] H. Lotze, *Metaphysik*, §§37~39, 97, 98, 243 참조.

도 다른 어떤 것에 못지않게 실재적으로 경험될 것이 틀림 없다. 우리가 경험된 세계 전체의 실재성을 단박에 해체할 아무런 초현상적 '절대자'도 마련해 놓지 않았다면, 그것[경 험된 연접]은 "절대적으로" 실재적인 연접이 될 것이다. 한편 으로 만일에 우리에게 그러한 절대자가 있다면, 우리의 반 대자들의 지식에 대한 이론 중 어느 하나도 우리보다 조금 이라도 나은 상태로 남아 있을 수 없을 것이다. 경험의 연 접은 물론 경험의 구별도 하나같이 절대자의 희생물이 될 것이기 때문이다. "어떤" 것이 "다른 것"을 어떻게 인식할 수 있는가 하는 질문 전체는, 다름 자체가 환영인 세계에서 조 금도 실재적인 것으로 존재할 수 없을 것이다.[10]

지식이 개념적 유형이거나, 어떤 대상에 "관한" 지식을 형성하는 경우에 인지적 관계의 요점에 대해서는 이 정도 로 짚고 넘어가자. 그것을 구성하는 것은 연속적으로 전개 하는 전진의 (현실적이지 않다면 가능한) 매개적 경험, 그 리고 마침내는 감각 가능한 지각표상, 즉 대상에 도달되었 을 때 충족되는 매개적 경험이다. 여기서 지각표상은 개념

---

10. 브래들리 씨는 그의 절대적인 **다른 곳으로부터**를 알고 있다고 공언하지 않 으면서도, '경험'이 모든 곳에서 자기모순에 감염되어 있다고 주장함으로써 경험을 해체한다. 그의 주장은 거의 순전히 말뿐인 것으로 보이지만, 여기 서 그 점을 지적해 논쟁할 것은 아니다. 〔F. H. Bradley, *Appearance and Reality*, 여러 곳; 그리고 이 책 3장 「사물과 그 관계들」, IV~V절 참조.〕

을 확인하고, 그 지각표상이 참이라는 그 앎의 기능을 입증한다. 그뿐만 아니라 매개자로 이루어진 사슬의 종점으로서 지각표상의 존재는 그 기능을 창조한다. 그 사슬은 이제 그 자신의 존재를 입증하므로, 그것이 종결하는 것은 무엇이든 그 개념이 "마음에 둔" 것이었다.

인간의 삶에서 이런 종류의 앎의 중요성이 커지는 것은, 다른 경험에 대해 아는 경험이 어떠한 의사–기적적 "인식론적" 의미에서가 아니라, 때로는 물리적이고 때로는 심적이며 우리를 그 연합과 결과로 이끄는 다양한 작동에서 그 대체물이라는 의미로 그 대표 역할을 할 수 있다는 사실에 기인한다. 실재에 대한 우리의 관념을 실험함으로써 우리는 그것이 저마다 의미하는 실재적 경험에 대해 실험하는 수고를 피할 수 있다. 그 관념은 실재가 형성하는 체계에 일일이 상응하며 관계된 체계들을 형성한다. 또한 우리는 어떤 관념적 항이 그 연합을 체계적으로 연상하게 함으로써, 우리가 실재 세계를 조작했을 경우에 상응하는 실재적 항이 우리를 이끌었을 종착점에 도달하게 될 수 있다. 그리고 이것은 우리를 대체substitution라는 일반적 물음으로 데려간다.

IV. 대체

텐이 "지성"에 관해 쓴 멋진 책에서 대체는 최초로 중요한 논리적 기능으로 명명되었다. 물론 그러한 사실은 그 이전에도 언제나 충분히 친근한 것이긴 했다. 경험의 체계에서 어떠한 경험이 다른 어떤 경험의 "대체"라는 것은 정확히 무엇을 뜻하는가?

내가 보기에 전체로서의 경험은 시간 속의 과정이며, 거기서 수많은 특별한 항들이 소멸되고 이행에 의해 그것들에 뒤따르는 다른 항들이 그를 대신하게 된다. 그 이행은 내용에서 이접적이든 연접적이든 그 자체가 경험이며, 일반적으로 최소한 그것들이 관계된 항들만큼 실재적인 것으로 간주하여야 한다. "대신함"superseding이라고 불리는 사건의 성질이 의미하는 것은 전적으로 그것이 얻는 이행의 종류에 달려 있다. 어떤 경험은 어떤 식으로든 앞선 경험들을 이어가지 않고 단순히 그것들을 철폐해버린다. 다른 경험은 앞선 경험들의 의미를 증대시키거나 확대하고, 그들의 목적을 수행하거나, 우리를 그들의 목표에 가까이 데려가는 것처럼 느껴진다. 그런 경험은 앞선 경험들을 "대표하고", 그들의 기능을 그들 자신이 했던 것보다 더 잘 충족시킬 수 있다. 그러나 순수경험의 세계에서 "어떤 기능을 충족시킨다"는 것은 오직 한 가지 가능한 방식으로만 이해되고 규정될 수 있다. 그런 세계에서 이행과 도달(혹은 종결)

은 그저 벌어지는 사건일 뿐이다. 설령 그것들이 그토록 여러 종류의 경로를 통해 벌어진다 하더라도 말이다. 하나의 경험이 수행할 수 있는 유일한 기능은 다른 경험으로 이어지는 것뿐이다. 그리고 우리가 이야기할 수 있는 유일한 충족은 특정의 경험된 목적에 도달하는 것이다. 하나의 경험이 다른 것과 동일한 목적에 도달할 때(혹은 도달할 수 있을 때) 그들은 기능에서 일치한다. 그러나 경험의 전체 체계는 직접적으로 주어졌을 때 하나의 의사-혼돈으로 나타나며, 그것을 통해 우리는 최초의 항에서 여러 방향으로 넘어갈 수 있다. 하지만 엄청나게 많은 가능한 경로들을 차례로 이동하면서 동일한 종점에서 끝날 수도 있다.

이들 중 하나의 경로는 다른 경로에 대한 기능적 대체물일 수 있고, 저것이 아니라 이것을 따라가는 것이 때로 유리한 일일 수 있을 것이다. 실제로, 그리고 일반적인 방식으로, 개념적 경험을 주파하는 경로를 따라가는 것은 대단히 유리하다. 그것은 "사고"나 "관념"을 주파하는 경로이며, 그러한 "사고"나 "관념"이 무엇으로 종결되는지 "안다". 그러한 경로는 상상할 수 없을 만큼 빠른 이행을 산출할 뿐 아니라, 그것이 종종 가지는 "보편적" 성격 덕분에[11] 그리고 그

11. 이에 관해 이 글에서 말할 필요가 있는 것은 그것이 기능적이고, 이행의 관점에서, 또는 그와 같은 가능성의 관점에서 규정된 것으로 이해될 수도

것이 거대한 체계 안에서 다른 경로와 연합하는 능력 덕분에, 사물들 자체의 느린 연속consecution을 앞질러가고, 감각 가능한 지각들의 연쇄를 따라가는 것으로는 결코 할 수 없을 만큼 훨씬 손쉬운 방식으로 우리를 최종적인 종점으로 휩쓸어 간다. 사고-경로가 만드는 새로운 지름길과 단락短絡은 놀랍다. 대부분의 사고-경로는 사실 현실적인 어떤 것의 대체물도 아니다. 그것들은 완전히 실재적인 세계 바깥에서, 방종한 환상, 유토피아, 허구, 또는 실수로 끝난다. 그러나 그것들이 실재로 재입성하고 거기서 종결될 때 우리는 언제나 그것들을 대체한다. 그리고 우리는 이들 대체물과 더불어 훨씬 더 많은 시간을 보낸다.

이것이 내가 우리의 경험을 싸잡아 의사-혼돈이라고 부른 이유이다. 경험의 총합에는 우리가 보통 생각하는 것보다 훨씬 더 많은 불연속성이 있다. 모든 사람의 경험의 객관적 핵인 그 자신의 신체는 사실 하나의 연속적 지각표상이다. 그리고 지각표상으로서 대등하게 연속적인 것은 (비록 우리가 주의를 기울이지 않을 수는 있겠지만) 그 신체가 움직일 때 점진적 이행에 의해 변화하는 그 신체의 물

<hr />

있다는 것이 전부이다. 〔*The Principles of Psychology*, vol. I, pp. 473~480, vol. II, pp. 337~340 ; *Pragmatism*, p. 265 ; *Some Problems of Philosophy*, pp. 63~74; *The Meaning of Truth*, pp. 256~247 등 참조.〕

질적 환경이다. 그러나 물리적 세계의 멀리 떨어진 부분들은 우리에게 언제나 부재하고, 개념적 대상들을 한낱 지각적 실재로 형성한다. 우리의 삶은 별개의, 상대적으로 드문 지점들에서 그러한 지각적 실재에 자신을 삽입한다. 실재적 물리 세계의, 부분적으로 공유되고 공통되지만, 부분적으로는 별개인 그들의 몇 가지 객관적 핵을 둘러싸고 숱하게 많은 사상가가 물리적으로 참된 사고의 몇몇 선들을 추구하면서, 경로들을 따라간다. 그 경로들은 불연속적인 지각의 지점들에서만 서로 교차하고, 나머지 시간에는 꽤나 서로 일치하지 않는다. 그리고 공유된 "실재"의 모든 핵 둘레에는, 내가 앞서 사용한 은유에서 다야크 사람들의 머리 주변에서 보았던 것과 같이 경험의 거대한 구름이 떠다닌다. 그것은 전체적으로 주관적이고, 비대체적이며, 지각의 세계에서, 요컨대 단순한 백일몽, 개인의 마음의 기쁨과 슬픔, 소망 등에서 그들 자신을 위한 종국적 끝맺음을 발견하지 못한다. 이것들은 실로 서로와 더불어, 객관적 핵들과 더불어 존재하지만, 그들로부터는 영원히 어떤 종류의 상호관련된 체계도 결코 만들어지지 않을 것이다.

순수하게 대체적인, 또는 개념적인 물리적 세계라는 이 개념은 우리를 순수경험에 대한 철학의 전개에서 가장 중대한 단계로 데려간다. 여기서 지식에서 자기초월성의 역설이 우리에게 되돌아오지만, 나는 순수경험과 대체의 개념, 그리고 연접적 이행에 대한 우리의 근본적으로 경험적인 관점은 우리를 안전하게 통과시켜줄 사유수단Denkmittel이라고 생각한다.

V. 객관적 참조란 무엇인가

경험의 와중에도 자신의 경험이 대체적이라고 느끼는 사람이라면 누구나, 그 자체를 넘어 서는 경험을 했다고 말해도 좋을 것이다. 그러한 경험은 그 고유한 존재entity 내부로부터 "그 이상"이라고 말하며, 다른 곳에 존재하는 실재를 상정한다. 앎이 인식론적 간극을 가로지르는 필사의 도약salto mortale에 있다는 주장을 고수하는 초월론자에게 그러한 생각은 아무런 어려움도 제기하지 않는다. 그러나 일견 그것은 우리 자신의 것과 같은 경험론에 부합하지 않을 것처럼 보인다. 개념적 지식은 앎이라는 경험 자체의 외부로 떨어진 것들이 존재함으로 인해서 ─ 매개적 경험에 의해, 그리고 그것이 충족시키는 종점에 의해서 그처럼 완전하게 만들어진다는 것을 우리는 설명하지 않았던가? 지식은 그 존재를 구성하는 이런 요소들이 도래하기 이전에 있을 수 있는가? 그리고 거기에 지식이 없다면 객관적 참조objective reference는 어떻게 발생할 수 있는가?

확인되고 완성된 앎과, 이동 중이고 중도에 있는 같은 앎을 구분하는 것은 이런 어려움을 해결하는 열쇠가 된다. 앞서 예시한 메모리얼홀의 경우를 들어 다시 설명하자면, 홀에 관한 우리의 관념이 지각표상에서 현실적으로 종결되는 때에야 비로소 우리는 그것이 처음부터 저것에 관한 진정한 인지였음을 "확실히" 안다. 과정의 종료에 의해 확립될 때까지는, 그것에 관해 앎, 혹은 무엇인가에 관해 앎이라는 그 과정의 성질을 두고 우리는 여전히 회의할 수 있을 것이다. 그러나 앎은 실재적으로 거기에, 지금 드러나는 결과로서 있다. 지각표상의 소급적 입증력이 우리를 그 홀에 대한 현실적 인식자로 입증해주기 오래전에, 우리는 그것에 대한 **가상적** 인식자였다. 바로 그와 같이 우리는 필연적 사건의 가상성으로 인해 언제나 "반드시 사라질" 존재이다. 그 사건이 도래할 때 우리는 반드시 사라진다.

그런데 우리의 앎 전체의 엄청나게 더 큰 부분은 결코 이 가상적 단계 너머로 가지 않는다. 그것은 절대 완성되거나 고정되지 않는다. 나는 그저 에테르의 파동이나 분리된 "이온"처럼 지각 불가능한 것들, 혹은 우리 이웃들의 마음의 내용과 같은 "사출물"ejects 등의 관념들에 관해서만 이야기하는 것이 아니다. 나는 또한 우리가 수고를 아끼지 않는다면 입증할 수 있을, 그러나 우리에게 "아니"라고 말하는 것이 아무것도 없으므로, 그리고 모순된 진리가 시야에 들어오지 않으므로, 지각적으로 종결되지 않았음에도 우리가 참으로 여기는 관념들에 관해서도 이야기하고 있다. **도전받지 않고 사고를 지속하는 것은 백에 아흔아홉 정도의 확률로 완결된 의미의 앎에 대한 우리의 실천적 대체물이 된다.** 각각의 경험이 인지적 이행에 의해 다음 경험으로 흘러듦으로, 그리고 다른 곳에서 참, 혹은 사실로 여긴 것과 우리가 아무 데서도 충돌하지 않으므로, 우리는 흡사 항구가 확실히 있는 것처럼 자신을 조류에 맡긴다. 우리는 전진하는 파고점의 앞쪽에 산다. 그리고 앞으로 떨어지는 분명한 방향에 대한 우리의 감각이 우리 경로의 미래에 관해 우리가 감당할 수 있는 전부이다. 그것은 마치 미분 계수가 그 자체를 그려진 곡선의 적절한 대체물로서 의식하고 다루어야 하는 것과 같다. 그중에서도 우리의 경험은 특히 inter alia 속도와 방향의 변화에 관한 것이며, 여행의 끝보다는 그러한 이행 안에 산다. 경향의 경험은 충분히 행동의 근거로 삼을 만하다 ─ 뒤에 오는 검증이 완결된다 한들 그러한 순간들에 우리가 무엇을 더 **했을** 수 있겠는가?

이것이, 우리 경험의 악명 높은 성격인 객관적 참조가 간극과 필사의 도약을 수반한다는 비판에 대해 내가 근본적 경험론자로서 하는 말이다. 실증적으로 연접적인 이행은 간극도 도약도 수반하지 않는다. 우리가 연속성이라는 말로 뜻하는 것의 바로 그 원본으로 존재하는 그것은 어느 곳에 나타나든 연속체를 만든다. 완고한 초월론자는 이런 간단한 말로 흔들리지 않는다는 것을 나도 잘 알고 있다. 연접적 경험은 그것의 항들을 분리한다고 그는 여전히 말할 것이다. 즉 경험은 끼어든 제3의 것이고, 그 자체가 새로운 연결고리에 의해 결합되며, 그것을 들먹이는 것은 우리의 문제를 무한히 악화시킨다고 말이다. 우리의 전진하는 운동을 "느낀다"는 것은 불가능하다. 운동은 종점을 시사한다. 그런데 종점을 어떻게 우리가 당도하기 이전에 느낄 수 있는가? 가장 단순한 시작과 출발, 그 순간을 떠나가는 가장 단순한 경향은 간극과 도약을 수반한다. 연접적 이행은 가장 피상적인 외양이며, 우리 감성의 환영이다. 철학적 성찰이 닿기만 해도 그것은 산산이 부서진다. 개념작용과 '절대자'가 결탁하여 작동할 때, 개념작용은 우리가 가진 유일하게 신뢰할 만한 도구이다. 개념작용은 경험을 완전히 분해한다. 하지만 그 이접들은 '절대자'가 과업을 계속할 때 쉽사리 다시 극복된다는 것이다.

나는 적어도 일시적으로는 그러한 초월론자들이 자신의 신념에 가득한 채로 내버려 둘 수밖에 없다.[12] 이 글에서 논쟁할 여유는 없으므로, 나는 경험론의 학설을 간단히 정식화하겠다. 그것이 작동하든 하지 않든 말이다.

그렇다면 나는 객관적 참조란 우리 경험의 매우 많은 부분이 불충분한 것으로 도래하며 과정과 이행으로 구성된다는 사실에 부대적인 사건이라고 말하겠다. 우리 경험의 장은 우리의 시야와 마찬가지로 확실한 범위를 갖지 않는다. 두 가지 모두, 지속적으로 전개되며 삶이 진행됨에 따라 지속적으로 그들을 대신하는 그 이상의 것에 영원히 에워싸여 있다. 일반적으로 말해서 그 관계는 여기서 항들만큼이나 실재적인 것이다. 또한, 유일하게 내가 공감할 수 있는 초월론자의 불평은, 내가 한 것처럼 우선 지식이 외적 관계들에 있도록 만듦으로써, 그리고는 이들 중 9할은 현실적이 아니라 가상적으로만 존재한다는 점을 고백함으로써, 내가 사태 전체에서 견고한 바탕을 없애버리고 진짜 사물에 대한 지식의 대체물을 떠넘겼다는 비난이다. 그러한 비판자는 우리의 관념들이 자기초월적이고, 그들을 종결시키게 될 경험에 앞서 이미 "참된" 것임을 용인하는 것만이 이와 같은 세계, 즉 이행과 종결이 예외적으로만 충족되는 이 세계에서 지식에 견고성을 되돌려줄 수 있다고 말할 수 있을 것이다.

---

12. [편집자] 3장 「사물과 그 관계들」, I절 참조.

나는 이것이 실용적 방법을 적용해보기에 매우 훌륭한 지점이라고 본다. 그 방법은 논쟁이 일어날 때 저쪽이 아닌 이쪽이 참이라면 어떤 실천적 결과가 달라질지를 미리 보여주는 데 있다. 아무런 차이도 생각할 수 없다면 그 논란은 말다툼일 뿐이다. 그렇다면 모든 경험적 매개 또는 경험적 종결에 앞서 존재하는 것으로 승인된 자기초월성은 무엇으로-인식될까? 그것이 참이라면 그것이 우리에게 실천적으로 초래하는 것은 무엇일까?

자기초월성은 우리의 방향성을 정하고, 우리의 기대와 실천적 경향이 올바른 길로 들어서도록 만들 수 있을 뿐이다. 그리고 여기서 올바른 경로란 우리와 대상이 아직 대면하지 않은 (또는 사출의 경우와 같이 결코 대면할 수 없는) 한, 우리를 대상의 가장 인접한 곳으로 데려가는 경로가 될 것이다. 직접적인 지식이 결여된 곳에서 "에 관한 지식"은 차선의 것이고, 현실적으로 대상 주변에 흩어져 있는 것, 그리고 그것에 가장 밀접하게 관련된 것에 대한 직접적 지식은 그러한 지식을 우리 손에 쥐여 준다. 예컨대 에테르 파동과 당신의 분노는 나의 사고가 결코 지각적으로 종결지을 수 없을 것들이지만, 그것들에 관한 나의 개념들은 나를 그것들의 바로 언저리로, 색의 가장자리chromatic fringes로, 그리고 그들의 실재적인 다음 효과들인 마음을 상하게 하는 말들과 행동들로 이끈다.

우리의 관념이 상정된 자기초월을 그 자체로 수행했다고 해도, 그것이 우리에게 그러한 효과들을 가져다주는 것이 자기초월이 우리에게 갖는 유일한 현금가치^{cash-value}이리라는 것은 여전히 사실이다. 그리고 이 현금가치는 말할 것도 없이, 문자 그대로^{verbatim et literatim} 우리의 경험론적 해석이 입금하는 구좌이다. 그러므로 실용주의 원리에서 자기초월성에 대한 논쟁은 순전한 말다툼^{logomachy}이다. 사출하는 사물들에 대한 우리의 개념을 자기초월적이라 부르든, 아니면 그 반대든, 우리가 그 고귀한 미덕의 결실 — 물론, 우리를 위한 결실, 인본주의적 결실이 가진 성격에 대해 다른 견해를 갖지 않는 이상 그것은 아무런 차이를 만들어내지 못한다. 어떤 '절대자'가 다른 이유로 존재하는 것이 입증된다면, 그의 지식이 우리의 지식이 여전히 불완전한 무수히 많은 경우에서 종료되는 것으로 보일 것도 무리는 아니다. 그러나 그것은 우리의 지식에 무관심한 어떤 사실일 것이다. 지식은 우리가 그러한 절대자를 인정하든 배제하든 더 나빠지지도 좋아지지도 않을 것이다.

그러므로 지식의 개념은 여전히 **이행중**이며 여기서 "순수경험"이라는 개념과 결합하려는 중이다. 나는 「"의식"은 존재하는가?」라는 글[이 책 1장]에서 이에 관해 설명하고자 했다. 순간적인 현재의 장은 언제나 그 "순수한" 상태에서 평범한, 무한정한 현실성, 단순한 저것을 경험한다. 아직 사물과 사고로 분화하지 않은 상태로서, 다만 가상적으로 객관적인 사실과 사실에 관한 그의 의견으로 나눌 수 있을 뿐인 상태로서 경험하는 것이다. 이것은 그 장이 지각적일 때만큼이나 개념적인 것일 때도 참이다. "메모리얼 홀"은 내가 그 앞에 서 있을 때와 마찬가지로 내 관념 속에서도 "거기에" 있다. 나는 어느 경우에나 행동으로 나아간다. 이 꾸밈없는 직접성은, 현재의 경험을 대신하는, 뒤에 오는 경험에서만 회고적으로 두 부분, 즉 "의식"과 그 "내용"으로 나뉘며, 그 내용은 수정되거나 확정된다. 어떠한 경험도 — 예컨대 내가 지금 이 글줄에서 쓰고 있는 것에 관한 내 경험은 — 아직 순수한 동안은, 또는 현재적인 동안은 "진리"로 통한다. 그 직후에는 그것을 "의견"으로 환원시킬 수 있다. 초월론자는 그의 모든 특수한 지식에서 나만큼이나 이 환원의 영향을 받기 쉽다. 그의 '절대자'는 그를 구해주지 않는다. 그렇다면 그는 왜 앎을 그저 이러한 불가피한 조건에 영향받기 쉬운 채로 내버려 둘 뿐인 설명과 싸울 필요가 있는가? 앎이 사실상 우리의 활동적 삶의 그토록 대단한 기능인 듯이 보이는데 왜 그것이 시간에서 벗어난 정적 관계라고 주장하는가? 로체는 어떤 사물이 유효하다는 것은 스스로 유효하게 만드는 것과 마찬가지라고 말한다. 전체 우주가 스스로 유효하게 만들고 있음에도 여전히 불완전하다면 (그렇지 않다면 왜 끊임없이 변화하겠는가?), 무엇보다 왜 앎이 면제되어야 하는가? 그것은 왜 다른 모든 것처럼 스스로 유효하게 만들면 안 되는가? 물론 경험론 철학자는 다른 이들과 마찬가지로 그것의 일부가 이미 논란의 여지 없이 유효하거나 검증된 것일 수 있기를 언제나 희망할 수 있을 것이다.

VI. 서로 다른 마음이 동일한계를 가짐[13]

이렇듯 이행과 전망이 순수경험에서 최상의 위치를 차지하고 있는데 영국 학파의 관념론을 지지하는 것은 불가능하다. 근본적 경험론은 실제로 버클리나 밀의 견해보다는 자연적 실재론과 더 유사성이 있으며, 이것을 제시하기는 쉽다.

버클리학파가 보기에 관념들ideas(내가 경험이라 부르는 것에 대한 언어적 등가물)은 불연속적이다. 각 관념의 내용은 전적으로 내재적이며, 관념과 동일실체인consubstatial, 그리고 그것을 통해 관념의 존재가 통합되는 이행은 없다. 당

---

13. [편집자] 4장 「두 마음은 어떻게 하나의 사물을 알 수 있는가」를 참조.

신의 메모리얼홀과 나의 메모리얼홀은 심지어 둘 모두가 지각표상일 때조차 서로 완전히 단절되어 있다. 우리의 삶은 유아론들의 덩어리이며, 엄격한 논리에 따르면 그로부터는 담론의 우주조차 오로지 신만이 구성할 수 있다. 나의 대상과 당신의 대상 사이에는 어떠한 역동적 흐름도 오가지 않는다. 우리의 마음은 결코 **동일한** 것 안에서 만날 수 없다.

그러한 철학이 믿기 어려운 것임은 명백하다. 그것은 극도로 "차갑고, 경직되고, 부자연스럽다." 또한, 그것을 신앙처럼 받아들였던 버클리 자신조차도 런던의 거리를 걸어다닐 때 그의 영혼과 근처의 행인들의 영혼이 절대적으로 상이한 도시를 보고 있다고 믿었을지는 의심해 볼 만하다.

우리의 마음이 적어도 **어떤** 공통의 대상들에서 만난다는 것을 지지하게 되는 결정적인 이유는, 그러한 전제를 하지 않는 한 당신의 마음이 존재한다는 것 자체를 상정할 수 있는 동기가 없다는 점에 있다. 나는 왜 당신의 마음을 상정하는가? 내가 당신의 신체가 특정한 방식으로 행동하는 것을 보기 때문이다. 그 몸짓, 얼굴의 움직임, 말, 행동거지가 일반적으로 "표현적"이기 때문에, 나는 그것이 나의 것과 같은 내적 삶에 의해 나 자신의 신체와 마찬가지로 작동하게 된다고 여긴다. 유비에서 나온 이러한 주장이 나의 이유이다. 본능적 믿음이 그것을 예단하든 아니든 간에 말이다. 그러나 여기서 "당신의 신체"란 내 영역에서 지각표상 외에 무엇이란 말인가? 내가 당신에 관해 조금이라도 생각할 기회를 가진다는 것은 저 대상, 나의 대상에 생기를 불어넣음으로써만 가능하다. 당신이 작동시킨 신체가 내가 거기서 보는 바로 그 신체가 아니고, 당신 자신의 신체와 아무런 상관이 없는 어떤 복제된 신체라면, 당신과 나, 우리는 서로 다른 우주에 속하는 것이고, 내가 당신에 관해 말하는 것은 어리석은 짓이다. 그 무수한 우주들은 지금도 서로 무관하게 공존할 수 있다. 그런데 내가 관심을 두는 것은 단지 나 자신의 삶이 연관된 우주이다.

내가 당신의 신체라고 부르는 내 우주의 그러한 지각적인 부분에서, 내 마음과 당신의 마음은 만나고 동일한 한계를 가진다/인접한다고 불릴 수 있다. 당신의 마음이 그 신체를 작동시키고, 나의 마음이 그것을 본다. 나의 사고는 그 조화로운 인지적 충족의 일부가 되듯 당신의 신체 일부가 된다. 당신의 정서와 의지는, 원인이 그 결과의 일부가 되듯 당신의 신체 일부가 된다.

그러나 그러한 지각표상은 우리의 다른 모든 물리적 지각표상과 일치한다. 그들은 하나의 재료로 이루어져 있다. 또한, 그 지각표상이 우리의 공동 소유물이라면 다른 지각표상도 마찬가지여야 한다. 예컨대 당신의 손이 밧줄의 한쪽 끝을 잡고 있고 내 손이 다른 쪽 끝을 잡고 있다고 하자. 우리는 서로 잡아당긴다. 이 경험에서 우리의 두 손은 상호적 대상인데 밧줄은 상호적이 아닐 수 있는가? 밧줄에 대해 참인 것은 다른 어떤 지각표상에 대해서도 참이다. 당신의 대상은 반복해서 나의 대상과 동일한 것이다. 내가 당신에게 당신의 어떤 대상, 예컨대 우리의 정든 메모리얼홀이 어디에 있는지 묻는다면, 당신은 내가 보고 있는 당신의 손으로 나의 메모리얼홀을 가리키게 된다. 당신이 자신의 세계 속에서 어떤 대상에 변화를 준다면, 예컨대 내가 있는 데서 촛불을 끈다면, 나의 촛불도 그 때문에 꺼질 것이다. 내가 당신이 존재한다고 짐작하는 것은 나의 대상들이 변화할 때뿐이다. 당신의 대상이 나의 대상과 합쳐지지 않는다면, 전자가 후자가 있는 곳에 동일하게 존재하지 않는다면, 전자는 실증적으로 다른 곳에 있음이 입증되어야 한다. 그러나 당신의 대상에 다른 어떤 위치도 배정될 수 없으므로, 그것의 자리는 그것이 있는 것으로 보이는 곳, 즉 〔나의 대상과〕 같은 자리여야 한다.[14]

그렇다면 사실상 우리의 마음은 그들이 공유하고 있는

---

14. 우리의 대상들이 우리들 각자의 머릿속에 있다는 개념은 진지하게 옹호할 수 없는 것이므로 건너뛰겠다.

대상의 세계에서 만나며, 그 대상은 하나나 몇 개의 마음이 파괴되더라도 여전히 거기에 있다. 나는 이 가정이 문자 그대로 참이라는 데 대해 어떤 이의도 제기할 수 없다. 내가 옹호하고 있는 원리에서 "마음" 또는 "개인의 의식"은 어떤 일정한 이행들에 의해 혼합되는 일련의 경험이며, 객관적 실재는 상이한 이행들에 의해 직조된 일련의 유사한 경험이다. 동일한 경험이 한 번은 심적 맥락에서, 또 한 번은 물리적 맥락에서 두 번 나타날 수 있다면 (내가 "의식"에 대한 글에서 그럴 수 있음을 제시하고자 한 바와 같이), 세 번이나 네 번, 또는 상이한 심적 맥락에 마주칠 때마다 얼마든지 여러 번 나타나지 못할 이유가 없다. 교차점에 놓인 동일한 점이 많은 상이한 선들로 계속될 수 있는 것이나 마찬가지이다. 숫자가 얼마가 됐든 맥락들을 철폐하는 것은 경험 자체나 그것의 다른 맥락들을 파괴하지 않을 것이다. 그 점의 선적 연장들 몇 개를 지운다고 해서 다른 선적 연장들을 파괴하거나 점 자체를 파괴하게 되지 않는 것과 마찬가지이다.

나는 어떤 항이 다른 관계 속에서 취해지면 본질적으로 다른 항이 되어야 한다고 주장하는 미묘한 변증법을 잘 안다. 난제는 항상 고대 그리스에서 제기되었던 것이다. 즉 같은 사람이 옆 사람과의 관계에서는 키가 크고 다른 사람과의 관계에서 키가 작을 수는 없는데, 그러려면 그 사람은 동시에 키가 크면서 작아야 하기 때문이라는 것이다. 이 글에서 내가 이 변증법을 논박하고 있을 수는 없으므로, 한 동안은 공격에 취약한 상태로 그냥 넘어가겠다.[15] 그러나 동일한 **"지금"** 과거가 끝나기도 하고 또한 미래가 시작되기도 한다는 것을 나의 독자가 받아들이기만 한다면, 또는 그가 이웃에게서 1에이커의 토지를 살 때, 사고 팔리는 두 소유지에서 연속적으로 헤아려지는 것이 동일한 에이커라는 점을, 아니면 내가 그에게 1달러를 줄 때 동일한 달러가 내 주머니에서 나와 그의 주머니로 들어가는 것임을 인정한다면, 그는 다른 경우에서라면 전적으로 상이한 것이었을 마음의 숫자가 아무리 많더라도, 동일한 대상이 나머지와의 관계 속에서 역할을 한다고 생각해도 좋다는 점 역시 일관되게 받아들여야 할 것이다. 내가 지금 말하고자 하는 요지는 이것으로 충분하다. 복수의 마음이 동일한 대상을 공유한다는 상식 개념은 특수한 논리적, 또는 인식론적 난점을 제공하지 않는다. 그것은 다른 것들 전부와 연접적 관계에 있는 사물들의 일반적 가능성에 일치하거나 일치하지 않는다.

---

15. [편집자] 이 논쟁은 3장의 「사물과 그 관계들」, III절에서 다시 다루어진다.

그렇다면 원론적으로 자연적 실재론이 가능한 것으로 통하게 하자. 당신의 마음과 나의 마음은 동일한 지각표상에서 종결될 수 있다. 마치 그 동일한 지각표상이 제3의 사물인 것처럼 그저 그에 맞서는 것만이 아니라, 그것에 자신을 삽입하고 합침으로써 거기서 종결되는 것이다. 그러한 것이 지각의 종점이 "충족될" 때 경험되는 것으로 보이는 종류의 연접적 합일이기 때문이다. 그렇더라도 두 개의 밧줄이 동일한 말뚝에 묶여 있으면서 둘 중 어느 것도 다른 하나가 연결된 말뚝 외에 다른 부분에 닿지 않을 수 있다.

그러므로 당신과 내가 "동일한" 메모리얼홀을 알고 있다고 할 때 우리의 마음이 수적으로 동일한 지각표상에서, 또는 그러한 지각표상으로 종결되는지를 묻는 것은 형식적 질문이 아니라 단지 경험적 사실에 관한 질문이다.[그에 대한 답은] 명백하게, 단순한 사실로서 그렇지 **않다**[는 것이다]. 색맹이라든지 그러한 가능성들과 별개로 우리는 그 홀을 상이한 원근법에 따라 본다. 당신은 그것의 한쪽에, 나는 다른 쪽에 있을 수 있다. 우리 각자의 지각표상은, 각자가 그 홀 표면을 보고 있을 때 더욱이 각자의 잠정적 종점일 뿐이다. 나의 지각표상 너머에 있는 다음 것은 당신의 마음이 아니라 나 자신의 더 많은 지각표상이며, 나의 첫 번째 지각표상은 그 속으로 전개된다. 예컨대 그 홀의 내부, 또는 그 벽돌과 모르타르의 내부 구조로 말이다. 우리의 마음이 문자 그대로의 의미에서 **동일한계**를 가진다면 conterminous 둘 중 어느 쪽도 그들이 공통되게 가지고 있던 지각표상 너머로 갈 수 없을 것이다. 공통의 지각표상은 그들 사이의 궁극적인 장벽이 될 것이다 — 그들이 실제로 그 위로 범람하여 그들 내용의 더욱더 큰 부분에 대해 '공통의식적'co-conscious이 되지 않는 한은 그렇다. 그것은 (사고전이를 제외하면) 일어날 법하지 않은 경우다. 사실은 궁극의 공통 장벽은 두 마음 모두에 의해 둘 중 어느 쪽의 현실적 지각표상보다 더 멀리 밀어붙여질 수 있다. 결국에는 그것이 단지 원자나 에테르처럼 지각 불가능한 것들의 개념으로 녹아들 때까지 말이다. 그리하여 우리가 지각표상으로 종결하는 곳에서 우리의 지식은 다만 그럴듯하게 완결될 뿐이고, 이론적 엄밀함에서 개념이 수행하는 더 먼 대상들에 대한 가상적 지식일 뿐이다.

논리적으로 허용되는 자연적 실재론은 그러면 경험적 사실에 의해 논박되는가? 우리의 마음은 결국 아무런 공통된 대상도 갖지 않나?

그렇지 않다. 우리의 마음은 확실히 '공간'을 공유한다. 실용적 원리의 견지에서 우리는 부여할 수 있는 아무런 차이점도 단언할 수 없을 때마다 동일함을 단언할 수밖에 없다. 이름 붙여진 두 사물이 식별 불가능한 모든 성질과 기능을 가지고 있고, 동시에 동일한 자리에 있다면, 그것들은 두 개의 다른 이름이 붙은 수적으로 하나인 사물로 적혀야 한다. 그러나 내가 아는 한, 메모리얼홀에 대한 당신의 지각표상이 차지하고 있는 자리가 그에 대한 나의 지각표상이 차지한 자리와 다르다는 것을 보여줄 수 있는 실험은 발견 불가능하다. 지각표상들 자체는 다르게 보일 수 있지만, 우리가 저마다 자신의 지각표상이 어디 있는지 가리키도록 요구받는다면 우리는 동일한 지점을 가리키게 된다. 홀의 모든 관계는, 그것이 기하학적인 것이든 인과적인 것이든 우리의 손이 [가리키는 곳에] 만나는 그 지점에서 시작되거나 끝난다. 또한, 우리 각자는, 그 홀을 다른 사람의 눈앞에서 변화하게 만들기를 원할 경우 그 지점에서 작업을 시작하게 된다. 우리의 신체에 대해서도 바로 그러하다. 당신이 작동시키고 안에서 느끼는 당신의 그 신체는, 내가 바라보고 바깥에서 만지는 당신의 신체와 동일한 지점에 있는 것이 틀림없다. 내게 "거기"란 내가 손가락을 놓는 곳을 뜻한다. 내가 그것을 당신의 신체에 놓을 때 당신이 내 손가락의 접촉이 "거기", 내 감각에 있음을 느끼지 못한다면, 당신은 어디서 그것을 느끼겠는가? 당신의 신체를 당신이 내적으로 작동시키는 것은 내 손가락과 거기서 만난다. 당신이 내 손가락이 미는 데 저항하거나, 움츠러들거나, 당신의 손으로 그것을 제쳐놓는 것은 거기서이다. 당신은 안에서 그리고 나는 바깥에서 느끼는 그 신체의 실재적 구조에 관해 우리 둘 가운데 누군가가 얼마나 더 많은 지식을 획득할 수 있든, 새롭게 생각되거나 지각된 구성요소가 놓여야 할 것은 그 동일한 자리이며, 당신과 나의 상호적인 심적 교류가 언제나 계속되어야 하는 것은 그 공간을 **통해서이다.** 그 교류는 내가 저쪽으로 전달하는 인상과, 그 뒤에 그 인상들이 당신에게서 유발할 수 있는 반응의 매개를 통해 이루어진다.

그럴 때, 일반적인 표현으로, 우리 마음의 서로 다른 내용들이, 그것이 무엇이든 결국 한 자리를 채울 수 있으며, 그 자리 자체는 두 마음의 수적으로 동일한 내용이고, 그것들이 그 속에서, 그것을 통해, 그 위로 결합하는 하나의 주지의 사실이다. 우리의 경험 중 특정한 것의 저장소는 그처럼 공통된 것이고, 경험들 자체도 언젠가 공통적인 것이 될지 모른다. 그런 날이 정말 온다면 우리의 사고는 완전한 경험적 동일성으로 종결될 것이고, 그 경험들이 이어지는 한, 진리에 대한 우리의 논쟁은 종식될 것이다. 어떠한 차이점들도 나타나지 않고, 그것들은 동일한 것으로 간주하여야 할 것이다.

VII. 결론

이로써 우리는 순수경험의 철학에 관한 개요를 얻었다. 글의 첫 부분에서 나는 그것을 모자이크 철학이라 불렀다. 실제 모자이크에서 그림을 이루는 조각들은 토대에 의해 함께 유지된다. 그것을 지지하기 위해서 다른 철학에서는 '실체', 선험적 '자아', 혹은 '절대자'라는 바탕이 취해진다. 근본적 경험론에는 아무런 바탕도 없다. 마치 [모자이크] 조각들의 가장자리가 서로 연결되어 있고, 그들 사이에서 경험된 이행이 그들을 접합하는 시멘트를 형성하는 듯하다. 물론 이와 같은 은유는 오도하는 점이 있다. 현실적 경험에서는 더욱 실체적이고 더욱 이행적인 부분들이 연속적으로 서로 만나고, 거기에는 일반적으로 외적인 시멘트로 극복할 필요가 있는 분리가 없기 때문이다. 그리고 현실적으로 경험되는 어떠한 분리도 극복되지 않으며, 그것은 마지막까지 분리로 머물고 그렇게 간주된다. 그러나 저 은유는 '경험' 자체가 대체로 그것의 가장자리에서 성장할 수 있다는 사실을 상징하는 역할을 한다. 그것의 한순간이 이행에 의해 다음 순간으로 증식하고, 이행은 연접적이든 이접적이든 경험의 조직을 지속한다는 것은 부정될 수 없다고 나는 주장한다. 생명은 연관된 항들 속은 물론이고 이행들 속에 있다. 과연, 종종 그것은 마치 우리의 분투와 돌격이 실제

전투의 사선이라는 듯이, 농부가 태우고 있는 건조한 가을 들녘을 가로질러 번져가는 불꽃의 가는 선처럼 더욱 확실하게 거기 있는 듯하다. 이 선에서 우리는 회고적으로는 물론이고 전망적으로 산다. 그것은 과거의 연속으로서 표현적으로 도래하는 것만큼이나 과거"의" 것이다. 그것은 미래가 도래했을 때 그것을 연속하게 될 것만큼이나 미래"의" 것이다.

경험된 연속적 이행의 이러한 관계들이 우리의 경험들을 인지적으로 만드는 것이다. 가장 단순하고 완전한 경우에 경험들은 서로를 인지한다. 그들 중 하나가 그들의 선행하는 한 계열을 충족이라는 의미로 종결지을 때, 우리는 그것이 저 다른 경험들이 "염두에 둔" 것이라고 말한다. 그런 경우에 지식은 입증되며, 진실은 "염장된" 것이다. 그러나 주로 우리는 투기적 투자나, 혹은 우리의 전망으로만 살아간다. 그러나 가능한[in posse] 것들로 살아가는 것은, 우리의 신용이 좋은 채로 남아있는 한 현실적인 것 속에서 사는 것만큼이나 좋다. 대부분 그것이 좋다는 것, 그리고 우주는 좀처럼 우리의 지급명령서에 저항하지 않는다는 것은 명백하다.

이런 의미에서 우리는 모든 순간에 존재하는 너머를 지속적으로 믿을 수 있다. 우리의 확신이 앞질러 나가 힐책

받는 것은 특수한 경우들뿐이다. 너머는 물론 우리의 철학에서 늘 경험적 성질을 가지고 있어야 한다. 우리 자신의 미래의 경험이나 우리 이웃의 현재의 경험이 아니라면 그것은 프린스 박사와 스트롱 교수가 사용하는 용어와 같은 의미로 물자체여야 한다 — 즉 그것은 단독적 경험으로서, 우리는 그것과 다른 것들의 관계를 분자, 에테르 파동, 또는 물리적 상징이 될 만한 어떤 것의 활동으로 번역한다.[16] 이것은 근본적 경험론과 범심론의 관계에 관한 장을 여는 이야기가 되지만, 이것을 우리가 지금 다룰 수는 없다.[17]

너머는 어떤 경우든 그 방향을 바라봄으로써, 또는 그것이 목표인 방향의 전환이나 변화를 통해서 실질적으로 그것을 요구하는 경험과 동시적으로 존재할 수 있다 — 그것이 동시적으로 **존재한 것**으로 경험될 수 있으므로 그러하다. 합일의 현실성이 그러한 요구의 "진리"가 구성하는 가상성 안에서 미결인 상태에 있을 때, 너머와 그 인식하는

---

16. 우리의 마음과 이 사출하는 실재성은 여전히 공통의 공간(또는 내가 알기로는 스트롱 교수가 "물자체들" 사이의 상호작용의 매체를 칭한 말인 의사 공간)이 있을 것이다. 이들이 존재하고, 또한 작용하기 시작하는 곳은 우리가 분자들 따위를 위치시키는 곳, 우리가 거기서 설명된 감각 가능한 현상들을 지각하는 곳이 될 것이다. 〔Morton Prince, *The Nature of Mind, and Human Automatism*, part I, ch. III, IV; C. A. Strong, *Why the Mind has a Body*, ch. XII 참조.〕

17. [편집자] *A Pluralistic Universe*, Lect. IV~VII 참조.

자는 서로 분리된 존재들이 된다. 그러나 확인이 빨리 이루어질수록 한때 분리되었던 경험의 연쇄들은 서로에게 다 다른다. 또한, 그러하므로 나는 내 글의 앞부분에서 세계의 통일성은 전체적으로 증대하는 중이라고 말했다. 우주는 스스로 옛 경험들의 덩어리에 접목되는 새로운 경험들에 의해 양적으로 계속해서 성장한다. 그러나 바로 이 새로운 경험들이 종종 그 덩어리가 한층 더 통합된 형태를 얻게끔 돕는다.

이런 것들이 순수경험의 철학이 가진 주요한 특징이다. 거기에는 무수히 더 많은 측면이 있고, 또한 그것은 숱한 질문을 발생시키지만, 내가 다룬 지점들은 쐐기를 박는 데 충분할 듯하다. 내 생각에 그러한 철학은 근본적 다원론과 가장 잘 조화된다. 그것은 새로움과 비결정론, 도덕주의와 유신론과도, 또한 근간에 옥스퍼드학파와 시카고학파가 우리 앞에 내놓은 "인본주의"와도 조화로울 것이다.[18] 그러나 나는 이 모든 학설이 근본적 다원론의 필수적이고 불가결한 동맹이라고는 생각할 수 없다. 그것은 상식의 관점에

---

18. 나는 *Mind*, October, 1904에 실린 "Humanism and Truth"라는 제목의 글에서 후자의 이러한 연맹에 대해 약간 거론했다. 〔*The Meaning of Truth*, pp. 51~101에 다시 게재됨. 이 책 11장 「거듭하여, 인본주의와 진리」도 참조.〕

서나, 우리 철학 언어를 구성한 관념론의 관점에서나 너무 많은 차이점을 드러내기 때문에, 그것을 있는 그대로 말하는 것은 거의 그것을 명료하게 사고하는 것만큼이나 어렵다. 그리고 그것이 언젠가 훌륭한 체계로 성장하려면 그것은 협업하는 많은 이들의 기여로 구축되어야 할 것이다. 이 글의 첫 부분에서 말한 바와 같이, 내가 보기에 사실은 많은 사람이 지금 근본적 경험론을 향해 돌아서고 있다. 그들이 내가 한 말들에 의해 더 멀리 나아가게 된다면, 그리고 그 뒤에 그들이 내가 낸 미약한 목소리 위에 그들의 더욱 강력한 목소리들을 덧붙인다면, 이 글의 출간은 보람된 일이 될 것이다.

3장

사물과
그 관계들[*]

경험은 그 직접성에서 완벽하게 유동적인 것으로 보인다. 성찰이 우리의 본능적 세계를 산산조각내기 전까지 우리 모두가 향유하는 활동적인 삶의 감각은 자명하고, 어떠한 역설도 시사하지 않는다. 그것의 난제는 실망과 불확실성이다. 그것들은 지성적 모순이 아니다.

그러나 성찰적 지성이 작동하면, 그것은 흘러가는 과정에서 불가해성incomprehensibilities을 발견한다. 성찰적 지성은 과정의 요소들과 부분들을 구별하면서 그들 각각에 명칭을 부여하는데, 그렇게 분리한 것들은 쉽게 합칠 수 없다. 퓌론주의는 비합리성을 받아들이고, 그것을 변증법적으로 다듬는 데 열중한다. 다른 철학들은 〔비합리성을〕 무시하거나, 저항하거나, 변증법적 절차를 자신에게 맞세움으로써, 그 최초의 부정否定을 부정하는 가운데 유동적인 삶의 감각을 복원하고자 하며, 구원이 순수의 자리를 차지하게 내버려 둔다. 어떤 철학이라도 이러한 것을 할 수 있게 해주는 완벽성은, 인간의 성공과 철학사에서 그것의 중요성의 척도이다. 이 책의 2장 「순수경험의 세계」에서 나는 스케치

---

* 〔편집자〕 *The Journal of Philosophy, Psychology and Scientific Methods*, vol. II, No. 2, January 19, 1905에 실렸던 글이다. *A Pluralistic Universe*에도 다시 한 번 게재되었다. 여기에 실린 문헌에는 저자가 수정한 부분들이 반영되어 있다.

하듯 그 문제에 손을 대보았고, 그러면서 직접적으로 경험된 연접적 관계들은 다른 어느 것과 마찬가지로 실재적임을 일반적인 방식으로 주장함으로써 변증법의 특정한 첫 단계에 저항했다. 내 스케치가 너무 순진한 것으로 보이지 않으려면 나는 세부사항들에 좀 더 접근해야 할 것이며, 이 글에서 그렇게 할 작정이다.

I

　"순수경험"은 삶의 직접적 흐름에 내가 붙인 명칭으로, 우리가 이후로 그 개념적 범주들에 대해 하게 될 성찰의 재료를 제공한다. 신생아만이, 그렇지 않다면 잠들거나 약물을 복용하거나 병들어 반쯤 혼수상태인 사람만이, 모든 종류의 무엇인가가 될 준비는 되어있지만 아직 명확한 그 무엇도 아닌 저것이라는 의미에서 순수경험을 가질 수 있다. 그것은 단일성oneness과 다양성manyness 모두로 충만하되, 드러나지 않는 점들에서 그러하다. 완전히, 그러나 너무 혼란스럽게 변화하고 있는 그 상相, phase들은 상호관통하며, 구별의 지점도 동일성의 지점도 포착되지 않는다. 이런 상태의 순수경험은 느낌이나 감각의 다른 이름일 뿐이다. 그러나 그것의 흐름은 그것이 강조점으로 채워지자마자 나타나고, 이 두드러진 부분들은 동일화되고 고정되며 추상된다. 그리하여 경험은 이제 마치 형용사와 명사, 전치사와 접속사로 가득한 것처럼 흐른다. 그 순수성은 다만 상대적 항일뿐이며, 그것이 여전히 구체화하는, 언어화되지 않은 감각의 비례량을 뜻한다.

거슬러 올라가면, 전체이자 그 부분들이기도 한 흐름은 연접되고 분리된 사물의 흐름이다. 시간, 공간, 자아의 거대한 연속체들은 모든 것을 감싸고, 그것들 사이에서, 간섭하지 않으면서 함께 흐른다. 거기에 감싸이는 사물은 어떤 면에서는 분리되고 또 다른 면으로는 연속적인 것으로 도래한다. 어떤 감각은 어떤 관념과 합쳐지고, 또 다른 감각은 양립 불가능하다. 성질들은 하나의 공간을 함께 관통하고, 혹은 그 공간으로부터 서로를 배제한다. 그것은 단위로서 움직이는 무리들이며, 고집스럽게 서로 달라붙어 있거나 그러지 않으면 분리된다. 그것들의 변화는 급격하거나 불연속적이고, 그 종류는 서로 닮거나 다르며, 그 어느 쪽에도 속하지 않거나 불규칙한 계열이 된다.

이 모든 것에서 연속성과 불연속성은 직접적 느낌에 관한 절대적으로 대등한 문제이다. 연접은 구분과 이접만큼이나 "사실"의 시원적 요소이다. 이 지나가는 순간이 내 삶의 새로운 박동이라고 내가 느끼게 하는 동일한 행위 속에서 나는 오래된 삶이 지속되어 감을 느끼며, 연속성의 그러한 느낌은 결코 새로움의 동시적 느낌을 거스르지 않는다. 그것들 또한 조화롭게 함께 관통한다. 전치사, 계사, 접속사, "이다," "아니다," "그때," "전에," "안에," "위에," "옆에," "사이에," "다음에," "같이," "달리," "로서," "그러나,"는 순수경험의 흐름으로부터 피어난다. 그것은 명사와 형용사가 그러하듯 자연스럽게 구체적인 것의 흐름 혹은 감각의 흐름이며 그것들은 우리가 그들을 흐름의 새로운 부분에 적용할 때 그 속에 다시금 유동적으로 녹아든다.

II

여기서 그런데 어째서 우리가 이렇듯 더욱 구체적이거나 순수한 것에서 더욱 지성적으로 처리된 형태로 경험을 번역해야 하며, 그것을 언제나 풍부한 개념적 구별들로 채워야 하는지를 묻는다면, 합리론과 자연주의는 서로 다른 답을 내놓을 것이다.

합리론의 대답은, 이론적 삶은 절대적이며, 그 이해관계는 긴요하다는 것이다. 또한, 이해한다는 것은 그저 인간의 의무이며, 이에 대해 의문을 제기하는 이에 대해서는 논박할 필요도 없다는 것이다. 논쟁한다는 사실 자체로 그는 자신의 주장을 포기한 것이 되기 때문이다.

자연주의자의 대답은, 환경은 우리를 살아가게 할 뿐

아니라 우리를 죽인다는 것, 그리고 날것의 경험이 경험하는 사람 자신을 없애려고 하는 경향은, 삶에 실질적 관계를 가진 그 안의 요소들이 연속체로부터 분석되고, 언어적으로 고착되며, 함께 짝지어짐으로써 우리에게 일어나려는 것을 감지하고 제때 반응을 준비할 수 있게 되는 정도로만 경감된다는 것이다. 순수경험이 언제나 완벽하게 건전한 것이라면, 그들 항 가운데 어느 것도 고립시키거나 언어화할 필요는 없었을 것이라고 자연주의자는 말한다. 우리는 그저 분절되지 않은 채로 경험해야 했고, 비지성적으로 향유해야 했다. 자연주의적 해석이 이처럼 "반응"에 의지하는 것은, 우리가 상대적으로 순수한 경험을 지성적으로 분석할 때마다 더욱 순수한, 또는 더욱 구체적인 수준으로 다시 내려가기 위해 그렇게 해야 한다는 점을 암시한다. 아울러 어떤 지성이 그 추상적인 항들과 일반화된 관계들 사이에서 고고하게 머무른다면, 그리고 그 결론들과 더불어 그 자체를 삶의 직접적인 흐름의 어떤 특수한 지점에 재삽입하지 않는다면, 그 지성은 자신의 기능을 끝마치는 데 실패하고, 그것이 평소에 하는 경주를 완주하지 않고 만다는 점을 암시하고 있기도 하다.

대부분의 합리론자는 오늘날 자연주의가 우리의 지성이 처음에 발생한 방식에 대해 충분히 참된 설명을 제공한다는 데 동의할 것이다. 그러나 그들은 [자연주의자들이] 위에서 말한 두 번째 암시에 대해서는 부정할 것이다. 그들은 그것이 성애의 경우를 닮았다고 말할 것이다. 다른 세대를 탄생시킬 동물적 욕구에서 기원한 이 열정은 이차적으로 긴급한 정신적 욕구를 발전시켜왔다. 그리하여 애초에 왜 다른 세대가 태어나야 하는지를 묻는다면, "주로 사랑이 계속되기 위해서"라는 답이 돌아온다. 우리의 지성에 대해서도 마찬가지다. 그것은 삶에 봉사하는 실천적 수단으로 기원했다. 그러나 우연히 그것은 절대적 진리를 이해하는 기능으로 발전되었다. 그리고 이제는 삶 자체가 주로 그 기능이 수행되도록 하는 수단으로서 주어지는 듯하다. 그러나 진리와 진리에 대한 이해는 추상적인 것과 보편적인 것 사이에 자리하므로, 지성은 이제 순수경험으로 다시 내려갈 필요 없이, 자신의 고차원적 직무를 전적으로 이 영역에서 수행하게 된다.

　내가 자연주의적, 그리고 합리론적이라고 명시한 이 대조적인 경향들에 관해 독자들이 잘 모르겠다면, 하나의 사례를 통해 그것들을 좀 더 구체적으로 제시할 수 있을 것이다. 예컨대 브래들리 씨는 초합리론자이다. 그는 우리의 지성이 일차적으로 실천적이라는 것을 인정하지만, 철학자들에게 실천적 욕구란 다만 진리라고 말한다. 나아가 진리는 "일관된" 것으로 상정되어야만 한다. 직접적 경험은 주체와 특질, 항과 관계로 쪼개져야 하고, 어쨌든 진리로 이해되어야 한다. 그러나 그렇게 쪼개졌을 때 그것은 어느 때보다 일관되지 못하다. 날것으로 취했을 때 그것들은 전부 구별되지 않은 채이다. 지성에 의해 분석되었을 때 그것은 오로지 단일성 없는 구별이다. "그러한 배치는 작동할 수 있지만, 이론적 문제가 해결되지 않는다." 질문은 "다양성은 어떻게 단일성과 조화롭게 존재할 수 있는가"하는 것이다. 순수경험으로 되돌아가는 것은 소용없다. "단순한 느낌은 우리의 수수께끼에 답을 주지 않는다." 우리의 직관이 사실일지라도, 그것은 이해가 아니다. "그것은 한낱 경험이고, 아무런 일관된 관점도 제공하지 않는다." 사실 또는 진리로서 제공된 경험은 "서로 모순되기 때문에, 내 지성은 그것들을 거절한다. 그것들은 다양성의 복합체를 제공하는데, 그 복합체는 그것이 자신의 방식이 아니라고 느끼는 방식으로, 그리고 그것이 자신의 것으로 반복할 수 없는 방식으로 결합되어 있다. … 나의 지성이 만족하기 위해서는 이해해야 하는데, 그것은 덩어리로 집적함으로써 이해할 수 없기 때문이다."[1] 따라서 브래들리 씨는 (그가 그 기능에 대해 생각

---

1. [편집자] F. H. Bradley, *Appearance and Reality*, second edition, pp. 152~153, 23, 118, 104, 108~109, 570.

하는 것처럼) "이해"에 대해서만 관심을 가지고, 한정된 경험으로부터 영원히 등을 돌린다. 진리는 정반대 방향에, 즉 '절대자'의 방향에 있어야 한다는 것이다. 그리고 이런 종류의 합리론과 자연주의는, 또는 (내가 이제 부르게 될 명칭인) 실용주의는 그때부터 정반대의 길을 걷는다. 합리론의 경우, 저 지성적 산물들은 가장 참되며, 절대자를 향한 채 다多와 일一을 통합하는 그 방식들을 상징화하는 데 가장 근접해간다. 실용주의에서 가장 참된 것은 느낌의 유한한 흐름 속에 가장 성공적으로 다시 잠겨들고, 어떤 특수한 파동이나 잔물결에 가장 쉽게 합류하게 되는 것들이다. 그러한 합류는 지성적 작동이 참이었다는 것을 입증할 뿐 아니라 (마치 덧셈을 통해 뺄셈이 이미 올바르게 이루어졌음을 "입증할" 수 있는 것처럼), 실용주의에 따르면 그것은 우리가 참이라고 부르는 것의 모든 의미를 구성한다. 그것들이 성공적으로든 그렇지 않게든 우리를 감각 가능한 경험으로 다시 이끄는 한에서만 우리의 경험은 다시금 참이든 거짓이든 모두 우리의 추상인 것이고 보편적인 것이다.[2]

---

2. *The Journal of Philosophy, Psychology and Scientific Methods*, vol. I, 〔1904〕, pp. 403 ff., 특히 pp. 405~407 부분에서 맥레넌 교수와 브래들리 씨의 감탄스러운 논쟁(Auseinandersetzung)과 비교해 보라.

III

〔2장의〕6절에서 나는 일반적인 방식으로, 우리의 서로 다른 마음이 동일한 세계를 인지한다고 하는 상식적인 믿음을 수용했다. 그러나 나는 이것이 논리적으로 부조리하다고 계속해서 주장하는 변증법적 논쟁들에 관해 논하지 않고 지나왔다. 그러한 논쟁에서 방금 말한 믿음이 부조리하다는 주장의 근거로 제기되는 통상적인 이유는 다음과 같다. 요컨대 그러한 믿음이, 그것이 하나의 대상(즉 세계)은 동시에 두 관계, 요컨대 내 마음과의, 그리고 당신의 마음과의 관계에 놓인다고 상정하는 데 반해, 두 번째 관계에 들어가 있는 항이 논리적으로 처음의 그것과 동일한 항일 수 없다는 것이다.

나는 절대론자들과의 토론에서 너무도 자주 이런 이유가 제기되는 것을 들었다. 그리고 이것이 가치 있는 이유라면 나의 근본적 경험론은 너무나 완전히 파괴될 것이므로 주의 깊게 그 의견을 듣고 그것이 가진 강점을 진지하게 찾아보아야 할 것이다.

예컨대 논쟁 중인 문제를 M이라고 하고, 한편으로는 L, 다른 한편으로는 N과 관계가 있다고 하자. 그리고 두 경우의 관계를 L-M과 M-N으로 각각 표시하자. 그리고서 경험이 L-M-N의 형태로 직접적으로 도래하고 주어질 수

3장 사물과 그 관계들 **109**

있으며, 그럴 때 M에 내부적 분열이나 이중화의 흔적이 없다고 상정하면, 나는 이것이 전부 대중적인 착각이고, 논리적으로 L-M-N은 두 개의 상이한 경험, 즉 L-M과 M-N을 뜻한다는 말을 듣게 된다. 또한, '절대자'는 우월한 관점에서, 그 고유한 종류의 통일성을 M의 두 가지 판본으로 해석할 수 있고, 과연 그렇게 해석하는 것이 분명하지만, 무한한 경험 속의 요소들로서 두 개의 M은 회수 불가능하게 뿔뿔이 흩어져 있고, 그들 사이의 세계는 부서지고 단절되어 있다는 것이다.

이러한 변증법적 논지를 주장할 때 우리는 논리적인 관점에서 물리적인 관점으로 빠지지 않도록 해야 한다. 관념을 고정시킬 구체적인 사례를 들어, 문자 M이 모종의 집합명사를 나타내게 되는 것을 선택하는 편이 간단하겠다. 한 부분에서 L과 관련되고, 또 다른 부분에서 N과 관련된 그 집합명사는 외부적으로는 둘 모두와 관계되어 있으되 내부적으로는 두 개의 사물일 것이다. 그러므로 우리는 이렇게 말할 수 있다. "데이비드 흄은 몸소 그토록 많은 돌을 저울질했지만, 후세에는 그의 학설로 영향을 미친다." 그의 몸과 학설은 두 가지 사물이고, 설령 그 둘이 같은 이름을 가지고 있다고 해도 그들 사이에서 우리의 유한한 마음은 어떤 실재적 동일함도 발견할 수 없다. 그러고서 우리는 계속해서 이렇게 말할 수 있을 것이다. "어떤 '절대자'만이 그와 같은 비-동일성non-identity을 통합할 능력을 갖는다." 나는 우리가 이런 종류의 사례를 피해야 한다고 말하겠다. 왜냐하면 변증법적 통찰은 적어도 그것이 참이라고 한다면 항과 관계에 보편적으로 적용되어야 하기 때문이다. 그것은 집합명사뿐 아니라 추상적 단위에서도 참이어야 한다. 그리고 우리가 구체적인 사례들을 통해 그것을 입증할 때는, 가장 단순한 사례를 듦으로써 무관한 구체적 연상을 피해야 할 것이다.

이렇듯 모든 일반성에 입각해 보았을 때, 절대론적 견해들은 "우리의 모든 구별되는 지각은 구별되는 존재이고, 마음은 구별되는 존재들에서 결코 어떠한 실재적 연관도 지각하지 않는다"는 흄의 개념을 대전제로 쓰고 있는 듯하다.[3] 의심의 여지 없이, 우리는 먼저 M과 L의 관계, 그리고는 M과 N의 관계에 대해 말하면서 두 구절을 쓰고 있으므로, 두 개의 구별되는 지각을 가지고 있는 것이 분명하다. 또는 두 개의 구별되는 지각을 가지고 있었음이 틀림없다 ─ 그리고 나머지는 그 뒤에 적절히 따라올 것이다. 그러

---

3. [편집자] Hume, *Treatise of Human Nature*, Appendix, Selby-Bigge's edition, p. 636. [데이비드 흄, 『인간이란 무엇인가』, 김성숙 옮김, 동서문화동판, 2016.]

나 여기서 추론의 출발점은 두 **구절**에 관한 사실일 듯하다. 그리고 이것은 그 논쟁이 그저 언어적인 것일 수 있음을 시사한다. 변증법이라는 것이 우리가 그것을 기술하는 언어의 구성과 유사한 어떤 구성을 말해진 경험에 부여하는 것으로 귀결될 수 있을까? 우리는 단지 우리가 M의 두 관계를 말할 때 그것을 두 번 호명했다는 이유로 M의 객관적 이중성을 주장해야만 할까?

솔직히 나는 변증법적 결론에서 이것 외의 다른 이유를 생각할 수 없다.[4] 왜냐하면, 우리가 우리의 말이 아니라, 그 말이 의미화하도록 지니고 있을 수 있는 어떤 단순하고 구체적인 문제에 대해 생각한다면, 경험 자체가 주장된 역설에 위배되기 때문이다. 우리는 실제로 우리의 대상을 분석하면서 두 개의 분리된 개념들을 사용하지만, 우리는 시종 그것들이 다만 대체물일 뿐임을 알며, L-M에서 M과 M-N에서 M은, 감각 가능한 경험에 대한 동일한 한 조각인 M을 뜻한다(즉 그러한 M으로 이어지고 종료될 능력이 있다)는 것을 안다. 경험 연속체의 특정한 단위(또는 강조, 또는 지점, 대상, 부분 등 무엇이라 부르든)의 이러한 완고한

---

4. 기술적으로 그것은 "구성의 오류"로 분류할 수 있을 듯하다. 두 개의 전체, L-M과 M-N을 서술할 수 있는 이원론은, 바로 그들의 부분의 하나인 M의 술어이다.

동일성은, 내가 매우 단호하게 주장할 수밖에 없는 그것의 연접적 특성 가운데 하나에 불과하다.[5] 동일함은 경험의 파기할 수 없는 구조의 일부이기 때문이다. 내가 종이 울리는 것을 듣고, 삶이 흘러감에 따라 그 잔상이 사라져가도, 나는 "그 같은 종소리"를 여전히 상기한다. 내가 M이라는 사물과 그 왼편의 L, 오른편의 N을 볼 때 나는 그것을 하나의 M으로서 본다. 또한 당신이 내게 내가 그것을 두 번 "취했"어야 한다고 말한다면, 설령 내가 그것을 천 번 "취했다"고 해도 나는 그것을 여전히 하나의 단위로 보게 될 것이라고 답하겠다.[6] 그 통일성은, 나의 연속적 취함의 다양성이 근원적인 것과 마찬가지로 근원적이다. 그것은 저 M으로서, 내가 조우하는 단독적인 것으로서 찢기지 않은 채로 도래한다. 그것들은 저 취함으로서, 나의 작동의 복수성으로서 찢긴 채로 도래한다. 통일성과 분리는 엄밀히 대등하다. 나의 반대자들이 어째서 그토록 분리를 훨씬 더 쉽게 이해할

5. 이 책 54쪽 이하 참조.

6. 여기서 나의 책 *The Principles of Psychology*, vol. I, pp. 459 ff에 대해 언급할 수 있을 것이다. 내가 글을 쓸 때 나의 펜 아래에 그리고 동시에 테이블 위에 있는 것이 한 장의 종이 (그 사이에는 오로지 그 종이의 양쪽 면만이 있는)라는 개념에 대해 (내가 지금 강요받고 있는 것처럼) 논해야 한다는 것은 실로 "이상하게" 여겨진다 — 그것이 두 장의 종이라는 주장은 너무 뻔뻔해 보인다. 그러나 나는 때때로 절대론자들의 진정성(sincerity)을 의심하는 것이다!

수 있는 것으로 여기는지, 그래서 그것으로 한정된 경험 전체를 감염시키고 (여기서 단순한 가정으로 여겨질 뿐, 더는 실증적으로 지각할 수 있는 것으로 여겨지지 않는) 통일성을 절대자의 신비라는 영역으로 격하시키지 않으면 안 되는지 좀처럼 헤아릴 수 없다. 내가 이를 좀처럼 헤아릴 수 없는 것은, 앞서 말한 반대자들이 단순한 말다툼을 하는 것은 아니지만, 그들이 하는 말에서 내가 포착할 수 있는 것이라고는 특정한 말에서 참된 것으로 그것이 의미하는 바에서 참된 것을 대체했다는 것뿐이기 때문이다. 그들은 말에 머물러 있다 — 그 말들의 모든 의미가 도래하는, 그리고 언제나 그것들을 재흡수할 준비가 되어 있는 생명의 흐름으로 되돌아가지 않는다.

IV

이러한 논의가 입증하는 바에 따르면, 우리는 계속해서 하나의 사물을 복수의 인식자가 알 수 있다고 믿을 수 있다. 그러나 하나의 사물이 여러 관계에 놓여 있음을 부정하는 것은, 한층 더 심오한 변증법적 곤란의 한 가지 적용에 지나지 않는다. 인간은 인간이고 선은 선이기 때문에, 인간은 선할 수 없다고 소피스트들은 말했다. 또한, 과거에 헤겔과7 헤르바르트Johann Friedrich Herbart, 1776-1841, 더 최근에는 A. 스피르^{African Spir, 1837-1890}가8, 그리고 가장 최근에, 또한 가장 정교하게 브래들리 씨가, 하나의 항은 논리적으로 점형^{占形}의 단위일 뿐이며, 경험이 산출하는 것으로 보이는 사물들 사이의 연접적 관계들 중 어느 것도 합리적으로 가능하지 않다는 점을 우리에게 알려준다.

물론 이것이 참이라면, 그것은 근본적 경험론을 여지없이 소거한다. 근본적 경험론은 연접적 관계를 액면 그대로 취하고, 그것을 그에 의해 통합된 항들만큼이나 실재적인 것으로 여긴다. 그것은 세계를 어느 부분은 연접적으로, 다른 부분은 이접적으로 연관된 하나의 집합으로 표상한다. 그 자체로는 서로 분리되어 있는 두 부분은 그런데도 매개에 의해 서로 들어맞을 수 있다. 그것들은 그러한 매개와 각기 연관되어 있다. 결국은 전체 세계가, 그것의 한 부분에서 다른 부분으로 넘어가게 해주는 연접적 이행의 어떤 경로를 언제나 식별할 수 있으므로 유사하게 연결될 수 있다. 그처럼 확실히 다양한 연결됨은, "철두철미한"^{through-and-through}, "모두에 각각이, 그리고 각각에 모두가" 유형의 합

---

7. [편집자] 관계에 대한 헤겔의 관점에 대한 저자의 비판은 *The Will to Believe*, pp. 278~279 참조.

8. [편집자] A. Spir, *Denken und Wirklichkeit*, part I, bk. III, ch . IV(헤르바르트의 해석도 포함)을 참조.

일 (누군가는 **총체적 합류**total conflux의 합일이라고 부를 것)
과 구별하여, **연쇄된**concatenated 합일이라 부를 수 있겠다. 그
것이, 사물들이 그들의 절대적 실재성 속에서 취해질 때 일
원론적 체계가 쥐고 있던 것이다. 연쇄된 세계 속에서 부분
적 합류는 종종 경험된다. 우리의 개념과 우리의 감각은 합
류한다. 동일한 자아의 연속적 상태와 동일한 신체의 느낌
은 합류한다. 경험이 합류에 관한 것이 아닌 곳에서 그것은
(사물들이 더불어 있으되 하나의 사물이 사이에 끼어 있
는) 공통의 한계를 가지는 것에 관한 것이거나, (사이에 아
무것도 없는) 인접함contiguousness, 또는 닮음, 또는 가까움,
동시적임, 안에-있음in-ness, 위에-있음on-ness, 을 위해-있음
for-ness, 또는 단순한 더불어-있음with-ness, 혹은 심지어 그
저 와-있음and-ness에 관한 것일 수 있다. 이 가운데 마지막
〔에 거론된 와-있음의〕 관계에서는, 다른 점에서는 아무리
어긋난 세계라 할지라도 어쨌든 "담론의" 우주를 구성하게
된다. 그런데 브래들리 씨는 이러한 관계 중 어느 것도, 우
리가 현실적으로 그것을 경험할 때 도저히 실재적일 수 없
다고 말한다.9 그러므로 내가 다음으로 해야 할 일은 근본

---

9. 여기서 다시 독자는 논리적 고려에서 현상적 고려로 미끄러지지 않도록 주
   의해야 한다. 그 경우의 복잡한 주변 상황들이 우리를 기만한 탓으로, 우리
   는 얼마든지 어떤 관계의 원인을 잘못된 것으로 돌릴 수 있다. 기차역에서

적 경험론을 브래들리 씨에게서 구해내는 것임이 틀림없다. 내 입장에서는 다행히도, 관계의 개념 자체가 명료하게 사고 불가능하다는 그의 일반적 주장을 비판하는 이들은 계속해서 나타났다.[10]

이미 출간된 훌륭한 논의들을 반복하는 것은 이 책의 분량에도 부담이 되고, 독자나 앞선 저자들 모두에게 공정하지 못한 일이다. 따라서 나는 브래들리 씨에 관한 논의를 근본적 경험론의 관심사에만 한정하겠다.

V

우리는 차창 밖의 기차가 움직이는 것을 보고 우리가 탄 열차가 움직인다고 여기는 일이 있다. 여기서 우리는 운동을 세계 속의 잘못된 장소로 돌리지만, 그것의 원래 장소에서 그 운동은 실재성의 일부다. 브래들리 씨가 뜻하는 것은 이런 것이 아니라, 운동과 같은 것은 아무 데서도 실재적이지 않고, 그 시원적이고 경험적으로 뿌리 깊은 자리들에서조차, 관계는 파악할 수 없다는 것이다.

10. 특히 앤드루 세스 프링글-패티슨(Andrew Seth Pringle-Pattison, 1856~1931)의 *Man and the Cosmos*〔프링글-패티슨의 책 제목은 *Man's Place in the Cosmos*이다. 저자의 오기로 보인다.〕, L. T. 홉하우스(Leonard Trelawny Hobhouse, 1864~1929)의 *Theory of Knowledge* 가운데 12장("The Validity of Judgment"), F. C. S. 실러(Ferdinand Canning Scott Schiller, 1864~1937)의 *Humanism*, essay xi 등에서. 다른 중대한 논평은 (내 견해로는) 호더(Alfred Leroy Hodder, 1866~1907), *The Psychological Review*, vol. I, 〔1894〕, p. 307, 스타우트(George Frederick Stout, 1860~1944), *Proceedings of the Aristotelian Society*, 1901~2, p. 1, 맥레넌(Simon F. MacLennan, 1870~1938), 〔*The Journal of Philosophy, Psychology and Scientific Methods*, vol. 1, 1904, p. 403〕 등에서 볼 수 있다.

근본적 경험론의 첫 번째 임무는 주어진 연접들을 액면 그대로 취하면서 그들 중 일부를 더 친밀한 것으로, 어떤 것들을 더 외적인 것으로 분류하는 것이다. 두 항이 유사할 때, 그들의 성질 자체가 관계에 들어간다. 이들 두 항이 그들의 현재 존재인 무엇이므로 어디서나 혹은 언제나 그들의 닮음이 주장되면 부정할 수 없다. 항들이 연속되는 한 그 닮음은 계속해서 예견 가능하다. 다른 관계들, 예컨대 어디와 언제는 외래의adventitious 것으로 보인다. 이를테면 종이가 테이블 "위에" 있을 수도 거기서 "치워질" 수도 있다. 그리고 어느 경우든 그 관계는 오직 그 항들 외부에만 관련된다. 둘 모두, 외부를 가짐으로써 관계에 기여한다. 그것은 외적이다. 항의 내부적 성질은 그와 무관하다. 어떤 책, 어떤 테이블이라도 관계에 처할 수 있으며 그것은 그들의 존재에 의해서가 아니라 그들의 우연적 상황에 의해서, 이때만을 위해pro hac vice 창조된다. 경험의 그토록 많은 연접이 너무나 외적인 것으로 보여서, 순수경험의 철학은 그 존재론에서 다원주의를 지향해야 하기 때문이다. 예컨대 사물들이 공간-관계를 가지는 한, 우리는 그것들이 상이한 기원을 가지는 것으로 상상할 자유가 있다. 그것들이 존재하게 될 수 있고, 공간에 들어갈 수만 있다면, 그들은 각자 따로 그렇게 했을 것이다. 그러나 일단 거기에서 그것들은 서로에게 **부가적인 것**additives이다. 그들의 성질에 대해 아무런 편견도 갖지 않으면, 모든 종류의 공간-관계들이 그들 사이에서 잇달아 발생할 수 있다. 사물들이 어떻게, 어찌되었든 존재할 수 있을까 하는 물음은, 일단 그 존재가 수립된 후에 그들의 관계가 무엇으로 이루어지는가 하는 물음과는 전적으로 다르다.

브래들리 씨는 이제, 우리가 여기서 이야기하는 공간-관계와 같은 외적 관계의 주체는, 한순간 전에 그것의 부재가 그럴싸하게 주장되었을 수 있는 관계의 주체와는 완전히 다른 주체여야 한다고 주장한다. 책이 테이블 위에 있을 때와 테이블에서 치워졌을 때, **상황**이 다를 뿐 아니라 한 권의 책으로서 그 **책 자체**가 다르다.[11] 그는 "그러한 외적 관계들이 가능한 듯하며 심지어 존재하는 듯하다…"

---

11. 다시 말하지만, 논리적 상황에서 물리적 상황으로 미끄러지지 말아야 한다. 물론 테이블이 젖어있다면, 그 때문에 책이 젖을 것이고, 혹은 테이블이 너무 가볍고 책이 너무 무겁다면, 책 때문에 테이블이 부서질 것이다. 그러나 그와 같은 부차적인 현상들은 지금 관건이 아니다. 핵심은 "위에"(on)와 "위에-없는"(not-on) 연속적 관계들이 추상적으로 취해진, 동일한 일관된 항들을 합리적으로 (물리적으로가 아니라) 유지할 수 있는지의 여부에 있다. A. E. 테일러 교수는 A가 "B에 대비되어 보였을 때는 어떠한 영향도 받지 않은 A와 같은 것이 아니다"(*Elements of Metaphysics*, p. 145)라면서 색채대비를 사례로 들 때, 그는 논리적 고려에서 물리적 고려로 미끄러진다. "관계된"을 "영향받은"이라는 말로 대체한 점에 주목하자. 그로 인해 물음 전체를 회피하게 된다.

는 것을 인정한다. "우리가 공간 속에서 재배치하거나 비교하는 어떤 것이 변화하지 않는다는 것은 상식에 비추어 상당히 명백한 듯하며, 반대편에서는 마찬가지로 명백한 난점들이 '상식'적인 관점에서 전혀 발생하지 않는다는 것도 분명해 보인다. 그리고 나는 이러한 난점들을 지적하는 데서 시작할 것이다…. 결과에는 어떤 관계가 있는데, 이 관계는 그 항들에서 아무런 차이도 만들어내지 않는다고들 한다. 그러나 만일에 그렇다면 그것은 무엇에서 차이를 만들어낼까? 〔저것은 적어도 우리들 구경꾼에게 차이를 만들어내지 않는가?〕[12] 또한 그것이 항들에 조건을 부여하는 것의 의미는 무엇인가? 〔분명 그 의미란 것은 그들의 상대적 위치에 대해 진리를 말하는 것이다.[13]〕 요컨대 만일에 그것이 항들에 외적인 것이라면 그것은 어떻게 그 항들에 관해^{of} 참된 것일 수 있는가? 〔브래들리 씨의 문제의 근간에 있는 것은, 지금 내가 강조한 저 "관해"라는 작은 단어가 암시하는 "친밀성"인가?〕… 그들의 내적 성질에서 유래한 저 항들이 관계

---

12. [옮긴이] 이 뒤로 이어지는 브래들리의 직접인용에 삽입된 대괄호(〔 〕) 속 문장들은 편집자의 것이 아니라 제임스가 자신의 견해를 주석하고 있는 것이다.

13. 그러나 브래들리 씨는 p. 579에서 "거기 어떤 의미가 있으며, 있다 한들, 사물의 외부와 '주변'에만 있는 진리에 무슨 의미가 있겠는가?"라고 짜증스럽게 묻는다. 확실히 그런 물음에 답을 할 필요는 없을 것이다.

로 들어가지 않는다면, 그럴 때 그 항들에 관한 한, 그것들은 아무 이유 없이 관련된 것처럼 보이게 된다. … 사물들은 처음에 한편으로는 공간적으로 관련되어 있고, 그러고는 다른 방식으로 관련되게 되며, 그러나 결코 그들 자체가 변화되지는 않는다. 관계란 오로지 외적인 것이라고 말해지기 때문이다. 그러나 만일에 그러하다면 나는 항들이 한 묶음의 관계를 떠나가고 또 다른 신선한 관계의 묶음을 도입하는 것을 이해할 수 없다고 답하겠다. 과정과 결과는, 그것들이 아무런 기여도 하지 않을 경우〔확실히 저것들은 그에 "관해" 거기 있는 모든 것에 기여한다!〕전반적으로 불합리한 것으로 보인다.〔여기서 "불합리한"irrational이라는 말이 단지 "비합리적"non-rational이라는, 또는 그들 중 어느 한쪽의 본질에서 연역 불가능하다는 뜻이라면 저것은 비난이 아니다. 만일에 저것이 그러한 본질에 "모순되는" 것을 뜻한다면 브래들리 씨는 어디서 어떻게 모순되는지를 제시해야 할 것이다.〕그러나 그것들이 무엇인가에 기여한다면, 그들은 분명 내적으로 영향을 받을 것이다.〔그들이 오로지 그들의 표면에만 기여한다면 그럴 이유가 있을까? "위에", "한 걸음 물러서서", "사이에", "다음에", 등과 같은 관계들에서는 표면들만이 문제가 된다.〕… 그 항들이 무엇인가에 기여한다면, 그때 그 항들은 배치에 의해 영향받는다〔내적으로 변화된다?〕… 작동하는 목적을 위해서 우리가 어떤 관계를 단순히 외적인 것으로 다룬다는 것, 그것도 종종 그런다는 것을 부정하지 않으며, 또한 그것은 물론 여기서 쟁점이 되는 문제가 아니다. 문제는… 결과적으로 그리고 원칙적으로 한낱 외적 관계〔즉 저것의 항들이 동시적으로 그들의 성질을 변화시키도록 강제하지 않고서도 변화할 수 있는 관계〕가 사실들에 의해 가능하게 되고 우리에게 강제되는지 여부이다."[14]

브래들리 씨는 다음으로, 공간의 이율배반으로 되돌아가는데, 그는 이를 통해 공간이 외적 관계의 그토록 비옥한 매체로 나타남에도 비실재적임이 입증된다고 주장한다. 그러고서 그는 이러한 결론을 내린다. "불합리성과 외부성이 사물들에 관한 최후의 진실일 수는 없으며, 어딘가에 이러 저러한 것이 함께 나타나는 이유가 있는 것이 틀림없다. 그리고 이 이유와 실재성은 전체 속에 자리할 것이 분명하며, 항들과 관계들은 그 전체로부터의 추상이다. 그 전체에 그들의 내적 연관이 놓여 있음이 틀림없고, 그 바깥으로, 결코 전제들로부터 도래했을 수 없을 저 신선한 결과들이 배경으로부터 나타난다." 그리고 그는 이렇게 덧붙인다. "전체가 다르면, 조건을 부여하고 그 전체에 기여하는 항들

---

14. *Appearance and Reality*, second edition, pp. 575~576.

도 그만큼 달라야 한다…. 그것들은 이만큼만 변화했지만 〔얼마만큼? 외적인 것보다는 멀지만 철두철미하지는 않게?〕 여전히 변화한 것이다…. 나는 각각의 경우 항들에 그들의 전체에 의해 조건이 부여되었다고 주장하지 않을 수 없다 〔어떻게 조건이 부여되었는가? — 그들의 외적 관계, 상황, 날짜 등은, 이들이 새로운 전체 속에 있을 때 변화한 상태에서, 저것들에 충분할 "만큼" 조건을 부여하지 못하나?〕. 또한 나는, 두 번째 경우에 논리적으로나 심리학적으로나 첫 번째 전체와 다른 전체가 있다고도 주장하지 않을 수 없다. 그리고 나는 변화에 기여하면서 여기까지 그 항들이 변화되었음을 주장한다."

관계들뿐 아니라 항들도, 말하자면und zwar "이만큼" 변화한다. 그러나 문제는 바로 그것이 얼마만큼이냐 하는 것이다. "철두철미하게"라는 것이 (브래들리 씨의 다소 머뭇거리는 표현에도 불구하고[15]) 완전한 브래들리식 대답이 될

---

15. 내가 "머뭇거린다"고 말한 것은, 끔찍하게 무성의하게 들리는 "이만큼"이라는 표현과 별개로, 바로 이 부분들에 브래들리 씨가 다원주의의 논지를 인정하는 구절들이 등장하기 때문이다. 예컨대 p. 578에서, 당구공의 위치가 변화할 때 그 "존재"가 변화함에도 그것의 "성격"은 불변한 채 유지된다고 그가 말하는 대목, p. 579에서 한 사물의 추상적인 성질 A, B, C가 그 사물이 변화하였을 때도 "내내 불변인 채로 남아있을 수 있을" 가능성을 거론하는 대목, 또는 빨강머리를 가지고 있음은 그 머리를 가진 사람을 빼고 분석했을 때나, 그 사람의 나머지 부분과 더불어 주어졌을 때나 "불변임"을

듯하다. 그가 여기서 일차적인 것으로, 그리고 각각의 부분들이 "기여하는" 방식을 결정하는 것으로 취급하는 "전체"가 변화할 때, 그것은 다만 전체적으로 변화해야 한다. 각기 서로를 관통하는 그 부분들의 총체적 합류가 있어야 한다. "해야 한다"must는 여기서 절대명령Machtspruch, 브래들리 씨의 절대론적으로 단련된 "이해"의 독단적 주장ipse dixit으로 나타난다. 왜냐하면 그는 부분들이 상이한 전체들에 기여할 때 그들이 서로 어떻게 실제로 다른지 자신이 알지 못한다는 것을 솔직히 고백하기 때문이다.[16]

나는 브래들리 씨의 이해가 어떠한 권위에 근거하는지 이해할 수 있기를 간절히 소망하지만, 그의 말들은 나를 전혀 설득하지 못한다. "외적 관계들"은 구애되지 않은 채로

그가 인정하는 부분(p. 580)을 읽어보라. 그는 왜 곧바로, 다원론자가 그러한 추상의 변화 없음을 옹호하는 것은 논점일탈(ignoratio elenchi)이라고 덧붙이는가? 그것을 그렇다고 인정하는 것은 불가능하다. 논증하고 검토해야 할 것은 다만, 우리가 존재하는 전체에서 추상할 수 있는 부분들이 또한 그들의 내적 성질의 변화 없이 다른 전체에도 기여할 수 있느냐 하는 데 관한 것이다. 그 부분들이 그와 같이 다양한 전체들을 새로운 형태질(gestaltqualitäten)로 주형할 수 있다면, 그것은 동일한 요소들이 상이한 전체들 속에 논리적으로 존재할 수 있다〔물리적으로 가능한가의 여부는 추가적인 가설에 따라 좌우된다〕는 것이다. 또한 부분적인 변화를 생각할 수 있고, 철두철미한 변화가 변증법적 필연은 아니라는 것이다. 아울러 일원론은 가설에 불과하며, 부가적으로 구성된 우주는 합리적으로 존중할 만한 가설이기도 하다. 요컨대 모든 합리적 경험론이 뒤따르게 된다.

16. 앞의 책, pp. 577~579.

있고, 그가 그 반대를 어떻게 입증하든 그것은 실천적으로 작동할 뿐 아니라, 실재의 완벽하게 이해할 수 있는 요소들로 존속한다.

VI

브래들리 씨의 이해는 분리를 지각하는 데서 가장 비상한 능력을, 연접을 이해하는 데서 가장 비상한 무능을 보여준다. 우리는 자연스럽게 "어느 쪽도 아니거나 둘 다"라고 말하겠지만 브래들리 씨는 그렇지 않다. 보통 사람이 경험의 흐름에서 특정한 무엇을 분석할 때, 그는 그것의 구별됨을 그와 같이 고립된 것으로 이해한다. 그러나 그렇다고 해서 그가 구체적인 것에서 원래 경험된 것과 같은 그러한 무엇들 사이의 조합이나, 그들이 "동일한 것"으로 회귀하는 새로운 감각 가능한 경험들과의 합류를 마찬가지로 잘 이해하지 못하는 것은 아니다. 감각 가능한 현전의 흐름으로 되돌아갈 때, 명사와 형용사, 저것과 추상적 무엇은 다시 합류하게 되며, "이다"is라는 말이 이 모든 연접의 경험들을 명명한다. 브래들리 씨는 추상적인 것들의 고립을 이해하지만, 결합을 이해하는 것은 그에게는 불가능하다.[17] "복합체 AB

---

17. 내가 포착한 그의 마음의 상태에 한해 말하자면 대략 다음과 같다. "책", "테이블", "위에" - 이 세 개의 추상적 요소들의 존재에서 어떻게 이 책이 지

를 이해하려면" 하고 그는 말하기를, "나는 A나 B에서 시작해야 한다. 예를 들어 A에서 시작했다고 하고, 그러고서 내가 그저 B를 발견했다면, 나는 A를 잃었거나 아니면 A 외에 ["외에"beside라는 말이 여기서 핵심적인 듯한데, 저것은 "외적인" 따라서 불가해한 연접이라는 의미이다〕 다른 것을 가졌고, 둘 중 어느 경우에 관해서도 이해한 것이 아니다.[18] 나의 지성은 간단히 다양성을 통합할 수도 없고, 그 자체가 어우러짐의 어떤 형식이나 방식을 가진 것도 아니기 때문이며, 당신이 A와 B 외에 그들의 연접을 실제로 내게 제공한다고 해도 아무것도 얻지 못하기 때문이다. 나의 지성에 그것은 외적 요소 이외에 아무것도 아니기 때문이다. 그리고 '사실'

금 이 테이블 위에 있다는 결과가 생겨나는가? 또는 어째서 테이블이 책 위에 있지는 않나? 또는 "위에"는 왜 다른 책이나, 테이블이 아닌 다른 어떤 것에 연관되지 않을까? 세 개의 요소가 저마다 안에 갖고 있는 무엇인가가 이미 나머지 둘을 저것으로 결정하고, 그럼으로써 그들은 다른 어떤 곳에 정착하거나 모호하게 부유하지 않게 된 것이 분명하지 않은가? **사실 전체는 각 부분에서 그 형태가 미리 이루어지고, 그것이 사실상(de facto) 존재**할 수 있기 이전에 권리상(de jure) 존재하는 것이 분명하지 않은가? 그러나 만일에 그러하다면 법적 존재는 모든 부분적인 요소를 자신의 목적으로 작동시키는, 전체 사실의 구성에 관한 정신적 모형 이외에 달리 무엇으로 이루어지겠는가? 하지만 이것은 존재하는(in esse) 사실 너머에서 그 사실의 근거를 찾고, 바로 그와 동일한, 가능한(in posse) 사실의 형태에서 그 근거를 발견하는 낡은 형이상학적 오류에 불과하지 않은가? 어느 지점에서인가 우리는 그 너머에 아무것도 없는 구성(constitution)과 더불어, 그곳에서 벗어나야 한다.

18. 이를 "테이블-위의-책"의 경우에 적용해 보라! W. J.

은 그것이 내 지성을 만족시키지 않는 한, 단번에 나의 지성에 아무것도 아닌 것이 된다 …. 지성은 그 성질에 그저 어우러짐의 어떤 원리도 가지고 있지 않다."[19]

물론 브래들리 씨는 '지성'을 우리가 분리를 인식하게 해주는, 다만 합일들을 인식하게 해주지는 않는 힘으로 정의할 권리가 있다 ─ 그가 독자를 적절히 고려한다면 말이다. 그러나 그렇다면 왜 그러한 불비不備의 힘, 절단된 힘이 철학을 장악해야 한다고 주장하며, 또한 그것을 위해 경험적 세계 전체의 비합리성을 고발하는가? 그는 다른 곳에서 지성에 이행의 고유한 운동proprius motus을 부여하지만, 그가 생생한 경험의 세부에서 이 이행들을 찾을 때 '그와 같은 해결책을 입증할 수 없다'고 말하는 것도 사실이다.[20]

하지만 그는 우리에게 지성적 이행이 일어났을 경우, 그것이 어떠한 것일지 전혀 설명하지 않는다. 그는 단지 그것을 부정적으로만 규정할 뿐이다 ─ 그것들은 공간적이거나, 시간적이거나, 서술적이거나, 인과적이지 않다는 것이다. 또는 질적으로나 다른 방식으로 계열적이지 않다거나, 혹은 우리가 순진하게 관계들을 추적할 때 어떤 식으로든 관계

---

19. 앞의 책, pp. 570, 572.
20. 앞의 책, pp. 568. 569.

적이지 않다고 본다. 관계는 항들을 분리시키고, 그 항들이 무한히|ad infinitum 연결되어 있어야 할 필요가 있기 때문이다. 참으로 지성적인 이행을 기술하기 위한 가장 근접한 접근은, 그가 A와 B를 "각자 저마다의 고유한 성질에서 둘 모두의 성질인 전체로 통합된" 존재라고 말하는 대목이다.[21] 그러나 이것(브래들리 씨에게는 미안하지만, 집적된 것들을 "집어삼키는 것"까지는 아니라고 해도 "덩어리"로 "취급하는 것"과 절묘하게 유사한 것)이 시사하는 바는, "공간", "흰", "달콤한"이 "설탕 한 덩어리"로 합류하거나 운동감각의, 피부의, 시각적 감각이 "내 손"으로 합류할 때, 순수경험이 그처럼 풍성하게 제공하는 **합류**와 다름없다.[22] 브래들리 씨의 지성이 그 고유한 운동으로서 소망하는 이행에서 내가 입증할 수 있는 것은 이것과 다른 감각 가능한 연접(특히 공간-연접)에 대한 회상이 전부이지만, 그것은 너무나 희미한 회상이라서 그 원래 모습을 알아볼 수 없다. 브래들리는 요컨대 개와 뼈다귀, 물에 비친 그림자에 관한 우화

---

21. 앞의 책, p. 570.
22. 그러한 전체(혹은 "테이블-위의-책", "주머니-속의-시계" 등)에서 관계란 항들 사이의 부가적 존재이고, 그 자체가 또다시 각각에 관계될 필요가 있다는 주장은 얼마나 무의미한가! 브래들리 (앞의 책, pp. 32~33)와 로이스 (*The World and the Individual*, vol. I, p. 128)는 두 사람 모두 성실하게 이 심오함의 편린을 되풀이한다.

를 반복하고 있다. 가장 멋진 합일 가운데서, 명확하게 다양하고 다양하게 명확한 연접 속에 주어진 개별자들의 세계에서는 그 개별자라는 사실을 보는 순간 이 세계가 "어떻게" 이루어지는지가 이해된다.[23] 주어진 바대로의 사실의 구성 외에는 어떠한 "어떻게" 도 없기 때문이다. 이 모든 것이, 말하자면 순수경험 속에 주어졌을 때, 브래들리 씨는 대신에 추상적인 것에서 어떤 형언할 수 없는 합일을 요구하는데, 그가 그것을 얻게 된다 해도 그것은 다만 그가 이미 완전히 소유하고 있는 것의 복제에 불과할 것이다. 확실히 그는 사회가 우리 철학자들 모두에게 허락해준, 쓸데없이 골치를 썩일 권리를 남용한다.

이와 같은 논쟁적 글쓰기는 끔찍스럽다. 그러나 절대론이 너무나 많은 영역을 차지하고 있는 상황에서, 그 가장 저명한 옹호자에 대해 나의 근본적 경험론을 방어하지 않는다면 그것은 피상성이나 무능으로 여겨질 것이다. 나는 그것의 변증법이 통상의 연접을 조금도 무력화하지 않았다고 결론지어야겠다. 그러한 연접에 의해서 경험된 세계는

---

23. 내가 브래들리 씨를 이해하는 바에 의하면, "왜"(why)와 "어떻게"(whence)는 논외의, 완전히 다른 질문들이다. 경험이 어떻게 태어나게 되는지가 아니라, 그것이 태어난 뒤에 어떻게 현재 상태로 존재할 수 있는지가 수수께끼이다.

그토록 다양하게 서로 어울린다. 특히 그것은 지식에 관한 경험론적 이론[24]을 온전하게 남겨두고, 우리가 어떤 대상이 인식된다고 생각할 어떤 근거가 있다면 그 대상은 여러 인식자들에게 인식될 수 있을 것이라는 점을 상식과 더불어 계속 믿도록 해 준다.

〔다음 장〕에서 나는 이 마지막 추정으로 되돌아오겠다. 내가 보기에는 그것이 순수경험에 관한 철학자에게 절대론의 변증법적 반론들 중 어느 것보다 훨씬 어려운 난제들을 제공한다.

---

24. 이 책 63~64쪽.

4장

두 마음은 어떻게
하나의 사물을
알 수 있는가[*]

「"의식"은 존재하는가?」라는 제목의 글[이 책 1장]에서 나는, 우리가 어떤 경험을 "의식적"이라고 부를 때, 이는 그 경험이 마치 스테인드글라스가 빛에 물드는 것처럼 전체적으로 존재의 독특한 양상("심적" 존재)으로 물든다는 뜻이 아니라, 차라리 그 경험이 그 자체에 외래적인 경험이 가진 다른 부분들과 특정한 관계를 맺고 있다는 뜻이라는 것을 보여주고자 했다. 이들은 하나의 특유한 "맥락"을 형성한다. 반면 경험의 다른 맥락에서 취해졌을 때 우리는 그것을 물리적 세계에서의 사실로 분류한다. 이를테면 이 "펜"은 우선 단도직입적인 저것, 여건, 사실, 현상, 내용, 그 밖에 우리가 선호하여 적용할 수 있는 다른 어떤 중성적이거나 모호한 이름이다. 나는 위의 글에서 그것을 "순수경험"이라고 불렀다. 물리적 펜 또는 어떤 이의 펜에 대한 지각표상으로 분류되려면, 그것은 어떤 기능을 가져야 한다. 그리고 그것은 더욱 복잡한 세계에서만 일어날 수 있다. 그 세계 안에서 그것이 안정적인 특징이며, 잉크를 담고, 종이에 흔적을 남기고, 손이 이끄는 대로 순응하는 한, 그것은 물리적 펜이다. 우리가 펜에서 "물리적" 존재라고 하는 것은 그런 뜻이다. 반면 그것이 불안정하고, 내 눈의 움직임과 더불어 왔다 갔다

---

* [편집자] *The Journal of Philosophy, Psychology and Scientific Methods,* vol.14 No. 7, March 30, 1905에 먼저 게재되었다.

하고, 내가 상상하는 것과 더불어 바뀌고, (과거 시제로) 그것의 "존재했음"의 후속 경험들과 연속되는 한, 그것은 내 마음 안에 있는 펜의 지각표상이다. 우리가 펜에서 "의식적"이라고 할 때는 그러한 독특성을 뜻한다.

다른 글의[1] Ⅵ절에서 나는 동일한 저것, 수적으로 동일한 순수경험의 같은 펜이 여러 의식적 맥락들로 동시적으로 진입할 수 있다는 것, 달리 말해서 여러 상이한 마음의 대상일 수 있다는 것을 보이고자 했다. 그 글에서는 가능한 반론들에 대해 거론할 여유가 없었다는 점을 인정했지만, 〔바로 앞 장의 글에서〕 나는 몇몇 반론들을 다루었다. 그 글의 끝에서 나는 무시무시하게 들리는 더 많은 반론들이 남아있다고 말했다. 따라서 나의 순수경험 이론을 가능한 한 강력한 상태로 유지하기 위해서 나는 그 반론들을 지금 살펴볼 생각이다.

Ⅰ

내가 앞서 처리하고자 한 반론은 순수하게 논리적, 또는 변증법적이었다. 물리적이든 심적이든 어떤 동일한 하나의 항도 동시에 두 관계의 주어일 수는 없다고 했다. 나

---

1. 「순수경험의 세계」, 이 책 2장.

는 이 주장에 근거가 없음을 입증하려고 했다. 지금 우리가 대면한 반론은, 명확하게 심적 사실에 포함되어 있는 것으로 가정된 성질에서 발생한다. 물리적 대상의 경우가 어떠하든, 의식의 한 가지 사실은 자기모순이 없이는 상이한 두 마음의 부분으로 다루어질 수 없는 것으로 (그것도 매우 그럴싸하게) 주장되어 왔고, 그것은 다음과 같은 이유에서라고 말해졌다.

물리적 세계에서 우리는, 동일한 물질적 대상이 동시에 동일한 수의 상이한 과정 속에서 나타날 수 있다고 무난히 가정한다. 예컨대 한 장의 고무판의 네 귀퉁이를 잡아당기면 고무판의 한가운데 부분은 네 군데의 잡아당김 모두에 영향을 받는다. 가운데 부분은 그 자체가 네 개의 다른 방향으로 동시에 당겨지는 것처럼, 그 잡아당김 각각을 전달한다. 따라서 공기 입자, 또는 에테르 입자는 그 위에 각인된 상이한 운동 방향들을, 그들 각각의 개별성을 제거하지 않으면서 "혼합한다."compound 반대로 그 입자는 효과에 따라 "조율된" 각각의 여러 "수용체"(귀, 눈 등)에 각각의 개별성을 판명하게 전달한다. 이처럼 혼합의 한가운데 살아남은 판명성의 역설로 보이는 것은, 물리학자들의 분석으로 지금쯤이면 충분히 해명되었을 것이라고 나는 생각한다.

그러나 이 유비에 힘입어 누군가 이렇게 묻는다고 해보

자. "두 개 이상의 선분이 동일한 기하학적 점을 통과해 지나갈 수 있다면, 혹은 두 개 이상의, 활동의 별개 과정들이 동일한 물리적인 사물을 통과해 지나갈 수 있고 그리하여 각각의 과정 모두에서 어떤 역할을 동시적으로 하게 된다면, 둘 이상의 개인적 의식의 흐름은 경험의 동일한 단위를 포함하여 그것이 동시적으로 서로 다른 모든 마음의 경험 일부가 될 수 있지 않을까?" 이러한 질문을 했다면, 그는 의식의 현상이 물리적 사물과 차이를 갖게 되는 어떤 독특성을 사유함으로써 이를 검토해 보아야 할 것이다.

요컨대 물리적인 사물이 영구적이고, 저마다의 "상태"를 가지는 것으로 여겨지는 반면, 의식의 사실은 오직 한 번 존재하고 또한 하나의 상태이다. 그것의 존재함esse은 느껴짐sentiri이다. 즉 그것은 느껴지는 한에서 존재하며, 모호하지 않고 다의적이지 않게, 정확하게 느껴지는 무엇이다. 그러나 고려되고 있는 가설은 그것이 다의적으로 느껴지도록, 나의 마음 일부인 동시에 내 마음의 일부가 아닌 당신의 마음 일부로 (왜냐하면 나의 마음은 당신의 것이 아니기 때문에) 느껴지도록 만들며, 이는 그것을 두 개의 개별적인 것으로 이중화하지 않는 이상, 달리 말하면 각기 그것의 대상을 제3의 것으로 표상적으로 인식하는 격리된 마음들에 관한 평범한 이원론 철학으로 되돌아가지 않는 한 불가능해 보인다 ─ 그리고 그렇게 한다면 순수경험의 구도 전반을 포기하는 일이 될 것이다.

그렇다면 순수경험의 단위가 자신을 두 개의 단위로 바꾸는, 우리의 가설에서는 있어서는 안 되는 일을 하지 않고서 의식의 분기하는 두 흐름 속에 들어가고 나타날 방법이 있을까?

II

방법이 있다. 그리고 그를 향한 첫 번째 단계는 그 단위가 어떻게 의식의 흐름들 중 어느 하나에만 진입하는지를 좀 더 정확히 보는 것이다. 그것이 "순수한" 존재이다가 한 번 "의식적"이 된다는 것은 대체 어떤 의미인가?

그것은 첫째로 새로운 경험들이 잇달아 발생했다는 것을 뜻하며, 둘째로는 그 경험들이 상정된 단위에 어떤 할당 가능한 관계를 낳았다는 의미이다. 가능하면 "펜"으로서의 순수한 단위에 관해 계속해서 이야기해보자. 펜의 계승자들이 펜을 반복하기만 하거나, 또는 그와는 다르게 "활력적으로"[2] 펜과 관계를 맺는 한, 펜과 계승자들은 안정적으로 존재하는 물리적 사물의 군을 형성할 것이다. 그러나 그 계

---

2. [편집자] 이 표현에 관한 설명은 1장 「"의식"은 존재하는가?」 VI절 참조.

승자들이 다른 잘 규정된 방식으로 그와 차이를 갖는 한, 펜은 그들의 맥락에서 물리적인 것이 아니라 심적 사실로 나타날 것이다. 그것은 지나가는 '지각표상', 그 펜에 대한 나의 지각표상이 될 것이다. 그렇다면 저 결정적인 잘 규정된 방식이란 무엇인가?

나의 책 『심리학의 원리』 중 "자아"에 관한 장에서 나는 각각의 개인적 의식의 연속적 동일성을, 새로운 경험이[3] 도래한다는 실천적 사실에 대한 명칭으로서 설명했다. 그 새로운 경험은 과거의 경험을 되돌아보고, 그것이 "따뜻했다"고 생각하며 그것을 "나의 것"으로 맞이하여 전유한다. 이러한 작동은 경험적으로 분석하면 상당히 명확한 몇 가지 것들을 뜻한다. 즉,

1. 새로운 경험은 과거의 시간을 그 "내용"으로 가지며, 그 시간 속에서 "존재한" 펜을 가진다.

2. 그 "온기" 또한, 일련의 느낌들(발생한 "관심", 돌려진 "주의", 쓰인 "눈" 등)이라는 의미에서 펜에 대한 것이다. 그러한 일련의 느낌들은 그 펜과 밀접하게 연관되어 있으며, 설령 이미지에 불과한 것일지 모르는 지금의 펜에서 그 모든 생생함은 사라졌다 하더라도 깨어지지 않은 생생함과

---

3. 그 책에서 나는 그것들을 "현행 사고"라고 부른다 - 해당 부분은 1권의 pp. 330~342이다.

더불어 지금 되돌아오고 언제나 되돌아온다.

3. 이 느낌들은 "나"의 핵이다.

4. 한때 그 느낌들과 연합되었던 것은 무엇이나, 적어도 그 순간에는 "나의 것"이었다 — 손-느낌과 연합되었다면 나의 도구, 눈-느낌과 주의-느낌에 관련될 경우에 한해서 나의 "지각표상"이다.

이런 회고적 방식으로 나의 지각표상으로 자각된 펜은 그러므로 "의식적" 삶의 사실로 나타난다. 그러나 그것은 오직 "전유"appropriation가 발생했을 때만 그렇게 한다. 그리고 전유는 원래의 "순수한" 펜에 전적으로 추가적인 **사후 경험의 내용을 이루는 부분**이다. 가상적으로 객관적이기도 하고 주관적이기도 한 저 펜은, 그 고유한 순간에 현실적이고 본질적으로 객관적이지도 주관적이지도 않다. 그것이 둘 중 하나의 분명한 방식으로 분류되려면 그것은 되돌아 봐져야 하고 **사용되어야** 한다. 그러나 이른바 그것의 사용은 다른 경험에 지배되는 반면, 그것은 움직여지는 내내 수동적이고 변화하지 않는다.

이것이 근원적으로 순수한 경험이 어떻게 하나의 의식으로 진입하는지에 대한 이해할 만한 해석으로 받아들여진다면, 다음 질문은 그것이 어떻게 두 의식으로 진입할 수 있는지가 되겠다.

III

　명백히 아무런 새로운 종류의 조건도 제공될 필요가 없을 것이다. 우리가 상정해야 할 것은, 최초의 후속 경험에 부수적인 한편 그와 동시적인 두 번째 후속 경험이며, 그 경험에서도 유사한 전유 행위가 일어나야 한다는 것이 되겠다. 두 행위는 서로에게 간섭하지도, 원래의 순수한 펜에 간섭하지도 않을 것이다. 아무리 많은 그와 같은 계승자들이 저마다의 전유 행위를 거치더라도, 그것은 그 자신의 과거 속에 방해받지 않은 채 잠들어 있을 것이다. 각각은 그것을 "나의" 지각표상으로 알 것이고, 각각은 그것을 "의식적" 사실로 분류할 것이다.

　그들 후속경험이 그 펜을 그와 같이 분류하는 것은, 그들이 그것을 동시에 물리적 펜으로 분류하는 것을 간섭할 필요가 전혀 없다. 두 경우 모두, 분류는 그것을 연합의 어떤 군에서 취하는지에 달려있기 때문에, 대신하는 경험이 충분히 "폭"넓다면, 그것은 두 개 군 모두에서 동시적으로 펜을 사고할 수 있지만 두 군을 구별할 수 있다. 그럴 때 그 경험은 전체 상황을 우리가 "인지의 표상 이론"이라 부르는 것에 준거하여 보게 될 것이고, 그것이 우리가 모두 자발적으로 행하는 것이다. "이른바" 철학을 논하는 사람으로서 나는, 내가 글을 쓸 때 사용하는 것임을 아는 것[펜]이 이중으로 존재한다고 믿는다 - 나는 그것을 물리적 자연과의 관계에서 사고하고, 또한 나의 사적 삶과의 관계에서도 사고한다. 나는 그것이 나의 마음 안에 있다는 것을, 그러나 그것은 또한 물리적 펜이기도 하다는 것을 안다.

두 의식에 나타나는 동일한 경험의 역설은 그러므로 전혀 역설이 아닌 듯하다. "의식적"이라는 것은 단순히 존재하는 것이 아니라 보고되고, 인식되고, 우리의 존재가 저 존재에 더해진다는 것을 인지함을 뜻하는 것이다. 그리고 이것이야말로 전유의 경험이 잇달아 발생할 때 벌어지는 일이다. 펜-경험은 그것의 근원적 직접성에서 그 자체를 인지하지 못하고 단순히 **존재하며**, 우리가 그것에 관한 인지라고 부르는 것이 발생하기 위해서는 두 번째 경험이 요구된다.[4] 그러므로 여기서 벌어지는 것을 이해하는 데 따르는 어려움은 논리적 어려움이 아니다. 거기에는 아무런 모순도 수반되지 않는다. 그것은 차라리 존재론적 어려움이다. 경험

---

4. 섀드워스 호지슨은 최소한의 의식은 두 가지 세부 느낌(subfeelings)을 요구하며, 그중 두 번째 것이 첫 번째 것을 회고한다는 사실을 매우 강조했다. (그의 저서 *The Philosophy of Reflection*, vol. I, p. 248의 "Analysis of Minima" 부분, *The Metaphysic of Experience*, vol. I. p. 34에서 "The Moment of Experience"라는 제목이 붙은 장 참조.) "우리는 전향적으로 살아가지만 회고적으로 이해한다"는 키르케고르의 구절은 회프딩이 인용한 것이다. 〔H. Höffding, "A Philosophical Confession," *The Journal of Philosophy, Psychology and Scientific Methods*, vol. II, 1905, p. 86.〕

은 대규모로 도래하고, 만일에 우리가 그 전부를 한꺼번에 받아들인다면 그 경험은 우리가 바로잡을 수 없는 통약 불가능한 관계들의 혼돈으로 도래할 것이다. 우리는 그들의 상이한 군들을 추상해야 하고, 그것들에 대해 어떻게든 이야기하려면 이들을 분리하여 다루어야 한다. 그러나 경험은 대체 어떻게 자신이 만들어지게 하는가, 또는 그 성격과 관계는 어째서 그와 같이 나타나는가에 관한 이해에 우리는 다가갈 수 없다. 하지만 설령 어떻게 해서든 그들이 만들어질 수 있고, 내가 도식적으로 기술한 바와 같이 연속적으로 나타날 수 있다고 하더라도, 그럴 경우 우리는 "느낌은 단지 그것이 느껴지는 바와 같은 것"일지언정 (내가 적대자를 인용하며 시작한 것처럼) 그것이 예컨대 나와 당신에게서 두 가지 상이한 방식으로 느껴진다는 개념은 여전히 조금도 부조리하지 않다는 점을 인정해야 한다. 과연 그것은 그것이 나의 것으로 느껴질 때만 "나의 것"이고, 당신의 것으로 느껴질 때만 "당신의 것"이다. 그러나 그것은 어느 경우에도 **단독으로**by itself 느껴지지 않고, 마치 하나의 구분 없는 재산이 몇 사람의 상속인들에 의해 소유되는 것처럼 우리 두 사람이 저마다 기억하는 몇 가지 경험에 의해서 "소유될" 때에만 느껴진다.

IV

이제 제시된 관점들의 귀결에 대해 한마디 하고 끝내기로 하자. 경험의 편에서 의식적 성질의 획득은 그것에 도래하는 맥락에 좌우되므로, 모든 경험의 총합은 맥락이 없이는 엄밀히 말해 의식적이라고 말할 수가 없다. 이는 저것, 절대자, 사고와 사물로 구별되지 않고 차이화할 수 없는 거대 규모의 "순수"경험이다. 이것은 칸트 이후의 관념론자들이 그들의 학설을 동일철학Identitätsphilosophie이라고 부름으로써 언제나 사실상 인정해온 것이다. 그럴 때 만물에 혼을 불어넣음Beseelung 따위의 질문은 제기되지 말아야 한다. 그 진리에 대한 어떤 물음도 더 물어서는 안 된다. 진리는 사고와 그 밖에 다른 것 사이에서 얻어지는, 총합의 내부에 있는 관계이며, 우리가 살펴본 것처럼 사고는 다만 맥락적인 것일 뿐이기 때문이다. 이런 관점에서, 그 자체로 고려된 우리 철학의 순수경험들은 그 수만큼의 작은 절대자들이고, 순수경험에 관한 철학은 그저 좀 더 세분한 동일철학이다.

한편 순수경험은 범위나 영역의 크기가 얼마든 상정될 수 있다. 그것이 다른 어떤 경험의 조각에 회고적이고 전유적인 기능을 행사한다면, 후자는 그럼으로써 그 자신의 의식의 흐름으로 들어간다. 그리고 이러한 조작에서 시간 간격은 아무런 본질적 차이를 만들어내지 않는다. 잠에서 깬

후에 나의 회상은 내 시간의 연속적인 두 깨어남의 순간들만큼이나 완벽하다. 그러므로 수백만 년 후에 유사하게 회고적인 경험이 어떤 식으로든 탄생하게 된다면, 내 현재의 사고는 그 장기간에 걸친 의식의 삶에서 순수한 일부를 형성할 것이다. "일부를 형성한다"고 나는 말했지만 그것은 두 사물이 존재적 또는 실체적으로 하나일 수 있다는 의미는 아니며 — 그들은 수적으로 별개의 사실들이기 때문에 하나일 수 없다 — 단지 내 현재 사고의 **기능들**, 그것의 지식, 그것의 목적, 그것의 내용과 "의식"이, 요컨대 승계되어 사실상 불변의 상태로 연속될 것이라는 의미에서이다. 페히너를 위시하여, 우주 전체를 통하여 더 협소한 의식을 감싸는 더 폭넓은 의식, 즉 '지구–영혼'Earth-soul에 관한 사변은, 그러므로 그들이 기능적 형태를 존재적 관점과 구별한다면 철학적으로 상당히 질서 잡힌 것이고, 논의 중인 작은 의식을, 더 넓은 의식을 **이루는** 일종의 항시적 재료로서 다루지 않는다.[5]

5. [편집자] *A Pluralistic Universe*. Lect. IV, "Concerning Fechner," and Lect. V. "The Compounding of Consciousness" 참조.

5장

순수경험의
세계에서
감정적 사실들의
위치[*]

상식과 대중적 철학은 가능한 한 이원론적이다. 우리는 모두 사고와 사물이 각기 종류가 다른 실체로 만들어져 있다고 자연스럽게 생각한다. 우리 내부에 개념이나 판단의 형태로 흘러드는, 혹은 정념이나 정서의 형태로 집중하는 의식은 정신적 활동으로서 직접 느껴질 수 있다. 그것은 정신적 활동이고, 공간을-채우는 객관적 "내용"과는 대조적인 것으로 인식된다. 이러한 이원론적 철학과는 반대로 나는 최근에 이 책의 첫 번째 글[「"의식"은 존재하는가?」]에서 사고와 사물이 그 재료 면에서 절대적으로 동질적임을, 그리고 그들은 다만 하나의 관계와 기능에서만 대립한다는 것을 보여주고자 했다. 사물재료와 다른 사고재료는 없다고 나는 말했다. 그러나 동일한 "순수경험"(이것이 내가 모든 것의 제1원질materia prima에 붙인 이름이다)은 그것이 받아들여지는 맥락에 따라 "의식의 사실"을 나타낼 수도, 물리적 실재를 나타낼 수도 있다. 이어지게 될 이야기를 잘 이해하기 위해서 나는 독자들이 위에서 말한 글을 이미 읽었으리라고 전제해야 하겠다.[1]

---

* [편집자] *The Journal of Philosophy, Psychology and Scientific Methods*, vol. ii. No. 11, May 25, 1905에 실렸던 글임.

1. 독자가 위의 글에 뒤이어 그 관념들을 더 전개한 「순수경험의 세계」라는 제목의 글[이 책의 2장]도 읽었다면 더 좋을 것이다.

거기에 깔린 학설이 부딪히게 되는 가장 흔한 반론은 우리 "감정"affections의 존재에서 도출된다. 많은 평론가가, 우리의 쾌락과 고통, 우리의 사랑과 공포와 분노에서, 특정한 대상과 상황의 아름다움, 희극성, 중요성, 소중함에서 우리는 직관적으로 정신적인 것으로 인식된 경험의 거대한 영역을 가지며, 그것은 오로지 의식으로 만들어지고, 그렇게 만들어진 것으로 느껴지며, 물리적 대상들에 의해 향유되는, 공간을-채우는 종류의 존재와 본성상 다르다고 내게 말했다. [1장의] VII 절에서는 간단히 짚고 넘어가야 했던 탓에 경험의 이러한 부류를 매우 불충분하게 다루었다. 지금 나는 그 주제로 되돌아가겠다. 왜냐하면, 이러한 현상들은 적절히 분석되었을 때 나의 일반적 명제를 무효화하기보다는 강력하게 지지하게 될 것이라고 믿기 때문이다.

순수경험 이론의 요점은, 우리가 경험을 그것이 그 이웃에 작용하는 방식에 따라 "외부"와 "내부" 군群으로 분류한다는 것이다. 임의의 "내용", 예컨대 단단함과 같은 내용이 있다고 하자. 이 내용은 위의 두 군 어느 쪽에든 배정될 수 있다. 외부 군에서 그것은 "강력"하고, "활기차게" 그리고 공격적으로 작용한다. 여기서 단단한 것이 무엇이든, 그것은 그 이웃이 점유하고 있는 공간을 방해한다. 그것은 이웃을 파고 들어가고, 이웃은 그것을 관통할 수 없다. 그때 우리는 그 단단함을 물리적 단단함이라 부른다. 반면에 마음에서 단단한 것은 특정한 어떤 곳도 아니고, 아무것도 파고들지 않는다. 말하자면 그것은 심적 이웃으로 퍼져나가고, 이웃에 상호침투한다. 이 군에 포함된 그것과 그 이웃 모두를 우리는 "관념" 또는 "감각"이라 부른다. 또한, 두 군의 기초는 각기 다른 유형의 상호관계이다. 하나는 상호침투 불가능성의 관계 유형이고, 다른 하나는 물리적 방해와 상호작용의 결여라는 관계 유형이다.

본질적으로 동일한 존재인 것이 이처럼 서로 다른 맥락에서 다르게 기능할 수 있어야 한다는 것은, 우리의 경험이 도래하는 지극히 복합적인 망상조직의 자연스러운 결과이다. 암사자는 제 자손에게 다정하지만 다른 모든 생물에게 잔혹하다 — 그러므로 다정한 동시에 잔혹한 것이다. 움직이는 질량은 그 방향에 반대로 작동하는 모든 힘에 저항하지만, 같은 방향을 향하거나 직각으로 오는 힘들에 대해서는 절대적으로 불활성이다. 그러므로 그것은 활력적인 동시에 불활성인 것이다. 그리고 다른 모든 경험의 조각의 경우에도 (연합을 적절히 달리할 경우) 마찬가지 사실이 적용된다. 내용의 이른바 물리적 에너지는 연합의 특수한 집단을 향해서만 나타난다. 다른 집단에서 그것은 지극히 불활성일 수 있다.

이웃들 간에 물리적 상호작용이나 완전한 불활성성 inertness의 양자택일만이 유일하게 주어진 어떤 경험의 우주를 생각해 볼 수 있다. 그런 세계에서 경험의 어떠한 조각의 심적 또는 물리적 지위는 명확할 것이다. 능동적일 때 그것은 물리적인 것에 관련이 있고, 비활성일inactive 때는 심적 집단과 관련이 있다.

그러나 우리가 사는 우주는 이보다 혼돈스러우며, 거기에는 우리의 감정적 경험의, 우리의 정서와 감상적 지각appreciative perceptions의 혼종적이거나 모호한 집단을 위한 공간이 있다. 다음 단락들에서 나는 이런 것들을 증명하고자 한다.

(1) 이들 경험이 직관적으로 순수하게 내부적 사실들로서 주어진 것이라는 대중적 개념은 경솔하고 잘못되었다는 점, 그리고

(2) 이 경험들의 모호성이 주관성과 객관성은 경험이 원래 무엇으로 만들어졌는지가 아니라 그것의 분류에 관한 문제라는 나의 중심 논지를 멋지게 보여주고 있다는 점을 말이다. 분류는 우리의 일시적인 목적에 좌우된다. 이러한 목적을 위해서는 이러한 관계 묶음을 취하는 것이, 저런 목적을 위해서는 또 다른 관계 묶음을 취하는 것이 편리하다. 두 경우에 그들의 맥락은 흔히 서로 다르다. 우리의

감정적 경험의 경우에 우리가 일관성을 유지하도록 강제하는 아무런 영구적이고 변함없는 목적도 없으며, 그러므로 때로는 우리의 느낌에 따라, 때로는 좀 더 물리적인 실재에 따라, 갑작스러운 변덕이나 순간의 편리에 맞추어 그것들을 분류하면서 그것들이 모호하게 부유하도록 내버려 두는 것이 편하다고 생각한다. 그렇듯 이 경험들은 순수경험의 철학에 방해가 되기는커녕 그 진리를 탁월하게 확증하는 역할을 한다.

그럴 때 무엇보다 내가 시작 부분에서 인용한 반대자들과 더불어, 분노, 사랑, 공포가 순수하게 마음의 감정이라고 말하는 것은 잘못된 것이다. 적어도 상당 부분 그것들은 동시에 신체의 감정이기도 하다는 점은 제임스-랭James-Lange의 정서 이론[2] 전체를 통해 입증된다.[3] 더욱이 우리의 고통은 전부 국지적이고, 우리는 그것을 언제나 주관적인 관점은 물론 객관적인 관점에서도 자유롭게 말할 수 있다. 우리는 우리의 유기체를 어떤 크기로 채우고 있는 고통스러운 장소를 우리가 인지하고 있다고 말할 수 있다. 또는

---

2. [옮긴이] 제임스-랭 이론은 윌리엄 제임스와 칼 랭(Carl Georg Lange, 1834~1900)의 정서 이론을 가리킨다.

3. [편집자] *The Principles of Psychology*, VOL II, ch. XXV, 그리고 "The Physical Basis of Emotion," *The Psychological Review*, Vol. 16 1894, p. 516 참조.

우리가 내적으로 고통스러운 "상태"에 있다고 말할 수 있다. 가치에 대한 우리의 형용사들은 전부 유사하게 모호하다 — 나는 모호성들 몇 가지를 예시한 바 있다.[4] 다이아몬드의 귀중함은 보석의 질에서 비롯하는가? 아니면 우리 마음속의 느낌에서 비롯하는가? 사실상 우리는 그것을 양자 모두로 취급하거나, 우리 생각의 일시적 지향에 따라 둘 중 어느 한쪽으로 취급한다. 산타야나George Santayana, 1863-1952 교수는 "아름다움"을 가리켜 "대상화된 쾌락이다"라고 말한다. 또한 그의 저작 『아름다움의 의미』The Sense of Beauty 10, 11장에서 그는 이 다의적 영역을 거장다운 방식으로 다룬다. 우리가 대상에서 얻는 다양한 쾌락은 단일하게 본다면 "느낌"으로 볼 수 있지만, 그것들이 총체적 풍성함으로 결합할 때 우리는 그 결과를 대상의 "아름다움"이라 부르고 우리 마음이 지각하는 외적 속성으로 취급하게 된다. 우리는 사물의 물리적 특성을 발견하는 것과 마찬가지로 아름다움을 발견한다. 우리가 그중 어느 한 계열에 전문가가 되기 위해서는 훈련이 필요하다. 단일한 감각 역시 어쩌면 모호하다. 우리는 "쾌적한 온도"에 관해 말해야 할까, 아니면 온도에 따라 발생한 "쾌적한 느낌"에 관해 말해야 할

---

4. [편집자] 1장 「"의식"은 존재하는가?」, VII절 참조.

까? 어느 쪽이든 상관없다. 또한 우리의 감정을 일차적으로 함축하는 언어를, 우리가, 감정을 발생시키는 대상에 투사하는 것이 금지된다면, 언어는 그 미적 수사적 가치 대부분을 상실하게 될 것이다. 그 사람은 정말 밉살스럽다, 그 행동은 정말 나쁘다, 상황이 정말 비극적이다 — 전부 그 자체에 관한 것이고 우리의 의견과는 상당히 거리가 있다. 우리는 심지어 피곤한 길, 아찔한 높이, 명랑한 아침, 찌푸린 하늘 등의 표현을 쓰기까지 한다. 또한 "불확정적"indefinite 이라는 말은 통상 우리의 포착에만 적용되는 반면, 스펜서의 "진화 법칙"에서 사물의 기본적인 물리적 자격요건으로서 기능하지만, 대부분의 독자에게는 문제없이 받아들여져 지나갈 것이 분명하다.

운동에 대한 우리의 지각을 연구하는 심리학자들은, 그 안에서 일반적으로 운동이 느껴지는, 그러나 실제로 움직이는 신체에 정확하게 귀속되지 않는 경험을 발굴했다. 그러므로 우리 눈의 무의식적 운동에 의해 유발된 시각적 현기증에서 우리와 외부 세계 모두는 소용돌이 속에 있는 것처럼 나타난다. 달 주변에 구름이 떠 있을 때 그것은 마치 달과 구름 모두와 우리 자신이 그 움직임을 공유하고 있는 것 같다. 시디스Boris Sidis, 1867-1923와 굿하트Simon Philip Goodhart, 1873-1956가 그들의 주요 저작인 『다중 인격』*Multiple*

*Personality*에 실은 한나 목사의 기억상실이라는 독특한 사례에는, 그 환자가 처음으로 의식을 되찾았을 때 "간병인이 방 안을 걸어가는 것을 알아채고는 그 운동을 자기 자신의 운동과 동일시했다. 그는 아직 자신의 운동과 자신 외부의 운동을 구별하지 않았다"는 구절이 등장한다.[5] 그런 경험은 사후에 필요한 구별이 아직 이루어지지 않은 지각의 원시적 단계를 가리킨다. 확실한 종류의 경험 조각이 거기에 있지만, 처음에는 "순수한" 사실로서 거기에 있는 것이다. 움직임은 원래 그저 있고, 나중에야 이런저런 것에 한정된다. 이와 같은 것은 모든 경험에서 참이지만, 그 현실적 현전의 순간에 복합적이다. 독자들이 지금 이 글을 읽고 있는 행위 속에서 자신을 포착해 보자. **지금** 이것은 순수경험, 현상, 여건, 단순한 저것, 또는 사실의 내용이다. "읽기"가 그저 있으며, 거기에 있다. 그리고 어떤 이의 의식을 위해 거기 있는지, 아니면 물리적 자연을 위해 거기 있는지 하는 물음은 아직 던져지지 않았다. 그 순간 그것은 둘 중 어느 쪽을 위해 거기 있는 것도 아니다. 나중에 우리는 아마 그것이 양쪽 모두를 위해 거기에 있었다고 판단하게 될 것이다.

---

5. Boris Sidis and Simon Goodheart, *Multiple Personality : An Experimental Investigation into the Nature of Human Individuality* (New York : D. Appleton & Co., 1905), p. 102.

우리가 고려하고 있는 감정적 경험들과 더불어, 상대적으로 "순수한" 조건이 존속한다. 실천적 삶에서는 그것들을 엄밀히 심적인 사실로 다룰지 엄밀히 물리적 사실로 다룰지를 결정할 아무런 시급한 필요도 아직 발생하지 않았다. 그리하여 그것들은 다의적인 채로 있게 되는데, 세계로서는 그들의 다의성은 그들의 커다란 편리함 가운데 하나이다.

철학사에서 "이차적 특질"의 변화하는 위치는, "내부"와 "외부"가 경험에 근원적으로 각인된 채로 우리에게 도래하는 계수가 아니라, 차라리 우리가 특수한 필요에 따라 수행한 사후 분류의 결과라는 사실을 보여주는 또 다른 탁월한 증거이다. 사고의 상식 단계는 완벽하게 확정된 실천적 휴게소이다. 그곳에서 우리 자신은 서슴없이 행동으로 나아갈 수 있다. 사고의 이러한 단계에서 사물들은 그들의 이차적 성질들에 의해 우리 자신뿐 아니라 서로에게 작용한다. 그렇듯 음향은 대기를 가로질러 가고, 차단될 수 있다. 불의 열기는 그것이 끓게 하는 물로 전달된다. 한밤의 어둠을 쫓아내는 것은 바로 아크등의 빛이다, 등. 능동적으로 효과적인 것으로 보이는 바로 이러한 특질들을 발생시키고 이동시킴으로써, 우리 자신은 자연을 우리에게 잘 들어맞도록 변화시키는 데 성공한다. 또한, 실천적인 것과 구별되는 더욱 순수하게 지성적인 필요가 발생하기 전까지는 아무도 이들 특질을 주관적이라고 부를 생각을 절대 하지 않았다. 그러나 갈릴레오, 데카르트, 그 밖의 다른 이들이 음향, 열기, 빛을 고통과 쾌락과 더불어 순수하게 심적인 현상으로 구분하는 것이 철학적 목적에 최선이라고 느꼈을 때, 그들은 무사히 그렇게 할 수 있었다.[6]

일차적 특질조차 같은 운명을 겪고 있다. 단단함과 부드러움은 원자들의 상호작용이 우리에게 미치는 효과들이고, 원자 자체는 단단하지도 부드럽지도, 고체이지도, 액체이지도 않다. 칸트주의자들은 크기와 형태가 주관적인 것이라고 여긴다. 시간 자체는 많은 철학자에 따르면 주관적이다. 또한 이차적 특질들이 추방된 후에도 오랫동안 물리학에 남아있던 활동과 인과적 효능efficacy조차도 이제는 우리 자신의 의식 현상들이 환영적으로 외부로 투사된 것으로 취급된다. 물리적 사변을 다루는 현대의 가장 지적인 학파는 자연에는 활동이나 효과가 없다고 본다. 자연은 **변화**만을 선보이는데, 그러한 변화들은 습관적으로 상호 동시발생하므로 그들 변화의 습관을 단순한 "법칙"으로 기술할

---

6. [편집자] Descartes, *Meditation* II; *The Principles of Philosophy*, part I, XLVIII [르네 데카르트, 『방법서설 / 성찰 / 철학의 원리 / 세계론 / 정념론 / 정신지도를 위한 규칙』, 소두영 옮김, 동서문화동판, 2016] 참조.

수 있다.

그럴 때 직관적으로 식별되는 존재의 원초적 정신성이나 물질성은 없다. 다만 한 세계에서 다른 세계로 경험의 위치가 바뀌고, 명확히 실천적이거나 지적인 목적을 위해 경험들이 이러저러한 연합의 집단으로 묶일 뿐이다.

나는 여기서 관계의 끈질긴 모호성에 대해서는 아무런 말도 하지 않겠다. 관계는 순수경험의 부인할 수 없는 부분이다. 그러나 상식과 내가 근본적 경험론이라고 부르는 것이 관계가 객관적이라는 입장을 지지하는 반면, 합리론과 통상적인 경험론은 모두 관계란 다만 "마음의 작품" – 여기서 마음이란 경우에 따라 유한한 마음일 수도 있고, 절대정신일 수도 있다 – 이라고 주장한다.

이제 더 직접적으로 우리의 관심을 끄는 저 감정적 현상들로 되돌아가 보자.

우리는 곧 사물이 우리의 관심과 정서에 호소하는 방식과, 사물들이 서로에게 작용하는 방식을 구별하는 법을 배우게 된다. 물리적 대상이 그것의 공감적 또는 반감적 성질에 의해 외부적으로 작동하게 될 것이라는 추정은 성립하지 않는다. 어떤 사물의 아름다움이나 그것의 가치는 그것을 구성하는 다각형 안에 그려 넣을 수 있는 힘이 아니며,

그 "용도" 또는 "의미"는 물리적 자연의 손에서 그것의 곡절이나 운명에 최소한도 영향을 미치지 않는다. 화학적 "친화성"은 순수하게 언어적인 은유이다. 그리고 방금 말했다시피, 힘, 장력, 활동과 같은 것들조차 필요한 경우에는 인체 형상적 투사로 여겨질 수 있다. 그렇다면 물리계가 서로에게서 특정한 규칙적 변화들을 결정하는 내용들의 집합을 의미하는 한, 우리의 감상적 속성 집합 전체는 그 바깥에 놓인 것으로 다루어져야 한다. 우리가 불리적 자연을, 무엇이든 우리 신체의 표면 너머에 놓인 어떤 것이라는 의미로 쓴다면 이러한 속성은 물리적 자연의 전체 범위에 걸쳐 불활성이다.

그렇다면 어째서 인간은 그것들을 그처럼 모호하게 내버려 두며, 순수하게 정신적인 것으로 확실히 분류하지 않는가?

아마 그것들이 물리적 자연의 나머지 부분이라는 관점에서 불활성임에도 불구하고, 우리 자신의 피부가 접하는 물리적 자연의 관점에서는 불활성이 아니기 때문일 듯하다. 우리의 관심에 일차적으로 호소하는 것은 바로 그와 같은, 사물들의 감상적 속성, 그것들의 위험성, 아름다움, 희소성, 유용성 등이다. 우리가 자연과 교류할 때, 대상을 강조하는 것은 이러한 속성들이다. 그리고 어떤 대상이 강조된다는 것은, 그것이 어떤 정신적 사실을 뜻하더라도 우리에게 거대한 신체적 효과들 또한 산출한다는 것을 뜻하기도 한다. 즉 음색, 긴장, 그리고 심장 박동, 호흡, 혈관과 내장 작용의 변화들을 말이다. 이렇듯 사물의 "흥미로운" 측면은 물리적으로 전적으로 불활성이 아니다. 비록 그것들이 물리적 자연에서 우리 신체가 점유하고 있는 이 작은 모퉁이들에서만 활동하고 있지만 말이다. 그러나 그것들이 절대적으로 비객관적이라고 분류되는 것을 막는 데는 그것으로 충분하다.

경험을, 단순한 불활성과 단순한 활동이라는 두 가지 절대적인 별개 집단으로 구분하려는 시도는, 그런 시도를 누군가 해야 할 경우, 어떤 제지를 받게 될 것이다. 우리가 더욱 분명히 심적인 집단을 검토하자마자 그것은 또 다른 제지를 받게 될 것이다. 비록 그 집단에서 사물들이 그들의 물리적 특성에 따라 서로에 작용하지 않고 서로를 훼손하거나 서로를 부추기지 않는 것이 사실이라 할지라도, 그들은 물체외적으로extracorporeally 너무나 불활성인 바로 그 성격들에 의해 가장 활력적인 방식으로 서로에게 작용하기 때문이다. 경험이 우리의 몇 가지 의식의 흐름 속에서 우리의 "사고"로서 연속되는 것은 주로, 우리에게 그 경험이 가지는 흥미와 중요성, 그것이 유발하는 감정, 보조하는 목적에 의해서, 요컨대 경험의 감정적 가치에 지배된다. 욕망이 경험을 도입하고, 흥미가 그것을 붙잡고, 적합성이 그 질서와 연관을 고정한다. 우리의 심적 삶의 이러한 측면에 대해서는 분트의 『철학 연구』 10권 첫 부분에 실린 「심리적 인과성에 대하여」Über psychische Kausalität를 인용하는 것으로 충분하다.[7]

그러므로 우리가 가치를 나타내는 형용어구들이 차지한다고 생각하는 모호하거나 애매한 위상은 세상에서 가장 자연스러운 것으로 보인다. 그러나 내가 처음에 인용한 대중적인 의견이 옳다면 그것은 부자연스러운 위상일 것이다. "물리적"이라는 것과 "심적"이라는 것이 상이한 두 종류의 고유한 성질이라면, 직접적이고, 직관적이고, 틀림없이 식별 가능하며 각각이 그것이 수식한 경험의 아무리 작은 부분에도 영원히 고착되어 있다면, 우리는 거기에 일말의 의심이나 모호성이 발생할 수 있으리라고 생각할 수 없을 것이다. 그러나 반대로 이 말들이 분류를 위한 말이라면 모호성은 자연스럽다. 그때, 사물의 관계가 충분히 다양

---

7. 감상적 성격들이 오로지 그렇게만 행동하는 것처럼 보인다면, 현재 나의 목적에는 그것으로 충분하다. 활동성에 대한 우리의 심적 경험 외에 활동성 자체(an sich)를 신봉하는 이들이라면 「활동성이라는 경험」〔다음 장〕에서 그 주제에 대한 더 많은 성찰을 접할 수 있을 것이다.

하다면 즉시 그것은 다양하게 분류될 수 있기 때문이다. 이를테면 썩은 고기 더미와, 우리에게는 경험의 일부인 "역겨움"을 들어보자. 태양이 그 위를 쓰다듬고, 미풍은 그것이 장미화단이라도 되는 듯이 구애한다. 그러면 역겨움은 태양과 서풍의 영역 내에서 **작동하는** 데 실패한다 — 그것은 물리적 성질로서 기능하지 않는다. 그러나 썩은 고기는 직접 작용으로 보이는 것에 의해 "우리의 속을 뒤집어 놓는다" — 그러므로 물리학의 그 제한된 부분에서는 물리적으로 기능한다. 우리는 더 넓은 맥락에서 취하느냐, 더 좁은 맥락에서 취하느냐에 따라 그것을 물리적인 것으로도 비물리적인 것으로도 취급할 수 있다. 물론 반대로 우리는 그것을 심적이지 않거나 심적인 것으로 다룰 것이 분명하다.

우리의 신체 자체는 모호함에 관한 최상의 사례이다. 때로 나는 나의 신체를 순수하게 외부 자연의 일부로 취급한다. 때로는 그것을 "나의 것"으로 생각하고, 그것을 그 "나"와 더불어 분류하며, 그러고는 그 안의 특정한 국지적 변화들과 결정들을 정신적 사건으로 간주한다. 내 신체의 호흡은 나의 "사고"이고, 그 감각의 조정은 나의 "주의"이다. 그것의 운동감각적 변화들은 나의 "노력", 그 내장의 동요는 나의 "정서"이다. 이와 같은 (너무나 역설적으로 들리는, 그리고 그런데도 너무나 진지하게 제기될 수 있는) 언표 위에 발생한 완고한 논쟁은, 경험을 정신적이거나 물질적인 것으로 만들게 되는 것이 경험의 무엇인지를 순수한 내성으로 결정하는 것이 얼마나 어려운지를 입증한다. 그것은 분명 개별적 경험에서 고유한 어떤 것일 수 없다. 그것은 그들이 서로를 향해 행동하는 방식, 그들의 관계의 체계, 그들의 기능이다. 그리고 이 모든 것들은 우리가 그것들을 고려하기에 적절하다고 생각하는 맥락에 따라 변화한다.

그렇다면 나는 우리의 정서가, 우리의 가치 속성이 가진 것으로 알려진 정신성이, 순수경험에 관한 철학에 가해지는 반론을 입증하기는커녕, 올바로 논의되고 해석되었을 때 그에 관한 최고의 확증 역할을 한다고 결론지어도 될 것 같다 (그리고 바라건대 독자들도 이제는 나와 같은 결론을 내릴 준비가 되어있었으면 한다).

6장

활동성이라는
경험[*]

심리학 협회 회원들께:

회장으로서 올해 이야기할 만한 것을 찾아보다 보니, 우리의 활동성이라는 경험이 좋은 주제로 여겨졌습니다. 그 화제가 지극히 자연스럽게 흥미롭기도 하고, 최근에 상당수의 다소 결론 없는 논의로 이어진 때문이기도 합니다만, 저 자신이 점점 더 문제를 다루는 특정한 체계적 방식에 관심을 갖게 되었고, 다른 분들도 관심을 갖기를 바라기 때문이기도 합니다. 아울러 이 문제에 관해 비록 제가 새로운 발견들과 소통하거나 명확한 결론에 도달할 능력이 없다는 점을 고통스럽게 인지하고 있음에도 불구하고, 여전히 제가 어느 정도 명확한 방식으로 그 방법이 어떻게 작동하는지를 제시할 수 있으리라 생각하는 까닭도 있습니다.

제가 말씀드리는 사물을 다루는 방식이란, 여러분께서 이미 생각하고 계실 테지만 때로는 실용적 방법, 때로는 인본주의, 때로는 듀이주의, 그리고 프랑스에서는 일부 베르그손의 제자들에 의해 새로운 '철학'Philosophie nouvelle이라고 불리는 것입니다. 우드브리지 교수의 『철학, 심리학, 과학적

---

* 1904년 필라델피아에서 열린 미국 심리학회에 앞선 회장 연설. 〔*The Psychological Review*, vol. XII, No. 1, Jan., 1905에 실렸던 글임. 이 책에 다시 게재한 글에는 저자가 수정한 사항이 반영되어 있음.〕

방법 저널』[1]은 미국에서 이러한 경향들을 따르는 이들 사이에서 의도치 않게 일종의 만남의 장이 된 듯합니다. 그들에게는 흐릿한 동일성이 있을 뿐이고, 지금으로서는 모종의 형성의 기운이 있는 것으로 보인다는 정도를, 그리고 사물에 적합한 말을 찾아내는 재능이 있는 누군가가 대단히 모호하게 유사한 그 열망들을 더욱 명확한 형태로 결정화하게 될 통합과 화해의 공식을 언제라도 발견할 수 있으리라는 정도를 말할 수 있을 뿐입니다.

저 자신은 문제의 경향에 관한 그러한 설명에 "근본적 경험론"이라는 제가 선호하는 명칭을 부여했습니다. 또한, 여러분께서 허락하신다면 제가 근본적 경험론이라고 하는 말로 뜻하는 바에 대해 설명하고자 합니다. 그러기 위해서 그것을 사례가 되는 어떤 활동성에 적용하고, 동시에 부수적으로 활동성이라는 일반적 문제를 이전보다는 약간 — 정말 약간일 것 같긴 합니다만 — 다루기 쉬운 형태로 만들어 놓고자 합니다.

브래들리 씨는 활동성의 문제를 철학에 대한 모독이라고 부르는데, — 그 자신의 글을 포함해 — 그 주제에 관한 현재의 문헌들에 의지하면 그가 뜻하는 바를 쉽게 알게 될

---

1. [편집자] *The Journal of Philosophy, Psychology and Scientific Methods.*

것입니다. 반대자들은 서로를 이해할 수조차 없습니다. 브래들리 씨는 워드 씨에게 이렇게 말합니다. "당신의 신탁이 무엇이든 나는 괘념하지 않는다. 당신의 가당찮은 심리학은 여기서 복음일 수도 있을 것이다, … 그러나 장담하건대 이 신탁에 의미가 있다고 해도 그것은 너무 혼돈스러워서 의미를 찾을 수 없거나, 반대로 그것이 어떤 명확한 언표에 고정된 것이라면 그 언표는 거짓일 것이다."[2] 워드 씨는 다시 브래들리 씨에 대해 이렇게 말합니다. "나는 그가 한 기술이 적용되는 … 마음의 상태를 상상할 수조차 없다. [그 것은] 흡사 헤르바르트 심리학을 힘써 정복하지도 않은 채 그것을 개선하려는 사람에 의해 쓰인 의도치 않은 헤르바르트 심리학의 모방처럼 읽힌다."[3] 뮌스터버그는 그의 것에 반대되는 견해를 자신과의 의사소통Verständigung으로 간주하는 사람은 "기본적으로 배제"grundsätzlich ausgeschlossen된다고 말함으로써 반론을 배제했습니다. 또한 로이스는 스타우트에 관한 리뷰에서[4] 그가 "효능"을 옹호한다면서 장문으로 그를 심하게 닦아세웁니다. 그런데 저는 스타우트의 글

---

2. *Appearance and Reality*, second edition, pp. 116~117. ─ 워드의 이름이 거론되지는 않았지만 이것은 분명 워드를 향해 쓰였다.

3. [편집자] *Mind*, vol. XII, 1887, pp. 573~574.

4. *Mind*, N. S., vol. VI, [1897], p. 379.

에서 그러한 점을 전혀 읽어내지 못했고, 제가 듣기로는 스타우트 역시 그것이 자신의 글의 의도와 매우 거리가 멀다고 말하고 있습니다.

이러한 논의들에서 뚜렷한 질문들은 뒤섞여 있고, 상이한 관점들이 뒤죽박죽으로durcheinander 말해집니다.

(1) 심리학적 질문이 있습니다. 우리는 활동성에 관한 지각을 갖는가? 그리고 만일에 그렇다면 그것은 무엇과 같으며, 언제, 어디서 우리는 그것을 갖는가?

(2) 형이상학적 질문이 있습니다. 활동성의 사실이 있는가? 그리고 만일에 있다면 우리는 그것을 가지고 어떤 관념을 틀지어야 하는가? 그것은 무엇과 같은가? 또한 그것이 무엇인가를 한다면 그것은 무엇을 하는가? 끝으로 논리적 질문이 있습니다.

(3) 우리는 활동성을 어떻게 아는가? 그것에 대한 우리의 느낌만으로? 아니면 다른 정보의 원천에 의해서? 그 문헌을 통틀어 우리는 이 물음들 중 어느 것이 앞에 놓인 것인지 알지 못합니다. 그리고 경험을 피상적으로 보여주는 단순한 기술이 마치 그러한 모든 질문에 대한 함축적 대답인 양 주어집니다. 나아가 논쟁자들 중 어느 누구도 그 자신의 관점이 어떤 실용적 결과들을 수행할지, 또는 그의 상대방이 승리한다면 그것이 누군가의 경험에서 어떤 이렇

다 할 특수한 차이들을 만들어낼 것인지를 제시하려고 하지 않습니다.

제가 보기에 근본적 경험론이 어떻게든 소용이 있으려면, 그것의 실용적 방법과 순수경험의 원리를 가지고서 그러한 뒤엉킴을 피할 수 있어야 하고, 아니면 적어도 그것을 어느 정도 단순화할 수 있어야 합니다. 실용적 방법은, 어디에선가 사실의 차이를 만들지 않는 진리의 차이는 없다는 가정에서 출발합니다. 그리고 그것은 논의를 가능한 한 빨리 어떤 실천적 쟁점, 또는 특수한 쟁점에 따라 결정되게 만듦으로써 의견의 모든 차이가 가진 의미를 결정하고자 합니다. 순수경험의 원리는 또한 방법적 가정이기도 합니다. 어떤 일정한 시간에 어떤 경험자에 의해 경험될 수 있는 것 외에는 아무것도 사실로 인정될 수 없을 것이라고 그 원리는 말합니다. 그리고 그렇게 경험된 사실의 모든 특징은 실재의 최종적 체계 어디에선가 일정한 장소를 발견해야 합니다. 바꿔 말하면, 실재적인 모든 것은 어디에선가 경험 가능해야 하고, 경험된 모든 종류의 사물은 어디에선가 실재적이어야 합니다.

이러한 방법의 규칙들로 무장하고서, 활동성의 문제가 우리에게 어떠한 얼굴을 보이는지 살펴봅시다.

순수경험의 원리에서, "활동성"이라는 말은 아무런 의

미도 없거나, 그렇지 않으면 그것이 뜻하는 것의 원초적 유형과 모델이 명확하게 지적될 수 있는 어떤 구체적인 종류의 경험에 있어야 합니다. 우리가 활동성에 관해 결과적으로 어떠한 이면의 판단을 내리게 되더라도, 판단이란 그러한 종류의 것이 될 것입니다. 그렇다면 첫 번째 단계로, 우리는 경험의 흐름 어디에서 우리가 활동성이라 말하는 것을 발견하는 것으로 보이는지 물어봐야 합니다. 그렇게 발견된 활동성에 대해 우리가 무엇을 생각하게 되는지는 그 뒤의 물음이 될 것입니다.

그런데 우리는 무엇인가가 **일어나는 중**임을 발견하게 되는 곳이라면 어디에서나 활동을 긍정하고 싶어 하는 것이 분명합니다. 가장 넓은 의미에서 보았을 때 무엇인가 **일어나는 중**임에 대한 포착은 활동성에 대한 어떤 경험입니다. 우리의 세계가 오로지 "아무것도 벌어지지 않음," "아무것도 변화하지 않음," "아무것도 일어나지 않음" 등의 말로만 기술될 수 있다면, 우리는 의심의 여지 없이 그것을 "비활성의" 세계라고 부를 것입니다. 그럴 때 단순한 활동성이라고 우리가 부를 수 있을 것은 사건이나 변화의 단순한 사실을 뜻합니다. "변화가 일어남"은 경험 특유의 내용이며, 근본적 경험론이 그토록 열렬하게 재활시키고 보존하고자 하는 저 "연접적" 대상들 가운데 하나입니다. 그러므로 활동성의 감각은 가장 넓고 모호한 방식에서 "생명"의 감각과 동의어입니다. 우리는 다른 점에서 비활성의 세계를 알아채고 선포하면서조차, 최소한 우리 자신의 주관적 생명을 느껴야 합니다. 그 단조로움에 대한 우리 자신의 반응은 거기서 도래하고 지나가는 무엇인가라는 형태로 경험된 어떤 것이 될 것입니다.

어떤 저자들이, 경험자에게는 존재한다는 것 자체가 활동적이라고 주장할 때 그들은 이러한 것을 마음에 두고 있는 듯합니다. 이러한 주장은, 우리는 오직 우리가 활동적일 때만 **존재하며**,[5] 그것은 우리가 오로지 경험자로서만 존재하기 때문이라는 워드 씨의 표현을 정당화하거나, 아니면 적어도 설명하는 듯합니다. 또한 그것은 "활동성과 같은 어떤 것에 대한 원초적 경험이란 없다"는 브래들리 씨의 주장을 배제합니다.[6] 그러므로 우리가 활동성에 관해 기본

---

5. *Naturalism and Agnosticism*, vol. II, p. 245. 우리는 여기서 자연스럽게 소요학파의 제1현실태(actus primus)와 제2현실태(actus secundus)를 생각하게 된다. 〔"Actus autem est *duplex : primus* et *secundus*. Actus quidem primus est forma et integritas rei ; actus autem secundus est operatio." Thomas Aquinas, *Summa Theologia*, edition of Leo XIII, (1894), vol. I, p. 391. Blanc, *Dictionnaire de Philosophie*, "acte" 항목도 참조.〕 [괄호 속의 인용구는 대략 다음과 같은 뜻이다. "활동은 이중적이다. 즉 첫 번째와 두 번째 것으로 되어 있다. 제1활동은 사물의 형상과 완전성, 제2활동은 그것의 작동이다."]

6. [편집자] *Appearance and Reality*, second edition, p. 116.

적이라고 말해야 할 것, 그것이 누구의 것인지, 즉 그것은 어떤 효과를 낳는지, 혹은 실제로 그것이 무엇인가를 효과로서 가져오기는 하는지 — 이 모든 것은 뒤에 올 질문들이며, 경험의 장이 확대되었을 때에야 비로소 대답을 얻을 수 있습니다.

그러므로 단순한 활동성은, 비록 어떤 명확한 방향도, 어떤 행위자도, 목적도 없지만 예상 가능합니다. 불안한 지그재그 운동, 또는 칸트라면 거친 지각의 광상곡Rhapsodie der Wahrnehmung 또는 관념의 탈주Ideenflucht라고 불렀을 것은[7] 비활성의 세계와 구별되는 활동적인 것을 구성할 것입니다.

그러나 우리에게 주어진 이 현실적 세계에서 활동성의 최소한 한 부분은 명확한 방향을 가지고 도래합니다. 즉 그것은 욕망과 목적에 관한 감각과 더불어 도래합니다. 그것은 극복하거나 굴복하게 되는 저항으로 인해, 저항의 느낌이 너무나 자주 유발하는 노력으로 인해 복잡해집니다. 그리고 명료한 작인 개념, 능동성에 반대되는 수동성 개념은 이와 같은 복잡한 경험에서 발생합니다. 여기서 인과적 효능 개념 또한 태어나게 됩니다. 어쩌면 기술심리학descrip-

---

7. [편집자] *Kritik der reinen Vernunft, Werke*, (1905), vol. IV, p. 110 (Max Müller 영역, second eidition, p. 128).

tive psychology에서 지금까지 이루어진 가장 정교한 작업은 최근의 여러 저자들이 더욱 복잡한 활동성 상황들에 대해한 분석일 것입니다.[8] 일부는 절묘하고 정교한 그들의 기술에서[9] 활동성은, 우리가 그것을 기술하는 사람이 제시하는 방식으로 경험할 때 내용이 빠져들게 되는 형태 특질 gestaltqualität 또는 확고해진 내용 fundirte inhalt(그 밖에도 연접적 형태를 칭하는 어떤 것이든 그것)으로서 나타납니다. 그러한 관계에 있는 그러한 요인들이 우리가 활동성–상황 activity-situations이라는 말로 뜻하는 것입니다. 그리고 그들의 환경과 구성성분들의 가능한 열거와 집적에는 어떤 자연

---

8. 내가 언급한 기술적 저작은 이를테면 래드(George Trumbull Ladd, 1842~
   1921) (*Psychology, Descriptive and Explanatory*, part 1. chap. V, part 11,
   chap. XI, part III, chaps. XXV and XXVI), 설리(James Sully, 1842~1923)
   (*The Human Mind*, part V), 스타우트(*Analytic Psychology*, book I, chap.
   VI, and book II, chaps. I, II, and III), 브래들리(가 *Psychology in Mind*
   에 대해 쓴 일련의 긴 분석적 글들), 티체너(Edward Bradford Titchener,
   1867~1927) (*Outline of Psychology*, part I, chap. VI), 숀드(Alexander F.
   Shand, 1858~1936) (*Mind*, N. S., III, 449; IV, 450; VI, 289), 워드 (*Mind*,
   XII, 67; 564), 러브데이(Thomas Loveday, 1875~1966) (*Mind*, N. S.. X,
   455), 립스(Theodor Lipps, 1851~1914)(*Vom Fühlen, Wollen und Denken*,
   1902, chaps. II,IV, VI), 베르그손(*Revue Philosophique*, LIII, 1) 등의 것들
   이다 ― 즉각 떠오르는 몇 가지만 적자면 그렇다.
9. 이러한 기술들의 존재는, 의지의 태도(will-attitudes)는 기술할 수 없다는
   뮌스터버그 교수의 학설에 대한 기묘한 주석을 형성한다. 그 자신의 저서
   *Willenshandlung*과 *Grundzüge [der Psychologie]* part II, chap. IX, §7은
   모두 그들의 기술에 더 우월한 방식으로 기여했다.

적 경계도 없을 것입니다. 인간 삶의 매시간은 화랑에 걸릴 수 있을 것이며, 이것이 우리가 그러한 기술산업^{descriptive in-}dustry에서 유일하게 흠잡을 수 있는 것입니다 — 그것은 어디서 멈추게 될까요? 우리는 우리 자신의 가슴 속에 이미 구체적인 형태로 가지고 있는 것에 관한 언어적 그림에 영원히 귀 기울여야만 할까요?[10] 그것은 결코 우리를 표면에서 떼어내지 않습니다. 우리는 이미 그 사실들을 알았습니다 — 분명 덜 펼쳐지고 구획된 상태지만 — 우리는 여전히 그것들에 관해 알았습니다. 우리는 언제나 우리 자신의 활동성을, 이를테면 "장애에 맞서, 우리의 자아가 동일화되는 어떤 관념의 확장"으로 느낍니다. 또한 다양한 경우를 통해 그러한 정의에 뒤따르는 것은 명백한 것을 상세하게 기술하게 되는데, 이는 결국 동의어의 발화에 지나지 않습니다.

모든 기술은 친근한 윤곽을 그려야 하며, 친근한 용어들을 사용해야 합니다. 예컨대 활동성은 물리적 작인이나 심적 작인에 귀속되며, 목적이 없거나 유도됩니다. 유도된다면 그것은 경향을 보입니다. 그 경향은 저항을 받을 수도, 그렇지 않을 수도 있습니다. 저항이 없다면 우리는 그 활동성을 내재적이라고 부르게 되며, 이는 어떤 신체가 빈

---

10. 나 자신부터가, 의지에 관해 방대한 분량의 한 장을 쓴 죄인으로서 참회해야 한다. 〔*The Principles of Psychology*, vol. II, chap. XXVI.〕

공간에서 그것의 탄성에 의해 움직이거나, 우리의 사고가 제멋대로 돌아다니는 때에 그러합니다. 저항을 만난다면 그 작인은 상황을 복잡하게 만듭니다. 이때 저항에도 불구하고 원래의 경향이 계속된다면 노력이 나타나게 되고, 노력과 더불어 긴장도 나타납니다. 경향과 더불어 긴장이 지속될 때는 언제나, 좁은 의미의 의지가 등장합니다. 그러나 저항은 경향을 확인하는데, 또는 심지어 그 경로에서 전복시키는데 충분할 만큼 거대할 수 있습니다. 그럴 경우 우리는 ("우리"가 원래의 작인이거나 경향의 주체라고 해도) 제압됩니다. 대립하는 힘이 단지 우리와 대등한지, 아니면 우리보다 우월한지에 따라 현상은 단순히 긴장의 현상이 되거나, 아니면 굴복된 필연성의 현상이 됩니다.

경험을 이와 같은 용어들로 기술하는 이라면 누구라도 활동성이라는 경험을 기술하는 것입니다. 활동성이라는 말에 어떤 의미가 있다면 그것은 거기서 발견되는 것을 보여주는 것임이 틀림없습니다. 거기에는 원래의 의도, 그리고 최초의 의도에서 완전한 활동성이 있습니다. 거기 나타나는 것이 그것이 "인식되는-바의" 것입니다. 그러한 상황을 경험하는 이는 그 관념이 포함하는 모든 것을 소유합니다. 그는 경향, 장애, 의지, 긴장, 부담, 승리, 수동적 포기 등을, 마치 시간, 공간, 빠름, 강도, 운동, 무게, 색채, 고통, 쾌락, 복잡성, 혹은 그 밖에 그 상황이 연루될 수 있는 나머지 성격들을 모두 느끼는 것과 마찬가지로 느낍니다. 그는 활동성이 가정된 곳에서 상상되는 모든 것을 거쳐 갑니다. 우리가 활동성을 우리의 경험 외부로 나아가는 것이라고 가정한다면, 우리는 그것을 이와 같은 형태들이라고 가정해야 하며, 그렇지 않으면 그것들에게 다른 이름을 붙여야 할 것입니다. "활동성"이라는 말의 내용으로는, 과정의 이러한 경험들, 즉 방해, 분투, 긴장, 해방, 등 주어져 인식된 삶에 속하는 것으로서의 최종적 감각질qualia 외에 다른 어떤 것도 상상할 수 없기 때문입니다.

이것이 문제의 끝이라면, 우리가 활동성-상황을 용케 겪어냈을 때는 언제나 우리가 실로 활동적이었다고, 우리가 실재적 저항을 만났고 실재적으로 승리했다고 말해도 반론없이 받아들여질 것입니다. 로체는 어디선가 말하기를, 존재가 되는데 필요한 것은 존재로서 통용되는 것gelten, [존재로서] 작동하고, 또는 느껴지고, 경험되고, 재인되고, 어떤 식으로든 그렇게 깨달아지는 것이라고 했습니다.[11] 우리의 활동성-경험에서 활동성은 분명 로체의 요구를 충족시킵니다. 그것은 스스로가 **통용되도록** 합니다. 그것은 작동하

---

11. [편집자] 2장 「순수경험의 세계」, 각주 10 참조.

는 것으로 입증됩니다. 우리의 이 비상한 우주에 실재적으로 어떤 활동성이 있다고 해도, 우리는 그러한 활동성 중 어느 하나를 겪은 것으로도, 또는 느껴진 장애물에 대해 느껴진 목적을 지속시키고, 극복하거나 극복되는 어떤 것의 이러한 극적인 형태가 아닌 다른 것으로 진정성 있게 인식된 것으로도 생각할 수 없습니다. 여기서 "지속시킨다"는 것이 무엇을 뜻하는지는 경험을 살아낸 누구에게라도 명료하지만 나른 이들에게는 아닙니다. "시끄러운", "빨간", "달콤한" 등이 귀, 눈, 혀를 가진 존재들에게만 무엇인가를 뜻하는 것과 마찬가지입니다. 경험의 이러한 근원에서 지각되는 것^{percipi}은 존재하는 것^{esse}이고,[12] 휘장이 그림입니다.[13]

---

12. [옮긴이] 버클리의 경험론은 한마디로 "존재하는 것은 지각되는 것이다"(ess est percipi)라는 명제로 요약된다. 이 말은 지각되는 것만이 존재한다는 뜻이다. 버클리는 로크의 실재론적 입장과는 달리 지식의 기원을 외부대상이 아닌 마음의 지각에 한정함으로써 경험주의의 일관성을 확보하고자 하였다. 이에 관해서는 버클리의 『인간 지식의 원리론』 제1부 3항을 참조하라. George Berkeley, *A Treatise Concerning the Principles of Human Knowledge*, David R. Wilkins (ed.), 2002, pp. 12~13.

13. [옮긴이] '휘장이 그림이다'라는 것은 서양미술사에서 유명한 휘장 그림을 떠올리게 하는 수사이다. 참고로 휘장 그림의 모티프는 고대 그리스 화가들인 파라시오스와 제욱시스의 경쟁을 둘러싼 일련의 고사에서 유래했다. 화가는 경쟁자의 그림을 가려놓은 휘장을 젖히려고 다가섰으나, 바로 그 휘장이 그림이었다는 일화이다. 다만 고대 그리스의 회화는 현존하지 않으며, 우리가 실제로 볼 수 있는 사례는 주로 바로크 시기에 유행한 눈속임 그림(trompe-l'oeil)에서 나타난다. 이에 관한 미술사적 담론은 풍성하지만 본문의 맥락은 이어지는 문장을 통해 설명된다. 즉 우리가 보고 있는 휘장

만약 배경에 숨겨진 어떤 것이 있다면, 그것은 활동성이라고 불리면 안 되고, 다른 명칭을 취해야 할 것입니다.

이것은 너무나 명백하게 진실로 보이기 때문에, 그처럼 많은 가장 유능한 저자가 그 주제에 관해, 이 상황에서 우리가 겪는 활동은 실재라는 것을 딱 잘라 부정한다는 것을 알게 되면 경악할 수 있습니다. 단순히 활동적이라고 느끼는 것은 그들이 보기에 활동적으로 존재하는 것이 아닙니다. 경험에 나타나는 작인은 실재적 작인이 아니며, 저항은 실재적으로 저항하지 않고, 나타나는 효과들은 전혀 실재적 효과들이 아닙니다.[14] 이에 따르면, 우리의 어떤 활동

이 그 자체로 경험된 것이며, 이면은 없다는 것이다.

14. 예를 들면(Verborum gratiâ) 다음과 같은 구절들이 그러한 경우이다. "활동성에 대한 느낌은, 느낌인 한에서(quâ feeling), 우리에게 활동성에 관해 아무것도 말해줄 수 없다"(Loveday, *Mind*, N. S., vol. X, 〔1901〕, p. 463): "활동성에 관한 감각작용, 또는 느낌이나 감각 … 은 달리 보면 전혀 활동성에 관한 경험이 아니다. 그것은 단순히 갇힌 감각작용으로서 그 안에서 우리는 어떤 성찰을 통해서도 활동성에 관한 관념을 얻을 수 없다. … 이러한 경험이 사후에 활동성에 관한 우리의 관념과 지각에 본질적인 성격이 되든 그렇지 않든, 최초에 그것은 그 자체로 활동성에 관한 경험이 전혀 아니다. 최초에 그것은 다만 외래적 이유 때문에 그러하며, 다만 외부의 관찰자에 적용된다"(Bradley, *Appearance and Reality*, second edition, p. 605). "활동성에 대한 느낌에는 심리 활동성의 현존(Vorhanden)에 대한 일말의 증거도 없다"(Münsterberg, *Grundzüge der Psychologie*, p, 67). 나는 유사한 인용문을 더 많이 가져다 댈 수 있으며, 그들 일부를 내 글에 도입하여 내 글을 더 구체화할 수도 있겠지만, 그렇게 한다면 이 저자들의 논의 대부분에서 발견되는 (뮌스터버그의 경우는 다르지만) 상이한 관점들이 뒤섞여 그들이 정확히 뜻하는 바를 구분할 수 없게 될 것이다. 어

경험에 관한 단순한 기술 분석이 전체 이야기가 아님이, 그

떤 경우든, 이 주석에서조차 그 글들을 맥락에서 떼어냄으로써 내가 그들을 완전히 곡해했다는 비난을 받게 될 것임은 분명하다. 그러므로 내가 되도록 적은 숫자의 사람을 거명할수록, 그리고 내가 단순히 가능한 방식의 의견을 추상적으로 성격화 하는 데 충실할수록, 나는 더 안전할 것이다. 또한 오해에 관해서, 나는 이 주석에 내 편의 불만을 덧붙일 수 있을 것이다. 스타우트 교수는 그의 책 『분석 심리학』(*Analytic Psychology*) 1권의 "심적 활동성"을 다룬 탁월한 장에서 정신적 활동성과 특정한 근육의 느낌을 동일화하는 과제에 나를 인용하여 자신이 옳다는 것을 증명하고자한다. 그것들은 "자아"에 관해 쓰인 특정한 단락들에서 온 것으로, 거기서 나는 우리가 "우리의 것"이라고 부르는 활동성의 중심핵이 무엇인가를 보여주고자했다. 〔*The Principles of Psychology* vol. I, pp. 299~305.〕나는 우리가 초신체적(transcorporeal) 세계의 활동성에 습관적으로 "주관적"이라고 대비시키는 특정한 두부 내(intracephalic) 운동에서 그것을 발견했다. 나는 우리가 내부의 정신적 작인의 활동성을 그 자체로 느낀다는 직접적인 증거는 없다는 것을 보여주고자 했다 (나는 이제 "의식" 자체의 활동성이라고 말해야 할 것이다. 〔첫 번째 글인〕「"의식"은 존재하는가?」를 참조). 사실 논의의 영역에는 세 가지 구별 가능한 "활동성"이 있다. 단순한 경험의 저것에 관련된, 무엇인가 일어나고 있다는 사실에 관련된 기본적 활동성, 이 무엇인가에서 두 가지 무엇, 즉 "우리의 것"으로 느껴진 활동성과 대상에 속하는 것으로 여겨진 활동성으로의 구체화가 있는 것이다. 내가 파악하기로 스타우트는 "우리의" 활동성을 총체적 경험과정과 동일시하며, 내가 그것을 그 일부로 제한할 때 내가 그것을 일종의 그 자체의 외적 부속으로 취급한다고 비난했다 (Stout, 앞의 책, vol. I, pp. 162~168). 마치 내가 "그 활동성을 활동 중인 과정에서 분리시켰다"는 듯이 말이다. 그러나 문제의 과정들 전부는 활동적이며, 그것들의 활동성은 그들의 존재(being)와 떼어놓을 수 없다. 나의 책은 단지 어떤 활동성이 "우리의 것"이라는 명칭에 걸맞은가 하는 문제를 제기했을 뿐이다. 우리가 "사람"(persons)인 한, 그리고 "환경"과 대비되고 대립되는 한, 우리 신체의 운동은 우리의 활동성으로 간주된다. 그리고 나는 이처럼 엄격한 인칭적 의미에서 우리의 것인 다른 어떤 활동성도 찾을 수 없다. "천상의 합창대와 지상의 세간"〔원래 이 구절은 버클리의 『인간 지식의 원리론』(*A Treatise Concerning the Principles of Human Knowledge*) 1부에 등장한다.〕전체가 우리의 것이라는, 그리고 그것들이 우리의 "대상"이므로 그것들의 활동성이 우리의 것이라는 더 넓은 의미가 있다. 그러한 유능한 저자들이 **진짜**Simon-pure 활동성, 활동성 자체 an sich를 이해하도록 이끈 저 활동성이라는 경험에 관해 더 말해주는 어떤 것이 있음이 분명합니다. 그것은 단순히 우리에게 그렇게 하는 것처럼 보이기만 하는 것이 아니라 그렇게 하며, 그 실재적 함에 비하면 이 모든 현상적 활동성

러나 "우리"는 여기서 단지 경험의 전체 과정에 붙여진 다른 명칭일 뿐이며, 사실상 존재하는 모든 것에 붙여진 이름일 뿐이다. 그리고 나는 스타우트 교수가 흠잡은 것처럼, 오로지 이행에서만 인칭적이고 개별화된 자아를 다루고 있었다.

내가 고유하게 자아라고 불릴 유일한 것이라고 여기는 개별화된 자아는 경험된 세계의 내용 일부이다. 경험된 세계(다른 경우에는 "의식의 장"이라고 불리는)는 언제나 우리의 신체를 그 중심으로, 시각의 중심, 행동의 중심, 관심의 중심으로 하여 도래한다. 신체가 있는 곳이 "여기"이고, 신체가 행동하는 때가 "지금"이며, 신체가 접촉하는 것이 "이것"이다. 다른 모든 것은 "거기"이고 "그때"이며 "저것"이다. 위치를 강조하는 이 말들은, 신체에 놓인 행동과 관심을 중심으로 한 사물의 체계화를 시사한다. 그리고 체계화는 이제 너무나 본능적이어서 (그렇지 않은 적이 있던가?), 우리에게는 그 질서 지어진 형태 외에 어떤 전개되거나 활동적인 경험도 없다. "사고"와 "느낌"이 활동적일 수 있는 한, 그들의 활동성은 신체의 활동성에서 종결되며, 최초의 환기하는 활동성을 통해서만 그것들은 나머지 세계의 활동성을 변화시키기 시작할 수 있다. 신체는 그 모든 경험-연쇄(experience-train)에서 폭풍의 중심, 좌표의 원점, 지속적으로 강조되는 장소이다. 모든 것이 신체를 중심으로 회전하며, 신체의 관점에서 느껴진다. 그렇다면 "나"라는 말은 "이것"과 "여기"나 마찬가지로 일차적으로 위치에 대한 명사이다. "이" 위치에 첨부된 활동성들은 특권적 역점을 가지며, 활동성들이 느낌을 갖는다면 독특한 방식으로 느껴질 것이다. "나의"라는 말은 그런 종류의 강조를 표시한다. 나는 한편으로 유일무이하고 외부 자연의 활동성들에 대립되는 것으로서 "나의" 활동성들을 옹호하는 것과, 다른 한편으로 내성을 거쳐 그것들이 머릿속의 운동들로 이루어져 있다는 것을 긍정하는 것 사이에 아무런 모순도 없다고 본다. 그들의 "나의"는 그것들이 물들어 있는 관점의-관심에 대한 느낌이고 강조이다.

은 다만 그럴싸한 가짜에 불과합니다.

형이상학적 질문은 여기서 개시됩니다. 그리고 나는 그것에 사로잡힌 사람의 마음의 상태는 종종 다음과 같다고 생각합니다. 우리는 그가 이런 식으로 말하는 것을 상상해볼 수 있습니다. "특정한 경험계열이 음악적 형태나 기하학적 형태를 취할 수 있는 것과 마찬가지로 활동성의 느낌이라는 형태를 띠는 것에 관해 말하는 것은 다 좋다. 그렇다고 치자. 우리가 긴장을 견뎌낼 의지를 느낀다고 해보자. 우리의 느낌은 그 긴장이 지속된다는 사실을 **기록하는** 이상의 것을 하는가? 반면에 **실재적** 활동성은 사실이 **행하는** 것이다. 그런데 기록이 만들어지기 이전에, 행하는 것은 무엇으로 만들어지는가. 의지 속의 무엇이 그것을 그와 같이 행동할 수 있게 하는가? 그리고 활동성이 나타나는 이러한 경험의 연쇄 자체를 **움직이게** 만드는 것은 대체 무엇인가? 경험의 한 부분 속의 활동성은 [경험의] 다음 부분을 존재하게 하는가? 경험론자로서 우리는 그렇다고 말할 수 없다. 왜냐하면 우리는 방금 활동성이란 이미 만들어진 경험의 부분들 사이에서 경험된 연접적 관계 또는 일종의 종합적 대상일 뿐이라고 선언했기 때문이다. 그러나 대체 무엇이 그것들을 만드는가? 무엇이 경험 일반überhaupt을 존재로 나아가게 하는가? 거기에는 작동하는 활동성이 있고, 느껴진 활동성은 단지 그 표피적인 기호일 뿐이다."

이야기를 마치기에 앞서, 나는 이런 식으로 우리 앞에 나타난 형이상학적 질문에 진지하게 주목하지 않으면 안 됩니다. 그러나 그 전에, 직접적인 경험의 망상조직을 떠나거나 활동성 자체를 작동하게 만드는 것이 무엇인지를 묻지 않고서도 우리가 여전히 우리에게 강제된 덜 실재적인 활동성과 더 실재적인 활동성을 구분할 수 있으며, 또한 순수하게 현상적인 평면 위에서 성찰로 내몰린다는 점을 제시하겠습니다.

즉 우리의 활동성이라는 경험이 가진 궁극적 성격에 관해 이야기할 때 우리는 그들 각각이 더 넓은 세계의 일부일 뿐이며, 역사를 이루는 경험 과정들의 방대한 사슬을 이루는 하나의 고리에 지나지 않는다는 것을 잊어서는 안 됩니다. 각각의 부분적 과정은, 그것을 겪어내는 사람에게 그 기원과 목적으로 규정됩니다. 그러나 그 외부에 살고 있을, 마음의 폭이 더 넓은 관찰자에게 그러한 목적은 단지 잠정적인 휴게소일 뿐이며, 그는 주관적으로 느껴진 활동성이 훨씬 더 멀리로 나아가는 객관적 활동성들로 이어지는 것을 보게 될 것입니다. 이렇듯 우리는 활동성이라는 경험에 관해 논하면서 그것을 그 이상의 다른 것과의 관계에 의해 규정하는 습관을 얻게 됩니다. 어떤 경험의 폭이 좁다면,

그것이 어떤 활동성이며 누구의 활동성인지에 대한 오해가 일어날 것입니다. 우리는 누군가의 강요를 따를 뿐이면서도 우리가 행동하고 있다고 생각합니다. 우리는 우리가 이러한 것을 하고 있다고 생각하지만, 우리는 우리가 꿈꾸지 않는 어떤 것을 하고 있습니다. 예컨대 우리는 우리가 그저 한 잔 마시는 것뿐이라고 생각합니다. 그러나 실제로 우리는 우리의 삶을 끝내게 될 간경화를 만들어내고 있습니다. 우리는 자신이 단지 이러한 교섭을 추진하고 있다고 생각하지만, 어디선가 스티븐슨이 말한 것처럼 우리는 인류의 방침에 하나의 연결고리를 마련하고 있습니다.[15]

일반적으로 말해서, 더 넓은 시계를 가진 방관자는 어떠한 활동성이 더 실재적으로 하고 있는 것을 그 활동성의 **궁극적 결과**로 여깁니다. 또한 확인할 수 있는 가장 앞선 작인은 활동의 최초의 원천이며, 그는 이것을 그 장에서 가장 실재적인 작인으로 여깁니다. 다른 것은 그저 그 작인의 충동을 전송할 뿐입니다. 우리는 그에게 책임을 부과합니다. 누군가가 우리에게 "누구 탓인지?"를 물을 때 우리는 그의 이름을 댑니다.

그러나 확인할 수 있는 가장 앞선 작인은, 종종 고려

---

15. Robert Louis Stevenson, *Lay Morals and other papers* (1911), p. 26 참조.

되는 활동성에 비해 길기보다는 훨씬 짧은 기간 존재합니다. 뇌세포가 최적의 사례입니다. 나의 뇌세포는 이웃한 세포들끼리 (말하자면 이화작용적 변화-katabolic alteration의 인접 전달에 의해서) 차례로 서로를 흥분시키며, 나의 강의 활동이라는 이 현재 구간보다 훨씬 이전부터 그렇게 하고 있었던 것으로 여겨집니다. 어떤 하나의 세포군이 활동성을 멈추면, 강의는 중단되거나 형식의 혼란을 드러낼 것입니다. 원인이 중단되면 결과도 중단됩니다Cessante causa, cessat et effectus — 이것을 보면 마치 단기간의 두뇌 활동성이 더 실재적인 활동성이고, 저의 강의하는 활동성은 그 효과인 것 같지 않습니까? 나아가 흄이 그처럼 명료하게 지적했듯이[16], 나의 심적 활동성-상황에서 물리적으로 발화된 말들은 활동성의 직접적 목적으로서 표상됩니다. 그러나 이 말들은 연수와 미주신경에 매개하는 물리적 과정들이 없다면 발화될 수 없습니다. 하지만 그 과정들은 심적 활동성-계열에 일절 나타나지 못합니다. 그러므로 그 계열은 그것이 활동의 극히 실재적인 단계들을 배제하기 때문에, 실재적 활동성들을 표상할 수 없습니다. 그것은 순수하게 주관적인 것이며, 활동성의 사실들은 다른 곳에 있습니다. 그

---

16. [편집자] *An Enquiry Concerning Human Understanding*, sect. VII, part I, Selby-Bigge's edition, pp. 65 ff.

것들은 말하자면 나의 느낌들이 기록하는 것에 비해 훨씬 간질間質성의 어떤 것입니다.

철학자들이 사실상 체계적으로 호소해온 활동성의 실재적 사실에는, 제가 아는 한 세 가지 주요한 유형이 있습니다.

첫 번째 유형은 우리의 것보다 폭넓은 시간대의 의식을 더 실재적인 활동성의 수단으로 취합니다. 그것의 의지는 작인이고, 그 목적은 행해진 활동입니다.

두 번째 유형은 서로 투쟁하는 "관념들"을 작인으로 상정하고, 그중 한 묶음의 우세를 활동이라고 봅니다.

세 번째 유형은 신경세포들을 작인이라고 여기고, 그 결과로 생겨난 운동의 방출이 획득된 행위라고 봅니다.

그런데 우리가 이러한 유형들의 대체물 중 하나를 위해 직접적으로 느껴진 활동성–상황을 탈실재화해야 한다면, 우리는 그 대체가 실천적으로 무엇을 수반하는지 알아야 합니다. 지금 이 연설을 하고 있는 "제가" 활동하고 있다고 순진하게 말하는 대신에, 더 폭넓은 사고자가 활동 중이라거나, 결과를 산출하는 특정한 관념들이 활동하고 있다, 혹은 특정한 신경세포들이 활동 중이라고 제가 말한다면, 그것은 어떤 사실상의 차이를 만들어 낼까요?

이것이 세 가지 가정의 실용적 의미가 될 것입니다. 그것들을 차례로 들어 답을 찾아봅시다.

우리가 더 폭넓은 사고자를 상정한다면, 그의 목적이 제 목적을 포함하는 것이 명백합니다. 저는 실제로 그를 위해 강의하고 있는 것입니다. 또한 비록 저는 무엇 때문인지 확실히 모르지만, 그럼에도 제가 그를 종교적으로 받아들인다면 저는 그것이 선한 목적일 것임을 믿을 수 있고, 기꺼이 묵인할 것입니다. 저는 제 활동성이 그의 충동을 전달한다는 것, 그리고 그의 목적이 제 목적을 연장한다는 것을 생각하며 행복할 수 있습니다. 요컨대 제가 그를 종교적으로 받아들이는 한, 그는 제 활동성을 탈실재화하지 않습니다. 제가 제 활동성과 그가 모두 선하다고 믿는 한, 그는 오히려 그것들의 실재성을 제공합니다.

그럼 이제 관념들로 가보겠습니다만, 이것은 경우가 다릅니다. 연상심리학은 관념들이 인접해 있는 경우에만 서로 영향을 준다고 가정하기 때문입니다. 하나의 관념 또는 한 쌍의 관념의 "폭"은 나의 총체적 의식장의 폭에 비해 크지 않고, 훨씬 작은 것으로 상정됩니다. 두 경우 모두 동일한 결과가 산출될 수 있는데, 이 강연이 어쨌든 주어지고 있기 때문입니다. 그러나 "실재적으로" 그것을 산출하는 것으로 상정된 관념들은 그 전체에 관해 예견하지 못했습니다. 또한 만일에 제가 앞의 경우에 어떤 절대적 사고자를 위해 강의하고 있었다면, 유사한 추론에 의해서 지금 저를 위해 강의하고 있는 저의 관념들도 그러할 것입니다. 즉 제가 승인하고 취한 결과를 저도 모르게 성취하고 있을 것입니다. 그러나 이 지나가는 강연이 끝나면, 순수 개념에는 관념들이 그 강연의 작인으로서 강연에서 내 현재 목적들을 연장하게 될 것임을 보장하는 것처럼 보일만 한 아무것도 없습니다. 저는 향후의 전개들을 염두에 둘 수도 있을 것입니다. 그러나 내 관념들이 그 자체로 산출하기를 원하거나 할 수 있는 확실한 것은 아무것도 없습니다.

신경세포가 작인이라고 해도 마찬가지입니다. 신경세포의 활동성은 극히 짧은 범위의 경향, 간신히 다음 세포로 이어지는 "충동"으로 생각되어야 합니다 — 왜냐하면 그 세포들 사이에서 벌어진 것이 활동성이라는 명칭을 부여받을 만하다면, 그만큼의 현실적 "과정"이 세포들에 의해 "경험되어"야 하기 때문입니다. 그러나 여기서 다시, 제가 지각하는 바의 총체적 결과는 작인에 대해 무관심하며, 소망되거나 의지되거나 예견되지도 않습니다. 그들이 지금 나의 의지에 일치하는 작인이라는 사실은 그들의 활동성에서 마찬가지 결과가 다시 되돌아오리라는 것을 보장해주지 않습니다. 사실 온갖 종류의 다른 결과들이 실제로 일어납니다. 저의 실수, 무능력, 도착, 심적 방해, 불만은 보통 그 역시 세포의 활동성의 결과입니다. 이러한 것들이 지금 제가 강의를 하도록 하고 있지만, 다른 경우에 그것들은 제가 자진해서 하지 않을 것들을 하게 만듭니다.

실재적 활동성은 누구의 것인가? 하는 질문은 그러므로 **현실적 결과들은 무엇이 될 것인가?** 하는 물음이나 마찬가지입니다. 그것은 상황이 어떤 결과를 산출할 것인가에 대해 극적인 관심을 보입니다. 어느 면에서 이런 종류의 작인과 저런 종류의 작인은 서로 매우 다르게 작동할 수 있습니다. 요컨대 다양한 대안들의 실용적 의미는 엄청납니다. 그것은 단순히 우리가 어떤 의견을 취하는가 하는 언어적 차이만을 만들어내지 않습니다.

우리는 오랜 논쟁의 귀환을 봅니다! 유물론과 목적론, 즉 기본적인 단기 활동들이 "맹목적으로" 합쳐지느냐, 아니면 멀리 예견된 이념들이 노력과 더불어 활동으로 이어지느냐 하는 것입니다.

순진하게도 우리는 광범위한 활동성과 좁은 범위의 활동성 모두가 삶에서 함께 작동한다고, 그 둘은 모두 실재적이며, 장기간의 경향이 다른 것을 자신의 체계 안으로 포섭하여 그것을 옳은 방향으로 고무하고, 그것이 다른 길을 향할 때 억제한다고 믿으며, 게다가 그러한 것을 인간적으로, 그리고 극적으로 믿고 싶어 합니다. 하지만 그처럼 큰 경향이 작은 경향을 조종하는 방식modus operandi을 어떻게 명료하게 기술하느냐 하는 것은 형이상학적 사유자가 향후 여러 해 동안 숙고해야 할 문제입니다. 그러한 통제를 마침내 명료하게 그려볼 수 있게 된다 하더라도, 그것이 이 현실 세계에서 어디까지 성공적으로 행사될 것인지는 사실에 관한 세부사항들을 조사해 봄으로써만 답할 수 있는 문제입니다. 일반적 성질과 경향들의 구성에 대한, 또는 더 큰 경향과 더 작은 것의 관계에 관한 어떠한 철학적 지식은, 이 우주에서 우리의 관심을 끄는 저 다양한 경쟁하는 모든 경향 가운데 어느 것이 가장 우세하게 될 것 같은지를 예측하도록 도와줍니다. 우리는 멀리 보는 경향들이 종종 그들의 목적을 수행한다는 것을 경험적 사실로 알지만, 또한 우리는 그것들이 종종 성공을 좌우하는 하찮으리만치 작은 과정의 실패로 인해 좌절된다는 것도 압니다. 정치가의 경막동맥에 생긴 작은 혈전이 제국을 혼란에 빠뜨리게 됩니다. 그러므로 나는 실용적 쟁점에 대한 어떤 해결책을 암시조차 할 수 없습니다. 나는 다만 여러분께 그 쟁점이야말로 어떤 종류의 활동성이 실재적일 수 있는가에 대한 모든 연구를 흥미롭게 만드는 것임을 보여드리고자 했을 뿐입니다. 세계에서 실재적으로 작동하는 힘은 더 멀리 볼까요, 아니면 더 맹목적일까요? '우리'가 '우리의' 활동성을 경험할 때 그들 사이, 그리고 우리의 관념들의 활동성 사이, 또는 뇌세포들의 활동성들 사이에서 그 쟁점은 잘 규정되어 있습니다.

앞서[17] 나는 마지막으로 형이상학적 질문으로 되돌아가야 한다고 말했습니다. 그래서 그에 대해 몇 마디를 더 하고 이야기를 마치겠습니다.

이 질문이 어떤 형식으로 표현되든, 저는 그것이 언제나 두 가지로부터, 즉 활동성에는 인과성이 행사되는 것이 틀림없다는 믿음과, 인과성이 어떻게 만들어지는가에 대한 놀라움에서 발생한다고 생각합니다. 우리가 활동성–상황을 액면가대로 받아들인다면, 그것은 흡사 사실들이 도래하고 존재하게 만드는 힘 자체를 우리가 현행으로in flagrante delicto 붙잡은 것처럼 보일 것입니다. 지금 저는 이를테면 제가 반쯤 이해한 듯한 이 진리를 더 명료하게 보여줄 말로 옮기고자 애쓰고 있습니다. 말로서 나타난다면, 마치 이러한 노력 자체가 그들이 처해 있던 한낱 가능한 존재의 상태에서 현실성으로 그것들을 밀어 넣거나 잡아당기는 것처럼 보일 것입니다. 이러한 묘기는 어떻게 수행됩니까? 그 잡아당김은 어떻게 잡아당깁니까? 저는 어떻게 아직 존재하지

---

17. 이 책 179쪽.

않는 말들을 포착하고, 그 말들이 나타날 때 어떤 수단으로 그것들이 도래하게 할까요? 정말로 그것은 창조의 문제입니다. 왜냐하면 결국 문제는 제가 어떻게 그것이 존재하게 만드는가 하는 것이기 때문입니다. 실재적 활동성은 실재적으로 사물이 존재하게 만드는 것이며, 그것이 없이는 사물은 없고, 그와 더불어 사물이 있습니다. 반면 우리가 그것을 느끼는 한 활동성은 다만 우리의 것에 관한 인상에 지나지 않는다고 주장할 수 있습니다. 그리고 이러한 사고방식에도 불구하고 하나의 인상은 단지 또 다른 사실의 그림자에 지나지 않습니다.

여기까지 오면, 저는 근본적으로 경험적인 철학이 그러한 논쟁을 취급하면서 의존해야 할 것 같은 원리들을 단지 보여주는 것 외에 그다지 할 수 있는 것이 없습니다.

존재에 실재적인 창조적 활동성이 있다면, 근본적 경험론은 어딘가에서 그것이 직접적으로 체험되어야 한다고 말해야 할 것입니다. 어딘가에서, 유효한 요인인 저것과 그것의 무엇이 하나로 경험되어야 합니다. 마치 우리가 지금 여기서 추위의 감각을 느낄 때마다 그 '추위'의 무엇과 저것이 하나로 경험되는 것처럼 말이지요. 우리의 감각이 오류를 범할 수 있다는 말은 소용없습니다. 실제로 감각은 오류를 범할 수 있지만, 우리가 "춥다"고 말할 때 온도계가 그렇지 않다는 것을 보여준다고 해서 구체적 성질로서의 추위가 우주에서 사라지지는 않습니다. 추위가 여기에는 없다 해도 북극권에는 있습니다. 그럼에도 불구하고, 우리의 창 옆에서 기차가 움직일 때 우리가 탄 기차가 움직이는 것처럼 느끼는 것, 망원경으로 달을 두 배 가까이 보는 것, 또는 스테레오스코프를 통해 두 개의 그림을 하나의 입체인 양 보는 것은 운동, 가까움, 견고성을 여전히 존재하게 내버려 둡니다 — 여기에 없다고 해도, 각기 다른 어딘가 적절한 자리에 있는 것입니다. 그리고 궁극적으로 "진리라고" 알려진 실재적 인과성의 자리가 어디에 있든 (이를테면 활동에 대한 우리의 느낌과 이것들이 촉발하는 것으로 보이는 운동들의 원인인 신경-과정이라든지), 순수경험에 관한 철학은 실재적 인과를 바로 우리의 가장 잘못된 경험에서조차 작동하는 것으로 나타나는 사물의 성질로 여길 수 있습니다. 바로 거기에 있는 것으로 나타나는 것이 우리가 작동하다라는 말로 의미하는 것입니다. 비록 나중에는 우리가 그 작동함이 정확히 거기에 있었던 것은 아니라는 것을 알게 될 수 있겠지만 말입니다. 지속시킴, 보존함, 애씀, 우리가 나아갈 때 노력으로 대가를 치름, 버팀, 마침내 우리의 의도를 성취함 — 이것이 활동입니다. 이것이 순수경험-철학에 의해 그것의 소재가 논의될 수 있는 유일한 형태의 발효^{effectuation}

입니다. 여기서 그 첫 번째 의도는 창조이고, 여기에는 인과성이 작동하고 있습니다.[18] 이를 즉석에서, 입방체의 바닥에 숨겨진 상상 불가능한 존재론적 원리를 그 실재적 인과성으로 갖는 세계의 단순한 환영적 표면으로 다루는 것은, 더욱 경험적인 사고방식의 관점에서 보자면 그저 다른 형태의 애니미즘일 뿐입니다. 우리는 우리의 "원리"에 의해 우리에게 주어진 사실을 설명하지만, 그것을 분명하게 바라보면 원리 사체는 그서 사전에 사실에 관해 이루어진 작은 정신적 복제일 뿐임이 드러납니다. 인과성을 고려할 때, 우리의 마음은 그러한 유일무이한 종류의 사실에서 결코 멀리 떨어져 나갈 수 없습니다.[19]

---

18. 이것이 〔첫 번째 글〕「"의식"은 존재하는가?」(특히 이 책 45쪽 참조)와 모순된다고 말하지 말라. 그 글에서 나는 "사고"와 "사물"은 동일한 성질을 갖지만, 그들 성질은 사물들에서 (불이 타오르고 물이 적시는 등) 서로에게 "활력적으로" 작용하는 반면 사고에서는 그렇지 않다고 말했다. 심적 활동성-연쇄는 사고들로 구성되어 있지만, 그것을 구성하는 부분들은 서로에게 작용하며, 그들은 확인하고, 지속시키고, 도입한다. 그것들은 거기에 노력이 있을 때는 물론, 활동성이 단순히 연합적일 때에도 그렇게 한다. 그러나 그것들은 물리적으로 활력를 불러일으키는 것과는 다른 그들 성질의 부분들에 의해 그렇게 한다는 것이 내 대답이다. 하나의 사고는 모든 전개된 활동성-계열에서 목적에 대한 사고나 욕망이고, 다른 모든 사고는 이에 대한 그들의 조화나 대립의 관계에서 느낌의 색조를 획득한다. 이와 같은 (특히 "관심", "어려움", "노력"이 나타나는) 이차적 색조들의 상호 작용은 심적 계열에서 드라마를 펼친다. 우리가 물리적 드라마라 일컫는 것에서 이러한 성질들은 절대적으로 아무런 역할도 하지 않는다. 이 주제는 세심한 작업을 필요로 하지만, 나는 어떤 모순도 없다고 여긴다.

그렇다면 저는 궁극적 성질로서, 또는 말하기에 따라서 실재성의 "범주"로서 실재적인 유효한 인과는 그저 우리가 저것이 그러하다고 느끼는 것just what we feel it to be, 우리 자신의 활동성-계열이 드러내는 종류의 연접일 뿐이라고 결론내리겠습니다. 우리는 그것의 전모와 존재를 손에 쥐고 있습니다. 그리고 철학을 위해 건강한 것은 발효를 야기하는 것이 무엇인지, 또는 활동이 행동하게 만드는 것은 무엇인지를 찾아 땅 밑을 뒤지는 일을 중단하고, 이 세계 어디에 발효가 위치하는지, 거기서 어떤 것들이 참된 인과적 작인인지, 그리고 더 멀리 가는 효과들은 무엇으로 이루어지는지 하는 구체적인 질문들에 답하려고 노력하는 일일 것입니다.

---

19. 나 자신이 활동성의 형이상학적 원리를 주장하는 자라는 비난을 지면을 통해 여러 번 받았다. 문학적 오해는 문제의 해결을 지연시키므로, 나는 내가 발표한 글에서 '노력'과 '의지'에 관한 대목들을 그와 같이 본 해석은 내가 표현하고자 했던 것과 절대적으로 거리가 멀다는 점을 말하고자 한다. 〔*The Principles of Psychology*, vol. II ch. XXVI.〕 이 주제에 관한 내 학설 전체는 르누비에에게 의지하고 있다. 그리고 르누비에는 내가 이해하는 한 철저한 현상론자이고 (또는 어쨌든 당시에 그러했고) "힘"(forces)을 가장 맹렬하게 부정한 사람이다. 〔Ch. Renouvier, *Esquisse d'une Classification Systématique des Doctrines Philosophiques* (1885), vol. II, pp. 390~392; *Essais de Critique Générale* (1859), vol. II, §§ ix, xiii 참조. 저자가 르누비에를 일반적으로 참고하고 있다는 점을 인정한 부분은 *Some Problems of Philosophy*, p. 165, 주석 참조.〕 그러나 나는 누구라도 내 글의 단 한 구절, 한 문장을 그 문맥에서 떼 내어 자연스럽게 자신의 관점을 옹호하도록 만드는 것을 거부한다. 오해는 아마도 처음에 내가 (르누비에를 따라) 우리

이런 관점에서, 형이상학적 질문, 곤란한 질문에 전통적으로 부여된 더 위대한 숭고성은 완전히 사라집니다. 인과성이라는 것 자체가 실재적으로 그리고 초월적으로 무엇인지를 우리가 알 수 있다면, 지식의 유일한 용도는 우리에게 현실적 원인이 있다면 그것을 인식하도록 돕는 것, 그리하여 미래의 작동 경로를 좀 더 현명하게 탐지하도록 하는 것이 될 것입니다. 인과의 숨겨진 성질에 관한 한낱 추상적인 탐구는 마찬가지로 추상적인 다른 탐구들과 마찬가지로 숭고하지 않습니다. 인과는 다른 것들과 마찬가지로 숭고한 수준에 거주하지 않습니다. 그것은 절대적인, 혹은 인간의 정복할 수 없는 마음에뿐 아니라 홍진에 살고 있습니다. 세계의 가치와 흥미는 그것의 요소들로 이루어지지 않습니

노력의 비결정론을 옹호한 데서 비롯했을 것이다. 나에 대한 비평가들은 "자유 의지"가 초자연적 작인을 수반하는 것으로 상정했다. 평범한 역사적 사실로 볼 때, 내가 옹호하려고 생각한 적이 있는 "자유 의지"는 신선한 활동성-상황에서 새로움의 성격이 유일하다. 어떤 활동성-과정이 전체 "의식의 장" 형태라면, 그리고 의식의 각 장이 그 총체성에서 유일무이할 뿐 아니라 (지금 공통적으로 인정되는 것처럼), 그 요소들도 유일무이하게 만든다면 (그 상황에서 그것들은 모두 그 총체에 물들어 있으므로) 그렇다면 새로움은 끊임없이 그 세계에 진입하고 거기서 일어나는 것은 자연의 문자적 통일성의 교의가 요구하는 것과 같은 순수한 반복이 아니다. 요컨대 활동성-상황들은 저마다 독창적인 흔적을 가지고 나타난다. 자유 의지라는 것이 있다면 그 "원리"는 의심의 여지 없이 그러한 현상에서 현현하겠지만, 나는 그 원리가 현상을 사전에 시연하는 것 외에 무엇을 할 수 있을지, 또는 애초에 그것이 왜 언급되어야 하는지 알 수 없었고, 지금도 여전히 모르겠다.

다. 이때의 요소라는 것이 사물이든 사물들의 연접이든 마찬가지입니다. 그것은 차라리 전체 과정의 극적 결과물에, 그리고 그 요소들이 산출하는 연쇄 단계들의 의미에 존재합니다.

제 동료이자 스승인 조사이어 로이스는 스타우트의 『분석심리학』에 관한 서평에서[20] 이 지점에 관해 몇 가지 훌륭한 말을 남겼는데, 저는 여기에 진심으로 동의합니다. 저는 그가 효능 개념을 활동성의 개념과 전적으로 분리하는 데 (저는 이것이 그의 한 가지 견해라고 봅니다) 동의할 수는 없습니다. 왜냐하면 활동성은 그것이 실재적 활동성인 한 유효하기 때문입니다. 그러나 저는 로이스가 효능과 활동성 모두의 내적 성질은 표면적인 문제들이라고 말하는 것을 이해합니다. 그리고 우리가 그것들을 해결하게 해주는 유일한 점은 그 문제들이 삶의 세계의 경로와 의미라는 더 심오한 문제를 해결할 때 우리에게 도움이 될 수 있다는 것이 되겠습니다. 우리의 동료는 삶이 의의로, 의미로, 성공과 실패로, 희망과 분투로, 열망으로, 욕망으로, 내부적 가치로 가득하다고 말합니다. 이것이 가치를 구현하는 총체적 현전입니다. 이 현전 속에서 우리 자신의 삶을 더

---

20. *Mind*, N. S., vol. 1897; pp. 392~393 참조.

잘 사는 것이, 우리가 사물들의 요소를 알고자 하는 참된 이유입니다. 그래서 우리 심리학자들조차 종국에는 이러한 실용적인 글을 남기게 됩니다.

이처럼 활동성이라는 긴급한 문제들은 더욱 구체적입니다. 그것은 모두 장기 활동성과 단기 활동성의 참된 관계에 관한 문제들입니다. 예컨대 (심리학에서 전통적으로 쓰이는 명칭으로) 다수의 "관념"이 더 넓은 의식의 장에서 합류할 때, 더 작은 활동성들은 그때 의식의 주체가 경험하는 더 넓은 활동성들과 여전히 공-존합니까? 또한 만일에 그러하다면 더 넓은 활동성들은 더 좁은 활동성들을 타성적으로 수반합니까, 아니면 통제를 행사합니까? 또는 더 넓은 활동성들이 더 좁은 활동성들을 완전히 대신하고 대체하여 그들의 효과들을 짧게 줄입니까? 또한, 어떤 심적 활동성-과정과 뇌세포의 활동성 계열이 둘 다 동일한 근육 운동에서 종결될 때, 심적 과정은 신경의 과정을 조종합니까, 그렇지 않습니까? 아니면 다른 한편으로 그것은 독립적으로 그들의 효과를 짧게 줄입니까? 우리는 그런 질문들에서 시작해야 합니다. 그러나 저는 그러한 질문들에 관해 명확한 답을 제시하기는커녕, 그것들을 명료하게 표현하는 것조차 거의 하지 못 했습니다. 그러나 그것들은 범심론적이고 존재론적인 사변의 영역으로 이어집니다. 이에 관해서는 베르그손 교수와 스트롱 교수의 문헌들이 최근에 매우 탁월하고 흥미로운 방식으로 확장해 갔습니다.[21] 이 저자들이 내놓은 결과들은 여러 점에서 다르고, 저는 그들을 아직 불완전하게만 이해하고 있습니다. 그러나 저는 그들의 저작의 방향이 매우 유망하며, 그들이 풍성한 결실을 약속하는 길을 발견하는 사냥꾼의 본능을 가지고 있다는 생각을 금할 길이 없습니다.

---

21. [편집자] *A Pluralistic Universe*, Lect. VI (on Bergson); H. Bergson, *Creative Evolution*, trans. by A. Mitchell [앙리 베르그손, 『창조적 진화』, 황수영 옮김, 아카넷, 2005]; C. A. Strong, *Why the Mind has a Body*, ch. XII. 참조.

7장

인본주의의 본질[*]

인본주의는 "계속된" 소요이다.[1] 그것은 단일한 가설이나 정리가 아니며, 어떤 새로운 사실을 곱씹지 않는다. 그것은 차라리 철학적 관점에서 느린 이동이며, 사물들을 새로운 관심의 중심 또는 시점에서 보듯 나타나게 만든다. 어떤 저자들은 그 이동을 강하게 의식하고, 또 어떤 저자들은 그들 자신의 시각이 많은 변화를 거쳤을 수 있음에도 불구하고 그에 대해 반쯤 무의식적이다. 그 결과는 논쟁에서의 작은 혼란이 아니다. 반쯤-의식적인 인본주의자들은 종종 마치 그들이 반대편에 의지하기를 원하는 것처럼 근본적 인본주의자들에 반대되는 입장을 취한다.[2]

인본주의가 정말로 그러한 시점의 이동을 가리키는 명

---

* [편집자] *The Journal of Philosophy, Psychology and Scientific Methods*, vol. II. No. 5, March 2, 1905에 먼저 실렸던 글의 재록이다. 약간 변화된 형태로 *The Meaning of Truth*, pp. 121~185에도 재수록되었다. 이 책의 판본에는 저자의 수정 사항이 반영되어 있다.

1. [편집자] *Mind*, N. S., vol. XIV, No. 53, January, 1905에 실린 다음 세 편의 글에 관해 쓰인 표현이다. " 'Absolute' and 'Relative' Truth," H. H. Joachim; "Professor James on 'Humanism and Truth,' " H. W. B. Joseph; "Applied Axioms," A. Sidgwick. 이 가운데 두 번째와 세 번째 것은 '인본주의(또는 실용주의)의 논쟁을 지속하고', 첫 번째 글은 '그 논쟁에 깊이 연관된' 것이다.

2. 예컨대 볼드윈 교수가 그렇다. (*The Psychological Review*, [vol. v], 1808에 먼저 실렸고, 그의 저서 *Development and Evolution*에 다시 게재된) "On Selective Thinking"는 보기 드물게 잘 쓰인 실용주의 선언이라고 나는 생각한다. 그럼에도 "Limits of Pragmatism"(같은 책, [vol. XI], 1904)에서 그는 (훨씬 덜 명료하게) 공격에 가담한다.

칭이라면, 인본주의가 압도할 때 철학적 무대의 장면 전체가 어느 정도 변화할 것이다. 사물들의 강조, 그것들의 전경과 배경 분배, 그들의 크기와 가치가 그저 동일하게 유지되지 않을 것이다.[3] 그러한 전반적인 결과들이 인본주의에 연관된다면, 철학자들이 처음에는 그것을 규정하느라, 그러고는 발전시키고, 확인하고, 그 진전을 이끌어내느라 들일 수 있는 어떤 노력도 헛되지 않을 것이다.

인본주의는 현재 불완전하게 규정된 탓으로 심각한 어려움을 겪고 있다. 그 가장 체계적인 수호자들인 실러와 듀이는 단편적인 요목을 발표했을 뿐이다. 또한 여러 핵심적인 철학적 문제와 인본주의의 관련은 아직 추적되지 않았다. 다만 이교의 냄새를 미리 맡은 적대자들이 좋은 인본주의자라면 누구도 받아들일 필요를 느끼지 않는 학설

---

3. 윤리적 변화들은 내가 보기에 듀이 교수의 일련의 글들을 통해 훌륭하게 밝혀졌다. 그 글들은 단행본으로 출간된 이후에야 합당한 주목을 받게 되었다. 몇 가지만 들자면 다음과 같은 저술들이 그러하다. "The Significance of Emotions," *The Psychological Review*, vol. 11, [1895], p. 13; "The Reflex Arc Concept in Psychology," 같은 책, vol. III, [1896], p. 357; "Psychology and Social Practice," 같은 책, vol. VII, [1900], p. 105; "Interpretation of Savage Mind," 같은 책, vol. IX, [1902], p. 217; "Green's Theory of the Moral Motive," *Philosophical Review*, vol. I, [1892], p. 593; "Self-realization as the Moral Ideal," 같은 책, vol. II, [1893], p. 652; "The Psychology of Effort," 같은 책, vol. VI, [1897], p. 43; "The Evolutionary Method as Applied to Mortality," 같은 책, Vol. XI, [1902]. pp. 107, 353; "Evolution and Ethics," *Monist*, vol. VIII, [1898], p. 321.

들 — 예컨대 주관론과 회의론을 난타해왔을 뿐이다. 반대로 반인본주의자들은 한층 더 말을 아낌으로써 인본주의자들을 당혹하게 했다. 논란의 상당 부분은 "진리"라는 말에 관련되어 있다. 논쟁을 할 때는 언제나 상대방의 관점을 확실하게 아는 것이 좋다. 그러나 인본주의에 대한 비평가들은 언제나 그들 자신이 "진리"라는 말을 쓸 때 그 말이 의미하는 바를 결코 정확하게 규정하지 않는다. 인본주의자들은 그들의 관점을 추측해야 한다. 그리고 그 결과는 의심의 여지 없이 대개 헛수고인 것이다. 이 모든 것에 더하여, 양 진영의 거대한 개별적 차이들이 있으며, 현 상황에서 양편이 각자의 중심적 관점을 더욱 확실히 규정하는 것만큼 시급하게 요청되는 것은 없음이 분명해진다.

이러한 확실성을 마련하는 데 조금이라도 기여한 이는 누구라도 우리로 하여금 무엇이 무엇인지, 누가 누구인지 확인하도록 도와줄 것이다. 그러한 규정에는 누구라도 기여할 수 있으며, 그것이 없다면 아무도 자신이 어디에 서 있는지 정확히 알 수 없다. 내가 지금 여기서 인본주의에 관한 나 자신의 잠정적 정의를 제시하면[4], 다른 이들이 그것

---

4. [편집자] 저자는 "인본주의"라는 용어를 "근본적 경험론", 또는 근본적 경험론의 근간이 되는 생명에 대한 일반적 철학의 동의어로 사용하고 있다 (아래 I절 참조). "인본주의"에 대한 다른 논의로는 이 책 11장과 *The Meaning*

을 개선할 것이고, 일부 적대자들은 그 자신의 신념을 대조에 의해 더욱 확실히 규정하게 될 것이며,〔이를 통해〕일반적 견해의 결정화가 어느 정도 촉진될 수 있을 것이다.

I

상황을 고려해 보건대, 인본주의의 본질적 공헌은, 우리 경험의 한 부분은 저것이 고려될 수 있는 몇 가지 측면 중 어느 한 측면에서 저것을 현존재로 만들기 위해 다른 부분에 의존할 수 있지만, 그럼에도 전체로서의 경험은 자족적이고 어떤 것에도 의지하지 않는다는 것을 알게 된 것이다.

이 공식은 초월론적 관념론의 중심 주장을 표현하고 있기도 하므로, 이를 모호하지 않게 만들려면 많은 설명이 필요하다. 일견 그것은 유신론과 범신론을 부정하는 데 한정된 것으로 보인다. 그러나 실제로 그것은 둘 중 어느 것도 부정할 필요가 없다. 모든 것은 주해에 따라 좌우될 것이고, 공식이 공인되는 일이 있다면 그것은 확실히 우익과 좌익의 해석자들을 모두 양산해내게 될 것이다. 나 자신은 인본주의를 유신론적이고 다원론적으로 읽는다. 신이 존재한다면, 그는 절대적인, 만물의-경험자가 아니라 단지 가

of Truth, essay III 참조.

장 폭넓은 현실적 의식을 가진 경험자일 것이다. 그렇게 볼 때 인본주의는 논리적으로 옹호할 수 있는 종교라고 나는 생각한다. 얼마나 많은 이들에게 그것이 오직 일신론적으로 번역되었을 때에만 종교적 호소력을 가질 수 있는지는 나도 잘 인지하고 있는 바이지만 말이다. 내가 보기에, 인본주의의 다원론적 형태는 윤리적으로 내가 아는 다른 어떤 철학보다 더 강력하게 현실에 결부되어 있다 — 그것은 본질적으로 **사회적인** 철학, 거기서 연접이 작동하는 '**공동**'co의 철학이다. 그러나 내가 인본주의를 옹호하는 일차적인 이유는 그것의 비할 데 없는 지적 경제성에 있다. 그것은 일원론이 발생시키는 변치 않는 "문제들"("악의 문제", "자유의 문제" 등)뿐 아니라, 다른 형이상학적 신비와 역설들도 제거해 버린다.

예컨대 인본주의는 초경험적 실재에 대한 가정을 품는 것을 일절 거부함으로써 불가지론의 논쟁 전반을 제거한다. 그것은 경험 내에서 발견된 연접적 관계들이 완전무결하게 실재적이라고 주장함으로써 (지적 목적에 쓸모없는 것이 명백한) 브래들리류의 절대자에 대한 필요를 제거한다. 그것은 지식의 문제를 실용적으로 다룸으로써 〔나는 이러한 취급에 대해 이미 두 편의 매우 부족한 글들에서 한 가지 견해를 제시한 바 있다 — 저자〕5 (유사하게 쓸모없는) 로이스

류 절대자의 필요성을 제거한다. 지식에 대한 관점으로서 인본주의에 돌려진 실재성과 진리는 지금까지 가장 격렬하게 공격의 대상이 되었던 것들이며, 이러한 생각을 고려할 때 초점을 확실하게 맞출 필요성이 몹시 긴급하게 요구된다. 그러므로 나는 이런 관점에서 내가 인본주의에 부여한 관점들에 초점을 맞추어 가능한 한 간결하게 이야기를 이어나가고자 한다.

II

앞에서 강조체로 제시한 중심적인 논지를 받아들일 때, 앎이라는 것이 존재한다면 인식주체와 인식 대상 모두가 경험의 부분이어야 한다는 이야기로 이어진다. 그러므로 경험의 한 부분은

(1) 경험의 다른 부분에 관해 알거나 ─ 바꿔 말하면 우드브리지 교수가 말하듯[6] 부분들이 "의식" 외부의 실재를 표상하는 대신 서로를 표상하거나, 그렇지 않으면

(2) 경험의 부분들은 일차적인 단계에서 단순히 아주 많은 궁극적인 저것들로서, 또는 존재의 사실들로서 존재

---

5. [편집자] 여기에 언급된 글들은 이 책의 앞 장들인 「"의식"은 존재하는가?」와 「순수경험의 세계」이다.

6. *Science*, November 4, 1904, p. 599에서.

해야 한다. 그러고는 이차적인 복잡화로서, 또한 실체적 단일성을 이중화하지 않으면서 경험 안의 동일한 저것은, 경험의 일반적 경로에서 그것이 엮여 들어가는 분기하는 두 종류의 맥락에 따라 인식된 것과 그것에 관한 지식으로 번갈아 가며 나타나야 한다.[7]

이 두 번째 경우는 감각-지각의 경우이다. 상식을 넘어서는 사고의 단계가 있으며, 나는 지금 그것에 관해 더 이야기할 것이다. 그러나 상식 단계는 완벽하게 규정된 사고의 정류장이며, 일차적으로 행동을 목적으로 한다. 또한 우리가 사고의 상식 단계에 머무르는 한, 대상과 주체는 "현전" 또는 감각-지각의 사실에 **융합한다** ─ 예를 들어 내가 지금 글씨를 쓰면서 **보고 있는** 펜과 손은 그 말들이 가리키는 물리적 실재이다. 이 경우 앎은 아무런 자기초월성도 함의하지 않는다. 여기서 인본주의는 그저 더욱 세분화된 동일철학일 뿐이다.[8]

반면에 (1)의 경우, 표상적 경험은 그것의 대상인 다른 경험을 인식하면서 실로 자신을 초월한다. 전자가 후자를

---

7. 이 진술은 아마도 내가 쓴 두 편의 글, 「"의식"은 존재하는가?」와 「순수경험의 세계」를 읽지 않은 독자에게는 지나치게 모호한 것으로 여겨질 것이다.
8. [편집자] 이 책 4장 「두 마음은 어떻게 하나의 사물을 알 수 있는가」, IV절 참조.

안다고 말할 수 있으려면, 이들이 수적으로 구별되는 존재들이고, 분명히 명명될 수 있는 그들 중 후자는 전자 너머에, 그리고 전자에서 떨어져 일정한 방향을 따라 얼마간 간격을 두고 있다는 것을 알아야 한다. 그러나 화자가 인본주의자라면 그는 또한 이 거리-간격을 구체적이고 실용적으로 보아야 하며, 그것이 다른 간섭하는 경험들로 — 모든 사건들에서 현실적인 것은 아니라 해도 가능한 경험들로 이루어져 있음을 고백해야 한다. 예를 들어서, 내 개에 관한 나의 현재 관념을 들어보자. 실재 개에 대한 인지란, 현실적인 경험의 조직이 구성됨에 따라 그 관념이 내 편의 다른 경험들의 연쇄로 이어질 수 있음을 뜻하며, 그것은 다음으로 또 그다음으로 가서 마침내 뛰고 짖는 털투성이 신체에 대한 생생한 감각-지각들로 종결된다. 그것들은 현실의 개이고, 내 상식으로는 개의 완전한 현전이다. 가정된 화자가 심오한 철학자라면, 그에게 그것들은 현실의 개일 수 없겠지만, 그것들은 현실적 개를 뜻하고, 표상이 그것들의 실천적 대체물이듯 현실의 개의 실천적 대체물이며, 그럴 때 그 현실적 개는 감각-지각이 나 자신의 경험은 물론 그의 경험에서 감각-지각이 자리한 어딘가에 자리하는 많은 원자, 또는 많은 마음-재료mind-stuff이다.

III

여기서 철학자는 상식의 단계 너머로 가는 사고의 단계를 대표한다. 그리고 그 차이란 단지 그는 "내삽하고" "외삽하는" 반면 상식은 그렇게 하지 않는다는 데 있다. 상식의 편에서 보자면 두 사람은 동일한 실재 개를 본다. 철학은 그들의 지각에서 현실적 차이들에 주목하고, 이들 지각의 이원성을 지적하며, 그들 사이의 무엇인가를 더욱 실재적인 종점으로 − 우선 기관, 내장 등, 다음으로는 세포, 그러고는 최종적 원자들, 끝으로 아마도 마음-재료로 내삽한다. 두 사람의 원래의 감각−종점sense-termini은 애초에 상정된 것처럼 서로 합쳐지거나 현실의 개-대상과 합쳐지지 않는다. 그 대신 철학자들은 이들의 감각−종점이 비가시적 실재들에 의해 분리된 것으로 여기며, 기껏해야 공통경계를 가진다고/인접해 있다고 본다.

이때 지각하는 둘 중 한 명을 없애면, 내삽은 "외삽"으로 변화한다. 철학자에게는 남아있는 지각자의 감각−종점은 실재에 좀 미치지 못하는 것으로 여겨진다. 그가 그저 경험의 행렬을, 너머에 존재하는 절대적 진리를 향한 도정 어딘가에 있는 실천적이기 때문에 명확한 휴게소로 가져갔을 뿐이라고 철학자는 생각한다.

그러나 인본주의자는 늘, 더 절대적이라고 추측되거나

믿기는 그러한 실재에 관해서조차 어떤 절대적 초월성은 없다는 것을 안다. 내장과 세포는 외부 신체의 지각표상을 따르는 가능한 지각표상일 뿐이다. 원자 또한, 비록 우리가 결코 그것을 지각할 수 있는 인간적 수단을 획득할 수는 없겠지만, 여전히 지각적으로 규정된다. 마음-재료 자체는 일종의 경험으로 여겨진다. 그리고 한 조각의 마음-재료를 인식하는 두 인식자와 그 마음-재료 자체가, 우리의 불완전한 앎이 완성된 유형의 앎에 이를 수 있을지 모르는 순간에 "합류하게" 된다는 가정을 세울 수 있다. 그럼에도 당신과 나는 우리 둘의 지각과 현실의 개가 다만 일시적으로, 또한 사고의 상식 단계에서 합류하는 것으로 습관적으로 표상하는 것이다. 나의 펜이 내적으로 마음-재료로 만들어져 있다면, 이제 그 마음-재료와 펜에 대한 나의 시지각 사이에 합류는 없다. 그러나 생각건대 그러한 합류가 도래할 수 있을 것이다. 왜냐하면 내 손의 경우, 요컨대 손의 시각적 감각과 내적 느낌, 즉 그것의 마음-재료가 여느 두 개의 사물이라도 그러할 수 있는 것처럼 지금도 합류할 수 있기 때문이다.

그러므로 인본주의적 인식론에 구멍은 없다. 지식이 관념적으로 완벽하게 받아들여지든, 아니면 실천의 요건을 통과할 만큼만 참된 것이든, 그것은 하나의 연속적 구도에 달려 있는 것이다. 실재는 아무리 멀리 있다고 해도 언제나 경험의 일반적 가능성들 내에서 하나의 종점으로 규정된다. 또한 그것을 인식하는 것은 저것을 "표상하는" 경험으로 규정되는데, 이는 그것이 동일한 연합으로 이어지기 때문에 우리의 사고 속에서 저것을 대체할 수 있다는 의미에서, 또는 개입하거나 개입할 수 있는 다른 경험들의 연쇄를 통해 "그것을 가리킬 수 있다"는 의미에서 그러하다.

여기서 절대적 실재성과 감각의 관계는 감각과 개념 또는 상상력의 관계와 동일하다. 둘 다 일시적이거나 최종적인 종점이며, 감각은 실천적 인간이 습관적으로 멈추는 종점일 뿐인 데 반해 철학자는 더욱 절대적인 실재의 형태로 어떤 "너머"를 투사한다. 이 종점들은 사고의 실천적 단계와 철학적 단계에서 각각 자립적이다. 그것들은 다른 어떤 것에서 "참"이 아니며, 그들은 단순히 존재하고, 실재적이다. 그것은 내가 강조체로 쓴 공식이 말하듯 "아무것에도 의지하지 않는다". 차라리 경험의 전체 조직이 그것들에 기대는데, 이는 마치 많은 상대적 위치들을 포함하는 태양계의 전체 조직이, 공간에서 그것의 절대적 위치를 위해 그것을 구성하는 별들 중 어느 하나에 의존하는 것과 같다. 여기서 다시 우리는 다원주의적 형태의 새로운 **동일철학**을 얻게 된다.[9]

IV

내가 이것을 조금이라도 명료하게 밝힐 수 있었다면 (짧고 추상적인 탓에 그렇게 하지 못한 것은 아닐까 걱정스럽긴 하지만) 독자들은 우리의 심적 작동의 "진리"가 언제나 경험 내의 사건이어야 한다는 것을 알았을 것이다. 어떤 개념이 감각에 도달될 수 있다면 그것은 상식에 의해 참으로 여겨진다. 상식의 기준에서 "참되다"기보다 "실재적인" 감각은, 그것이 더욱 절대적으로 실재적인 경험을 **포괄하는** (그와 인접한, 또는 그를 대신하는) 한, 철학자에 의해서 **잠정적** 진리로 받아들여진다. 그 철학자는 더 멀리 있는 어떤 경험자에게서 그것이 가능하다고 믿을 근거를 발견한다.

반면에 철학자가 됐든, 일반인이 됐든 사유하는 어떤 개인에게 **과연** 실제로 진리라고 여겨지는 것은 언제나 그의 **통각**apperceptions의 결과이다. 개념적이거나 감각적인 새로운 어떤 경험이 우리가 가진 기존의 신념 체계에 너무 격렬히 모순된다면, 그것은 99% 거짓으로 취급당할 것이다. 옛 경험과 새로운 경험이 서로 통각하고 서로를 수정할 만큼 일치하는 경우에만 우리가 진리에서의 진전으로 다루는 것

9. [편집자] 이 책 4장 「두 마음은 어떻게 하나의 사물을 알 수 있는가」, IV절 참조.

이 초래된다. 〔조셉 씨가 『마인드』 1월호에 실은 나의 인본주의에 대한 비평에 대한 응답으로 쓴 글에서 나는 이 점을 논한 바있으므로 여기서는 진리에 대해 더 이야기하지는 않겠지만 독자들이 그 리뷰를 참조하기를 권한다. ─ 저자10〕 그러나 어떤 경우에도 진리는, 우리의 경험과 원형적이거나 초경험적인 어떤 것의 관계로 이루어질 필요는 없다. 우리가 절대적 말단의 경험, 우리 모두가 그에 대해 동의하고 어떤 개정된 연속으로도 대신하지 않는 경험에 도달하는 일이 있다면, 이런 것들은 참이 아닐 것이고, 그것은 **실재적**일 것이며, 단순히 **존재할** 것이고, 과연 모든 실재의 고정핀, 모서리, 구석으로서 다른 모든 것의 진리가 거기에 머무를 것이다. 만족스러운 연접에 의해 이러한 것들에 이르게 된 다른 것들만이 "참"일 것이다. 그러한 종점들과의 모종의 만족스러운 접속이야말로 "진리"라는 말이 뜻하는 전부이다. 사고의 상식단계에서 감각-표상은 그러한 종점으로 기능한다. 우리의 관념과 개념, 과학적 이론은 그것들이 감각의 세계로 조화롭게 되돌아가는 한에서만 참으로 통한다.

나는 많은 인본주의자들이 나의 이런 시도를 지지하고, 사물을 바라보는 그 방식의 더욱 핵심적인 특징들을 추적

---

10. 〔편집자〕 여기서 말하는 리뷰는 이 책의 246쪽에 「거듭하여, 인본주의와 진리」라는 제목으로 실렸다.

하기를 희망한다. 나는 듀이 씨와 실러 씨가 그렇게 하리라
고 거의 확신한다. 공격자들이 그것을 조금이나마 고려한
다면, 토론이 지금보다는 덜 빗나갈 것이다.

8장

의식의 개념[*]

저는 심리학에 관한 우리의 모든 논문에 일반적으로 쓰이는 의식이라는 개념에 대해 내 안에서 생겨난 어떤 의혹에 관해 여러분과 소통하고자 합니다.

심리학은 통상 의식이라는 사실에 관한 과학, 또는 의식이라는 **현상**에 관한 과학, 혹은 의식이라는 **상태**에 관한 과학으로 규정됩니다. 그것이 인칭적 자아와 연합된 것으로 인정되든, 아니면 칸트의 "선험적 자아", 또는 우리의 동시대 독일인들이 말하는 의식성이나 의식 일반처럼 비인칭적인 것으로 여겨지든, 이 의식의 고유한 본질은 언제나 물질적 사물들의 본질과 절대적으로 구별되는 것으로 간주됩니다. 의식은 신비로운 소질을 가지고 물질적 사물들의 본질을 표상하고 인식합니다. 그 물질성에서 취해지는 물질적 사실들은 **느껴지지** 않고, **경험의 대상**이 아니며, **관계를 맺지** 않습니다. 우리가 스스로 그 안에서 살고 있다고 느끼는 체계의 형태를 취하기 위해서, 그것들은 **나타나야** 합니다. 그들의 있는 그대로의 존재에 추가된 이러한 나타남

---

* 〔1905년 4월 30일, 로마에서 열린 제5회 국제 심리학회에서 (불어로) 발표된 내용이다. *Archives de Psychologie*, vol. V, No. 17, June, 1905에 먼저 게재되었다.〕 이 발표문은 *The Journal of Philosophy, Psychology and Scientific Methods*, 1904와 1905에 실린 일련의 논문들 가운데 저자가 마지막 몇 달 분에서 제시한 관점들을 다루고 있으며, 불가피하게 매우 압축된 개요이다. 〔언급된 일련의 글들은 위의 책에 다시 게재되었다.〕

이라는 사실은 우리가 그들에 대해 가지고 있는 의식으로, 또는 어쩌면 범심론적 가설에 따라 그들이 그들 자신에 대해 가지고 있는 의식으로 불립니다.

이것이 우리의 세계관에서 몰아낼 수 없는 것으로 보이는 고질적인 이원론입니다. 이 세계는 그 자체로 매우 잘 존재할 수 있을지 모르지만, 우리는 이것에 관해 아무것도 알지 못합니다. 왜냐하면 우리에게 그것은 오로지 경험의 대상이기 때문입니다. 또 이렇게 되는 데 불가결한 조건은 그것이 목격자들에게 관련되는 것, 그것이 어떤 주체 또는 주체들에게 그들의 정신을 통해 인식되는 것입니다. 대상과 주체, 이 둘은 한 쌍의 다리와 같아서, 그것이 없다면 철학은 한 걸음도 내디딜 수 없을 듯합니다.

모든 학파는, 스콜라주의든, 데카르트주의든, 칸트주의 또는 신칸트주의든 이 점에 관해 같은 의견입니다. 그들 모두는 이러한 기본적 이원론을 인정합니다. 자연과학에 속한다는 점을 자부하는 오늘날의 실증주의 또는 불가지론은 일원론이라는 명칭을 즐겨 채택하는 것이 사실입니다. 그러나 그것은 그저 언어적 일원론일 뿐입니다. 그것은 미지의 실재를 상정하지만, 그것은 이 실재가 언제나 한편에는 의식, 다른 한편에는 물질이라는 두 "측면"으로 모습을 드러내고, 그 두 측면은 다만 스피노자의 '신'이 갖는 기본

속성인 연장과 사고와 마찬가지로 환원 불가능하다고 말합니다. 근본적으로 현재의 일원론은 순수한 스피노자주의입니다.

그런데 우리 모두가 그 존재를 그토록 인정하고 싶어 하는 이 의식을 어떻게 상상할까요? 그것을 규정하는 것은 불가능하다는 말을 듣게 됩니다만, 우리 모두는 그에 대한 직접적 직관을 가지고 있습니다. 우선 의식은 자신을 의식합니다. 남자든 여자든, 심리학자든 비전문가든 처음 마주치는 사람 아무에게나 물어보십시오. 그러면 그 사람은 자신이 생각하고, 즐기고, 고통받고, 욕망하는 것을, 스스로 숨 쉬는 것을 느끼는 것과 꼭 마찬가지로 **스스로 느낀다**고 답할 것입니다. 그는 자신의 정신적 삶을, 활동적이고, 가볍고, 유동적이고, 섬세하고, 말하자면 투명한 일종의 내적 흐름으로, 그리고 물질적인 어떤 것에 대해서도 그 정반대되는 것으로 직접적으로 지각합니다. 요컨대 주관적 삶이란, 나타나는 어떤 객관적 세계의 존재를 위해 논리적으로 불가결한 조건일 뿐 아니라, 우리가 우리 자신의 신체를 감각하는 것과 동일한 방식으로 직접적으로 감각하는 경험 자체의 요소이기도 합니다.

관념과 사물, 우리가 어떻게 그들의 이원론을 인식하지 못할 수 있습니까? 느낌과 대상, 어떻게 그들의 절대적 이질성을 의심할 수 있습니까?

이른바 과학적 심리학은, 과거의 유심론적 심리학과 마찬가지로 이러한 이질성을 인정합니다. 어떻게 인정하지 않을 수 있겠습니까? 모든 과학은 사실의 직물에서 자신이 속해 있는, 그리고 그 내용을 기술하고 연구하는 범위를 임의로 잘라냅니다. 심리학은 바로 의식에 관한 사실의 범위를 자신의 영역으로 생각합니다. 심리학은 그러한 사실을 비판하지 않은 채 상정하며, 그것들을 물질적 사실과 대비시킵니다. 또한 후자의 개념에 대해서도 비판하지 않은 채로, 인지 또는 통각이라는 신비로운 연결고리를 통해 그것들을 의식과 접속시킵니다. 심리학은 그것들을 세 번째 종류의 기본적이고 궁극적인 사실로 봅니다. 이러한 경로를 따라감으로써 현재의 심리학은 커다란 승리를 거두었습니다. 그것은 의식의 삶이 그것을 둘러싼 심리적 환경에 점점 더 완벽하게 자신을 적응시켜나가는 것으로 생각하면서 그 진화를 그려낼 수 있었습니다. 현재의 심리학은 이원론 내에서 뇌의 사건과 심리적 활동의 평행론을 수립할 수 있었습니다. 그것은 환영, 환각, 그리고 어느 정도까지는 정신질환을 설명했습니다. 이것은 멋진 진보입니다만, 많은 문제들이 여전히 남아 있습니다. 무엇보다 모든 가정을 흠잡는 것이 의무인 일반철학은 과학이 무시하고 지나간 곳에서 역설과 장애를 발견합니다. 그리고 의아해하지 않는 것은 대중적 과학의 호사가들뿐입니다. 깊이 파고들어 갈수록, 더 많은 수수께끼들이 발견됩니다. 그리고 개인적으로 심리학을 진지하게 공부한 이래로 저는 물질과 사고의 저 오래된 이원론, 절대적인 것으로 상정된 두 본질의 저 이질성 때문에 늘 어려움을 겪었다는 점을 인정합니다. 저는 이제 그 어려움들 중 일부에 대해 여러분에게 이야기하고자 합니다.

우선 여러분 모두가 충격받게 될 것이 분명한 어려움이 있습니다. 외부 지각, 예컨대 우리가 이 강의실 벽에서 받아들이게 되는 직접 감각을 들어봅시다. 이 경우 우리는 심리적인 것과 물리적인 것이 절대적으로 이질적이라고 말할 수 있습니까? 반대로 그것들은 이질적인 것과는 너무 거리가 멀어서 우리가 상식적 관점을 취한다면, 우리가 분자라든가 에테르 파동과 같은 설명을 위한 고안, 기본적으로 형이상학적인 개체들을 전부 무시한다면 ― 한마디로 우리가 갑작스럽게 주어진 그대로 순수하게 실재를 받아들인다면, 우리의 핵심적 관심사가 달려있고 우리의 모든 행동이 관계된 그 감각-가능한 실재와 우리가 그것에 대해 갖게 되는 감각은 그 감각이 산출되는 순간에 절대적으로 서로 동일합니다. 실재는 통각 그 자체입니다. "이 방의 벽"이라는 말은 그저 우리를 둘러싼 이 생생하고 공명하는, 간 간이 창문이 나 있고 이 선들과 모서리들로 경계 지어진 흼 blancheur을 의미할 뿐입니다. 이 경우 물리적인 것은 심리적인 것 외에 다른 어떤 내용도 가지고 있지 않습니다. 주체와 대상은 뒤섞입니다.

버클리는 최초로 이러한 진리에 권위를 부여했습니다. 존재한다는 것은 지각된다는 것이다Esse est percipi. 우리의 감각은 사물의 작은 내적 사본이 아니라, 사물이 우리 앞에 현전하는 한 사물 자체입니다. 그리고 우리가 사물의 부재하는, 숨겨진, 그리고 이른바 사적인 삶에 관해 무엇을 생각하고 싶더라도, 그리고 그러한 것에 대한 우리의 가설적 구축이 어떤 것이든, 다음과 같은 점은 여전히 참입니다. 즉 사물의 공적 삶, 그로 인해 그것이 우리와 대면하게 되는 현전하는 현실성에서 우리의 모든 이론적 구축이 도출되고, 사물은 모두 그리로 되돌아가며, 또한 공중에서 비실재적인 것 속에 부유하지 않기 위해 스스로 거기에 재접속합니다. 저는 그러한 현실성이 동질적이라고 주장합니다. 그것은 우리의 내적 삶의 특정한 부분과 동질적이기만 한 것이 아니라, 수적으로도 하나입니다.

외부 지각에 대한 이야기는 이상과 같습니다. 우리가 상상력, 기억, 또는 추상적 표상의 능력들에 의지할 때, 비록 여기서 사실들은 훨씬 더 복잡하겠으나 동일한 본질적 동질성이 감지될 수 있다고 생각합니다. 문제를 단순화하기 위해서 우선 감각 가능한 모든 실재를 배제해 봅시다. 꿈이나 백일몽, 또는 과거에 관한 기억에서 행해지는 순수한 사고를 생각해 봅시다. 여기서도 경험의 재료는 중복되지 않습니까? 물리적인 것과 심리적인 것이 뒤섞이지 않습니까? 제가 황금의 산을 꿈꾼다면, 그것은 의심의 여지 없이 나의 꿈 외부에는 존재하지 않지만, 나의 꿈속에서 그것의 성질이나 본질은 완벽하게 물리적이며, 그것은 물리적인 어떤 것으로서 내게 나타납니다. 이 순간에 제가 미국의 저의 집이나 최근에 했던 이탈리아 여행의 세부적인 기억들을 회상한다면 순수한 현상, 산출된 사실은 무엇입니까? 그것은 내용을 수반하는 저의 사고라고 사람들은 말합니다. 하지만 그렇다면 그 내용이란 무엇입니까? 그것은 실재 세계의 일부라는 형태를 띠고, 실제로 6천 킬로미터의 공간과 6주라는 시간을 두고 떨어져 있는 일부이지만, 한편으로는 그 방과 동질적인 사물들, 대상들, 사건들의 무리와, 또 다른 한편으로는 제 회상의 대상과 연결된 일부입니다.

이러한 내용은 처음에 매우 작은 내적 사실로 나타난 것을 제가 사후에 먼 곳으로 투사하는 것이 아니라, 단번에 원거리의 사실 자체로 나타납니다. 또한 이러한 내용을 사고하는 행동, 제가 그에 관해 가지고 있는 의식은 무엇일까요? 근본적으로 그것들은 내용 자체를 명명하는 회고적 방식들, 그것을 저 모든 물리적 매개에서 떼 낸 후 그것을 저의 심적 삶을 만드는 새로운 연합 묶음에 관련시키는 것에 지나지 않지 않습니까? 이때의 새로운 연합 묶음이란 예를 들면 내 안에서 일어난 정서, 제가 거기에 기울이고 있는 주의, 그것을 회상으로서 불러일으키는 직전의 제 관념들이고 말입니다. 현상은 오직 저 후자의 연합에 관련됨으로써만 사고로 분류될 수 있습니다. 그것이 전자의 연합에만 관련되어 있는 한, 그것은 객관적 현상에 머무릅니다.

우리가 습관적으로 우리의 내적 이미지와 대상을 대비시키고, 전자를 작은 복제로, 후자의 희미한 모방이나 사본으로 여기는 것은 사실입니다. 이것은 현재의 대상이 그 이미지들보다 우월한 생생함과 명료성을 갖기 때문입니다. 그렇듯 전자는 후자와 대비되며, 텐의 탁월한 표현을 빌자면 그것으로의 환원제réducteur 역할을 합니다. 둘이 함께 현전할 때 대상은 전면을 차지하고 이미지는 "뒤로 물러나" "부재하는" 것이 됩니다. 그러나 이 현전하는 대상은 그 자체로 무엇입니까? 그것은 어떤 재료로 만들어져 있습니까? 이미지와 동일한 재료입니다. 그것은 감각으로 만들어져 있습니다. 그것은 지각된 사물인 것입니다. 그것의 존재는 지각된 것이고, 그것과 이미지는 속^屬에 관하여 등질적입니다.

제가 좀 전에 외투 보관소에 두고 온 저의 모자에 관해 지금 생각한다면, 생각된 모자와 실재의 모자 사이 어디에 이원론 또는 불연속성이 있습니까? 저의 정신은 실재적인 **부재하는 모자**가 차지하고 있습니다. 저는 그것을 사실상 하나의 실재와 같이 고려합니다. 그것이 이 테이블 위에 있다면, 그 모자는 제 손의 운동을 결정하겠지요. 저는 그것을 들어 올릴 것입니다. 마찬가지로 생각 속의 이 모자, 관념의 이 모자는 머지않아 제가 걸어갈 방향을 결정할 것입니다. 저는 그것을 가지러 갈 테니까요. 제가 그것에 관해 가지고 있는 관념은, 그것이 모자의 감각 가능한 현전에 도달하기까지 지속될 것이고, 후자와 조화롭게 섞여들 것입니다.

그러므로 저는 이미지가 대상과 구별되고 그 자리를 차지하며 우리를 그것에게로 데려가는 한, ─ 사실상 이원론이 존재함에도 불구하고 ─ 이 둘에 본성상의 근본적 차이를 부여할 이유는 없다는 결론을 내리겠습니다. 사고와 현실성은 동일한 재료로 만들어져 있으며, 그것은 경험 일반이라는 재료입니다.

외부 지각의 심리학은 우리를 같은 결론으로 데려갑니다. 제가 제 앞에 놓인 대상을 특정한 형태를 갖고 특정한 거리에 있는 테이블로 지각할 때, 사람들은 제게 이러한 사실이 두 개의 요인에 의거하는 것이라고 설명합니다. 하나는 지각될 수 있는 물질로서, 제 눈을 거쳐 저를 관통하는 것으로서 실재적 외부성의 요소를 제공하고, 다른 하나는 발생된 관념으로서 그러한 실재성을 대면하고, 그것을 분류하고, 그것을 해석한다는 것입니다. 그러나 구체적으로 지각된 테이블에서 어느 부분이 감각이고 어느 부분이 관념인지 누가 말할 수 있습니까? 외적인 것과 내적인 것, 넓이를 갖는 것과 넓이를 갖지 않는 것이 분해할 수 없는 조합으로 섞여듭니다. 저는 거기서 저 원형 파노라마를 떠올립니다. 거기서 전경에 놓인 바위나 풀, 부서진 화차 등의 실제 사물은, 전장이나 거대한 풍경을 묘사하여 배경을 구성하는 캔버스와 너무나 교묘하게 결합되어서 우리는 더이상 그려진 대상들과 입체적인 대상들을 식별할 수 없습니다. 이음새와 결합부는 지각되지 않습니다.

대상과 관념이 본성상 절대적으로 서로 다르다면 그런 것이 일어날 수 있을까요?

저는 제가 방금 이야기한 고려들이 이미 여러분 안에서도 이른바 이원성이라는 주제에 대한 의혹을 일깨웠으리라고 확신합니다.

그리고 의심할 만한 또 다른 이유들이 떠오릅니다. 절대적인 방식으로 객관적이지도 주관적이지도 않지만, 우리가 마치 그들의 모호성을 즐기는 듯 어느 때는 이런 식으로 또 다른 때는 저런 식으로 사용하는 형용사와 한정사의 전체 영역이 있습니다. 저는 우리가 사물에서 그것의 미적 측면과 도덕적 측면, 우리에게 그것이 갖는 가치에 대해, 말하자면 우리가 그것에서 **평가하는** 특질들에 대해 이야기하고 있습니다. 예컨대 아름다움은 어디에 깃듭니까? 조각상에? 소나타에? 아니면 우리의 정신에? 하버드의 제 동료인 조지 산타야나는 그가 쓴 미학에 관한 책에서[1] 아름다움을 "객관화된 쾌락"이라고 부릅니다. 그리고 실제로 우리가 외부로의 투사에 관해 이야기할 수 있는 것은 확실히 이러한 경우입니다. 우리는 "쾌적한 온기"나 "온기의 쾌적한 느낌"을 구별 없이 말합니다. 다이아몬드의 희귀성과 값짐은 우리에게 그것의 핵심적인 특질들로 보입니다. 우리는 무시무시한 폭풍우, 혐오스러운 사람, 비열한 행동에 관해 말하면서, 그러한 용어들이 단순히 우리 자신의 정서적 감성과의 관계를 표현할 뿐인데도 우리가 객관적으로 말하고 있다고 생각합니다. 우리는 심지어 "고된 길", "음울한 하늘", "최고

---

1. *The Sense of Beauty*, pp. 44ff.

의 석양"이라고 말합니다. 사물을 바라보는 이 애니미즘적 방식 전체는, 인류의 원시적 사고방식이었을 듯하며, 우리가 대상의 현전 속에 느끼는 **모든** 것을 그 대상에 속하는 것으로 보는 우리의 습관을 언급함으로써 매우 잘 설명할 수 있습니다 (그리고 산타야나 씨는 최근의 또 다른 책에서[2] 이런 방식으로 그것을 잘 설명했습니다). 주관과 객관의 구분은 매우 진전된 성찰의 결과이지만, 우리는 그것을 여전히 많은 경우에 미루고자 합니다. 실천적 필요성에 의해 우리가 그로부터 강제적으로 끌려 나오지 않는 한, 우리는 분명 모호함 속에 **빠져** 있기를 좋아하는 것 같습니다.

열, 소리, 빛 등 이차적 특질 자체는 오늘날에도 다만 흐릿한 속성일 뿐입니다. 상식에 비추어, 실천적 삶의 관점에서 그것은 절대적으로 객관적이고 물리적입니다. 물리학자에게 그것은 주관적입니다. 그에게는 형태, 질량, 운동만이 외적 실재성을 가집니다. 반면 관념주의 철학자에게 형태와 운동은 빛과 열기만큼이나 주관적이며, 오직 미지의 물자체, "본체"noumène만이 정신 외부의 완전한 실재성을 향유합니다.

우리의 내밀한 감각은 여전히 그 모호성을 유지합니다.

---

2. *The Life of Reason* 〔vol. I, "Reason in Common Sense," p. 142〕.

운동에 관한 우리의 최초의 감각이 일반화되었음을 입증하는 운동의 환영들이 있습니다. 우리와 더불어 움직이는 것은 전체 세계입니다. 이제 우리는 우리 자신의 운동과 우리를 둘러싼 대상들의 운동을 구별합니다. 그리고 그 대상들 사이에서 우리는 멈추어 있는 어떤 것을 골라냅니다. 그러나 현기증의 상태가 있으며, 거기서 우리는 오늘날에조차 최초의 미분화未分化로 다시 빠져들게 됩니다.

여러분은 모두 정서를 내장과 근육 감각의 총체로 만들려는 이론을 분명 알고 있을 것입니다. 그것은 많은 논란을 낳았고, 지금까지는 어떤 의견도 만장일치의 지지를 얻지 못했습니다. 여러분은 또한 심적 활동성의 성질을 둘러싼 논란에 관해서도 알 것입니다. 어떤 이들은 우리가 그 자체로 직접 지각할 수 있는 것은 순수한 정신적 힘이라고 주장합니다. 다른 이들은 우리가 심적 활동성이라 부르는 것(예컨대 노력과 주목)이, 두개골과 목구멍의 근육의 긴장, 호흡의 멈춤과 흐름, 혈액의 흐름 등 우리 유기체에 자리한 특정한 효과들의 느껴진 반영일 뿐이라고 주장합니다.

이러한 논란들이 어떤 방식으로 해소되든, 그러한 논란의 존재는 한 가지 사실을 매우 분명하게 입증하고 있습니다. 특정한 현상이 연장을 가지는 등 본성상 물리적인 것이든, 본성상 순수하게 심리적이고 내적인 것이든, 그러한 현상에 대한 단순한 내적 검토만으로 그 논란들에 관해 아는 것은 매우 어렵고, 심지어 절대적으로 불가능하기까지 하다는 점입니다. 우리는 언제나 우리의 의견을 뒷받침할 근거를 찾아내야 하고, 현상에 관해 가장 개연적인 분류를 찾아보아야 하며, 결국 우리는 우리의 모든 통상적인 분류의 동기가, 사물들의 조직을 구성하는 두 개의 상이한 궁극적 본질들을 지각하는, 우리가 가지고 있을 수 있는 어떤 능력에 비해 실천적인 필요에 있다는 것을 매우 잘 알 수 있습니다. 우리들 각자의 신체는 실천적 대비를 제시하며, 그것은 우리의 나머지 모든 주변 환경에 거의 폭력적인 것입니다. 이 신체 내부에서 발생하는 모든 것은 그 밖의 다른 곳에서 일어나는 것보다 우리에게 더 내밀하고 중요합니다. 그것은 우리의 자아와 동일화되고, 자신을 자아와 더불어 분류합니다. 영혼, 생명, 숨 ─ 누가 이것들을 엄밀히 구별할 수 있습니까? 오직 우리의 신체에 의해서 물리적 세계에서 작동하는 우리의 이미지와 기억조차 그것에 속하는 듯합니다. 우리는 그것들을 내적인 것으로 취급하고, 우리의 감정적 느낌과 함께 분류합니다. 요컨대 우리는 사고와 물질의 이원론이라는 문제가 최종적으로 해결된 것과 거리가 멀다는 것을 인정해야 합니다.

제 강연의 첫 부분은 여기까지입니다. 숙녀신사 여러분,

저는 문제의 중요성과 더불어, 그에 대한 제 의혹과 그 현실이 여러분께 전해졌기를 바랍니다.

저로 말하자면 수년간의 망설임 끝에 마침내 분명한 입장을 정했습니다. 저는 우리가 흔히 생각하는 의식, 개체로서든 순수한 활동으로서든, 어쨌든 두 경우 모두 유동적이고, 비연장적이며, 투명하고, 고유한 내용은 일절 없지만 그 자체를 직접적으로 인식하고 있는 — 한마디로 정신적인 것으로서의 이러한 의식이 순수한 키메라라고 생각하며, 의식이라는 말이 포괄해야 하는 구체적 실재성들의 총합이 매우 다르게 기술될 자격이 있다고 생각합니다. 그것은 나아가 사실들을 경청하고 어떤 분석을 수행할 수 있는 철학이 지금은 제공할 수 있는, 또는 차라리 제공하기 시작한 그러한 기술을 말합니다. 이러한 이야기로 저는 제 강의의 두 번째 부분에 당도했습니다. 첫 번째 부분에 비해 훨씬 짧은 이야기가 될 것입니다. 제가 첫 번째 부분과 같은 규모로 두 번째 부분을 전개한다면 너무 길어질 테니까요. 그러므로 불가결한 이야기만 하는 것으로 하겠습니다.

경험 각각의 본질, 개체, 활동성, 또는 환원 불가능한 절반으로 여겨진 의식, 의식성이 폐지되었다고, 기본적이고 그 자체로 존재론적인 이원론이 제거되었다고, 그리고 우리가 존재하는 것으로 상상한 것이 단순히 우리가 지금까지 의식의 내용contenu, Inhalt이라고 부른 것이라고 가정해 봅시다. 철학은 어떻게 그것이 초래하는 모호한 일원론에서 빠져나오게 될까요? 저는 여러분께 그 주제에 관해 몇 가지 실증적 제안들을 제시하려고 합니다. 충분히 길게 이야기를 펼칠 수 없기 때문에 제 생각을 가지고 그다지 거시적으로 조명하지는 못할 것이 우려됨에도 불구하고 말이지요. 제가 그 경로의 도입부를 제시할 수만 있다면 그것으로 충분할 것입니다.

정말이지 우리는 왜 사물의 내용의 존재에 부가된 의식이라는 관념에 그처럼 끈질기게 매달리는 걸까요? 어째서 우리는 그것을 부인하는 사람은 사상가라기보다는 익살꾼으로 보인다고 그처럼 강력하게 주장하는 것입니까? 경험의 내용이 내재적이고 내생적인 그것의 고유한 존재를 가지고 있을 뿐 아니라, 그 내용의 각 부분이 말하자면 그 이웃에 영향을 주면서 그 자신에 관해 다른 것들에게 설명하고, 어떤 방식으로 그 자체를 벗어나 인식될 수 있다는 부정할 수 없는 사실을 보존하기 위해서가 아닙니까? 또한 그렇게 경험의 전체 장이 이 끝에서 저 끝까지 투명하다는, 또는 마치 거울로 채워진 공간처럼 설정되어 있다는 사실을 보존하기 위해서가 아닌지요?

경험의 부분들의 이러한 ― 한편으로는 그것들이 존재하고 고유한 성질들을 간직하고 있으며, 다른 한편으로는 다른 부분들과 관련되어 있고 인식된다는 ― 양측성bilatéralité은 지배적인 의견에 의해 확인되며, 이에 따라 그러한 양측성은 경험자체의 단편 각각에 속하는 구조의 기본적 이원론으로 설명됩니다. 이 한 장의 종이에는 내용, 하양, 얇음 등뿐 아니라, 이 흰색임과 얇음에 관한 의식의 이차적 사실 또한 있다고 그들은 말합니다. 관련된 기능, 더욱 포괄적인 경험의 전체 구도 일부가 되는 이러한 기능은 존재론적 사실로 세워지고, 우리는 이 사실을 바로 종이의 내부에, 그것의 흰색임과 얇음과 더불어 놓아둡니다. 그것은 상정된 외적 관계가 아니라 현상 자체의 절반입니다.

요컨대 저는 우리가 그림에 "물감"을 적용하는 것과 같은 방식으로 실재를 구성된 것으로 재현한다고 생각합니다. 우선 내용에 상응하는 안료가 있고, 그러고는 그 안료를 정착시키는 오일이나 아교 등의 용제가 있어서 그것이 의식에 상응합니다. 이것은 완전한 이원론으로, 거기서 특정한 절차들을 이용함으로써 우리는 뺄셈을 통해 각각의 요소를 다른 것에서 분리시킬 수 있습니다. 그러므로 우리는 이런 식으로, 내성적 추상의 거대한 노력에 의해, 그것이 주어진 순간에 조명하는 물질들을 거의 완전히 무시하

면서, 현행의 우리 의식을 순수한 정신적 활동으로 파악할
수 있습니다.

이제 저는 여러분에게 사물들을 바라보는 이러한 방식
을 절대적으로 반전시킬 수는 없는지 묻겠습니다. 실제로
최초의 실재가 본성상 중립적이라고 상정해 봅시다. 그리고
그것을 현상, 소여 또는 발견과 같은 여전히 모호한 어떤 명
칭으로 불러 봅시다. 저 자신은 그것을 복수형으로 이야기
하고자 하며, 거기에 순수경험이라는 이름을 붙이고 싶습니
다. 이것은 일종의 일원론이라고 여겨질 수 있겠습니다만,
소위 과학적 또는 스피노자주의적 실증주의의 양면적 일
원론과는 절대적으로 대비되는 전적으로 기초적인 일원론
입니다.

이러한 순수경험들은 존재하고 서로 뒤를 잇습니다. 그
들은 서로 무한히 다양한 관계에 진입합니다. 그들 관계는
그 자체가 경험 조직의 핵심적인 부분입니다. 이러한 관계
항의 "의식"이 있는 것과 같은 이유로 이 관계의 "의식"이 있
습니다. 결과적으로 경험군이 식별되고 구분되며, 그리고
동일한 경험은 그것의 관계의 거대한 다양성에 비추어 볼
때 몇 개 군에서 동시에 어떤 역할을 할 수 있다는 것입니
다. 그와 같이 특정한 맥락의 주변 속에서 그것은 물리적
현상으로 분류될 수 있지만, 주변이 다르다면 의식의 사실

로 나타날 수 있습니다. 이는 동일한 잉크 입자가 수평선과 수직선의 교차점에 존재할 경우, 그것이 동시에 두 개의 선에 속할 수 있는 것과 거의 같은 방식입니다.

우리의 관념을 고정하기 위해서, 우리가 이 순간 이곳에서 이 벽, 이 테이블, 이 의자, 이 공간에 관해 하는 경험을 들어봅시다. 이를테면 여기 주어져 있는 완전하고 구체적이며 공유된 경험에서, 객관적인 물리적 세계와 우리 각자의 사적인 내적 세계는 마치 선들이 교차점에서 합쳐지듯 서로 만나 뒤섞입니다. 물리적인 것으로서 이 홀은 건물, 우리가 지금도 인식하지 않고, 나중에도 인식하지 않을 건물의 나머지 모든 부분과 관계를 가집니다. 홀이 존재하는 것은 자본가, 건축가, 직공의 역사 전체 덕분입니다. 그것은 지면을 짓누릅니다. 그것은 시간 속에서 영원히 지속할 것입니다. 화재로 소실된다면 거기에 포함된 의자들이며 테이블은 순식간에 잿더미로 화할 것입니다.

반면 개인적 경험으로서, "알려진", 인식된, 의식된 것으로서 이 홀은 완전히 다른 인접지와 도달점을 갖습니다. 거기에 선행하는 것은 직공이 아니라 한순간 전에 우리가 가졌던 각자의 사고입니다. 머지않아 그것은 우리 생애에서 유쾌한 기억들과 연합된 순간적인 사실로 나타날 것입니다. 심적 경험으로서 홀은 무게를 갖지 않고, 그 가구들은 불타지 않습니다. 그것이 행사하는 물리력은 오로지 우리 뇌에만 가해지며, 우리 가운데 다수는 심지어 그 영향을 부정합니다. 반면에 물리적 홀은 세계의 나머지 전체와 물리적 영향의 관계를 가집니다.

그러나 두 경우에 모두 우리는 절대적으로 동일한 홀에 관해 이야기하고 있습니다. 우리가 사변적 물리학에 관여하지 않는 한, 또한 우리가 상식에 머무르는 한, 우리가 보고 느끼는 것은 확실히 그 물리적 홀입니다. 우리는 저것 이외에 달리 무엇에 관해 이야기하고 있는 것이겠습니까. 다시 말해서 우리는 우리 모두의 정신이 이 동일한 순간 포함하고 있는, 우리들 각자의 현실적이고 내밀한 경험으로 진입하는, 또한 우리의 기억이 언제나 우리 역사의 통합적 부분으로 여기게 될 물질적 성질의 그 동일한 부분에 관해 이야기하고 있는 것입니다. 그것은 절대적으로 동일한 재료이되 고려되는 맥락에 따라 동시에 물질적이고 물리적인 사실로서, 또는 내밀한 의식으로서의 역할을 하는 것입니다.

그러므로 저는 의식과 물질은 이질적 본질을 가진 존재로서 다루어질 수 없다고 생각합니다. 둘 중 어느 쪽도, 매번 이중으로 구성된 경험의 다른 반쪽을 무시하면서 뺄셈에 의해 얻을 수는 없습니다. 반대로 경험의 본성은 원래 매우 단순합니다. 경험은 그 전체로 의식적이 **되며**, 그 전체로 물리적이 **됩니다**. 또한 이러한 결과는 덧셈에 의해 실현됩니다. 경험들이 시간 속에서 연장되고 물리적으로 영향받은 관계에 들어가는 한, 서로를 부수거나 덥히거나 조명하는 한, 우리는 그들을 가지고서 우리가 물리적 세계라고 부르는 별도의 집단을 만들게 됩니다. 반면 그것들이 순간적이거나 물리적으로 불활성인 한, 그들의 계기가 결정된 순서를 따르지 않고 감정적 변덕을 따르는 것처럼 보이는 한, 우리는 그것으로 우리가 심리적 세계라고 부르는 다른 군을 만들게 됩니다. 이 홀은 지금 이 순간 수많은 이러한 심적 군으로 진입하면서 지금 우리가 의식하는 것, 알려진 것, 인식된 것이 됩니다. 이제부터 우리 각자의 생애 일부가 됨으로써, 홀은 그것의 물리적 존재를 특징짓는 시간 속에서의 어리석고 단조로운 자기 반복으로 이어지지 않을 것입니다. 반대로 그것은 그와 불연속적인, 또는 우리가 "기억"이라고 부르는 매우 특수한 종류의 연속성을 가지게 될 다른 경험들로 이어질 것입니다. 내일 그것은 우리들 각자의 과거 속에 자리하게 될 것입니다. 그러나 내일 그 모든 과거들이 연결될 다양한 현재들은 이 홀이 내일 물리적 존재로서 누리게 될 현재와 매우 다를 것입니다.

두 가지 유형군은 모두 경험들로 형성되지만, 그들 사이에서 경험의 관계는 각 군에 따라 저마다 다릅니다. 그러므로 어떤 주어진 현상은 내적 본질의 이분二分, dédoublement에 의해서가 아니라, 다른 현상들을 추가함으로써 우리의 의식에 진입하거나 인식됩니다. 사물에 관한 앎connaissance은 **사후에 발생하지**, 사물에 내재하지 않습니다. 선험적 자아도 **의식성**이나 의식의 작용도 각각의 사물에 생기를 불어넣을 수 없습니다. 그들은 **서로를 압니다.** 아니, 차라리 다른 것에 관해 아는 어떤 것이 있습니다. 그리고 우리가 앎이라고 부르는 관계 자체는 많은 경우에 구체적인 용어들로 완벽하게 기술될 수 있는 일련의 매개적 경험들일 뿐입니다. 그것은 결코 그처럼 많은 철학자들이 좋아했던 초월적 신비가 아닙니다.

그러나 이것은 우리를 훨씬 더 멀리 데려갑니다. 저는 여기서 지식 이론, 또는 이탈리아의 여러분들이 인식형이상학gnoséologie이라고 부르는 것의 모든 세부 사항들로 들어갈 수는 없습니다. 필요한 만큼 논의를 전개할 수 없어서 상당히 모호하게 들리지 않을까 우려되기는 하지만, 다음과 같은 축약된 언급, 또는 단순한 제안에 머무르는 데 만족해야 하겠습니다.

따라서 다음의 여섯 명제들로 ─ 매우 짧게, 또한 교의적인 방식으로 ─ 요약해 보겠습니다.

1. 통상적으로 이해되는 의식은, 버클리가 최후의 일격을 가한 물질과 마찬가지로 존재하지 않는다.

2. 실제로 존재하고 "의식"이라는 말이 포괄하는 진리의 부분을 형성하는 것은 알려지거나 인식된 경험의 부분들이 가지고 있어서 관련되고 인식되는 감수성susceptibilité이다.

3. 이러한 감수성은 특정한 경험들이 명료하게 성격화된 매개적 경험들을 거쳐 다른 경험들로 이어지고, 그럼으로써 그들 중 어떤 것이 인식되는 것의 역할을, 다른 것이 인식하는 자의 역할을 할 수 있다는 사실로 설명할 수 있다.

4. 이 두 가지 역할은 경험의 조직 자체를 떠나지 않고, 또한 초월론적인 어떤 것도 환기하지 않으면서 완벽하게 규정될 수 있다.

5. 그러므로 주체와 대상, 표상되는 것과 표상하는 것, 사물과 사고 등의 속성은 극도로 중요한 실제적 구별을 나타내지만, 저것은 단순히 '기능적'FONCTIONNEL 질서일 뿐, 결코 고전적 이원론이 생각하는 것과 같은 존재론적 질서가 아니다.

6. 끝으로 사물과 사고는 기본적으로 이질적이지 않으며, 동일한 재료로 만들어져 있다. 우리는 그 재료를 그 자체로 규정할 수 없고 다만 느낄 수 있을 뿐이며, 저것에 이름을 붙인다면 경험 일반이라는 재료라고 명명할 수 있을 것이다.

9장

근본적 경험론은
유아론적인가?[*]

인본주의적 세계관Weltanschauung이 받고 있는 모든 비판이 보데Boyd Henry Bode, 1873-1953 씨의 그것처럼[1] 합당sachgemäß하다면, 문제의 진실은 더 신속하게 밝혀질 것이다. 그것은 탁월하게 쓰였을 뿐 아니라 고유한 관점을 명료하게 발휘하고 있으며, 완벽하게 즉답을 허용한다.

그의 주장은 (내가 잘못 파악한 것이 아니라면) 다음과 같이 표현될 수 있다.

일련의 경험이 가정될 때, 그중 어느 것도 그 자신 너머의 어떤 실재를 참조하는 자기초월적 기능을 즉각 부여받지 않으며, 그것 너머에 어떤 것이 존재한다고 가정하게 해주는 어떠한 동기도 그러한 일련의 경험 내에서 발생하지 않는다. 그것은 주관적인 채로 머무를 것이고, 전체로서나 그 몇몇 부분들에서나 기꺼이 주관적일 것이다.

근본적 경험론은 일련의 경험에 의해 객관적 지식을 설명하려고 노력하지만, 터무니없이 실패한다. 그것은 경험의 물리적 질서 개념이, 주관적으로 전기적인 질서와 달리, 과연 어떻게 발생했는지 설명할 수 없다.

---

* [편집자] *The Journal of Philosophy, Psychology and Scientific Methods*, vol. II, No. 9, April 27, 1905에 게재되었던 글.

1. [편집자] B. H. Bode, " 'Pure Experience' and the External World," *The Journal of Philosophy, Psychology and Scientific Methods*, vol. II, 1905, p. 128.

그것은 물리적 질서 개념에 관해 설명하는 체하지만, 객관적 참조 개념을 되는대로 취급함으로써 그렇게 한다. 한편으로 그것은 그러한 참조가 어떤 경험 편에서의 자기초월성을 함축한다는 것을 부정하지만, 다른 한편에서는 경험이 **지시한다**point고 주장한다. 그러나 비판적으로 고려할 때 지시하기는 자기초월성 역시 허용될 때만 있을 수 있다. 나에 대한 비판자[보데]의 주장에 의하면, 내가 가정한 바와 같은 지시하기의 연접적 기능은, 쌍방적 관계를 출발a quo의 항에 연관 짓는 오류 때문에 효과를 상실했다. 마치 그러한 출발의 항이 실질적으로 튀어나와서, 그것이 구체적으로 경험된 사실로 존재하기 위해 대등하게 요구되는 도달ad quem의 항에 앞서 존재를 지속하고 있는 듯하다는 것이다. 관계가 구체적인 것이 된다면, 도달의 항이 수반되는데, 그것은 (내가 보데 씨를 정확하게 이해한 것이라면) 이 후자의 항이 비록 경험적으로 거기 있는 것은 아니지만 **지적으로**noetically 이미 거기에 있다는 것을 뜻한다 ― 다시 말해서 그것은 "지시하는" 어떠한 경험이라도 초월한다는 말의 일반적인 "인식론적" 의미에서 자신을 이미 초월해 있어야만 한다는 의미가 될 것이다.

내가 보데 씨의 글을 이해하는 한, 이러한 것은 그의 마음의 상태의 결과이다. 그것은 합리적인 정상적 마음의 상태이지만, 근본적 경험론이 연접적 관계들의 실재에 대한 자신의 학설을 가지고 타파하고자 하는 바로 그 마음의 상태이다. 나는 나에 대한 저 유능한 비판자가 그와 같은 학설에 담긴 의도를 정확하게 이해하지 못한 것은 아닌지 우려스럽다 ─ 이 고원한 영역에서 상호 이해란 너무도 어렵다. 나는 그가 이 모든 연접적 관계들에 대해 (앞서 말한 "지시하기"는 그들 중 하나일 뿐이다) 대체라는 통상적인 합리적 행동을 수행한 것이 아닌지 의심한다 ─ 그는 그것들을 그들이 주어진 첫 번째 의도대로, 즉 경험의 살아 있는 흐름을 구성하는 일부로서가 아니라, 그저 회고적으로 나타나는 대로, 즉 각각이 개념의 확실한 대상으로서 고정된 것, 따라서 정적인 것으로, 또한 자체 내에 한정된 것으로서 취한다.

경험을 불연속적인 정적 대상들로 조각난 것으로서 취급하려는 이러한 합리론적 경향에 근본적 경험론은 저항한다. 근본적 경험론은 접속사를 그것이 도래할 때와 마찬가지로 그 "액면가"로 취할 것을 주장한다. 예컨대 "그리고", "더불어", "가까이에", "더하여", "향하여"와 같은 접속사를 살펴보자. 우리가 그러한 접속사 안에 살 때, 우리의 상태는 가장 말 그대로의 의미로 이행의 상태이다. 우리는 도래할 어떤 "그 이상"more을 기대하며, 그러나 그 이상이 도래하기 이전에도 이행은 그것을 향해 맞추어져 있다. 어떤 한 종류의 그 이상이 도래할 때 거기에 만족과 충족감이 있고, 그 이상이 다른 형태로 도래한다면 실망만이 있게 되는 경위를 나는 이렇게밖에는 알 수 없다. 어떤 그 이상은 지속될 것이고, 다른 그 이상은 우리의 경험이 지금도 그 안에서 움직이는 방향을 저지하거나 바꿀 것이다. 우리는 우리의 서로 다른 살아 있는 "그리고" 또는 "더불어"를 그것들이 우리를 움직여 가는 상이한 항들을 명명함으로써 **명명하는** 수밖에는 없는 것이 사실이다. 그러나 우리는 그러한 항들에 분명하게 당도하기 이전에 그들의 특수성과 차이를 산다^{live}. 그러므로 다양한 "그리고"는 모두 쌍방적 관계에 있고, 각각이 회고적으로 조망되고 분절적으로 생각되었을 때 그것을 규정하기 위해 도달의 항을 요구함에도 불구하고, 그 살아있는 순간에 그들 중 어느 것이든 그 출발의 항에서 "튀어나와" 특수한 방향을 가리키는 것처럼 다루어질 수 있다. 그것은 나침반의 바늘이 (보데 씨의 탁월한 비유를 빌려 쓰자면) 상자에서 꺼내지지 않은 상태에서도 극을 가리키는 것과 매우 비슷하다.

회프딩 교수는 『철학, 심리학, 과학적 방법 저널』[2]에 게재한 짧지만 매우 멋진 글에서, 우리는 전향적으로 살아가

---

2. Vol. 11, [1905], pp. 85~92.

지만 회고적으로 이해한다는 취지로 키르케고르를 인용한다. 회고적으로 이해한다는 것은 합리론적 경험론자와 일반적 경험론자라는 두 유형 모두가 매우 빈번히 가지고 있는 약점임을 고백해야만 할 것이다. 근본적 경험론만이 전향적으로도 이해할 것을 주장하며, 우리의 움직이는 삶에서의 이행을 이해의 정적 개념으로 대체하기를 거부한다. 내가 보기에는, 나의 비판자가 여기서 도입하는 듯한 논리와 유사한 논리로 인해 그가 우리의 현재는 현전하는 동시에 우리의 미래를 향해 있다거나, 어떤 물리적 운동도 그목적에 현실적으로 도달할 때까지 방향을 가질 수 있다는식으로 말하지 못하는 것 같다.

이 지점에서, 지식에서의 자기초월성에 대한 말다툼을 멈춰도 되지 않을까? 그것은 순전히 언쟁에 불과하지 않은가? 자기초월성이든 지시하기든, 명칭은 뭐라도 좋다 ─ 실재적 목적을 향한 실재적 이행이 경험에 주어진 것이고, 경험의 가장 파기할 수 없는 부분에 속한다는 것이 인정되는한, 그것이 무엇이든 차이는 없다. 작동 중인in actu 이행에서눈을 뗄 수 없는 근본적 경험론은 자기초월성이나 지시하기를 (어느 쪽이 됐든) 경험 안에서 일어나는 과정으로, 완벽하게 명확한 기술이 주어질 수 있는 경험적으로 매개된사물로 설명한다. 반면 "인식론"은 이를 부정하며, 자기초월성이 매개되지 않는 것처럼, 또는 매개된다고 해도 초경험적 세계에서 매개되는 것처럼 군다. 이런 주장을 정당화하기 위해서 인식론은 우선 우리의 모든 연접을 정적 대상으로 변모시키는데, 나는 이것이 절대적으로 임의적인 행동이라고 말한다. 그러나 보데 씨가 연접을 잘못 취급하고 있긴 해도, 내가 그것을 이해하는 바에 의하면 — 또한 내가 그를 이해하고 있는 바로는 — 우리는 근본적으로 아무런 차이가 없는 것을 두고 싸우고 있으며, 다른 형태의 말을 구사하지만 둘 다 경험의 동일한 연속성을 옹호하고 있다고 생각한다.

문제의 글에는 다른 비판들도 있지만 이것이 가장 핵심적인 비평으로 보이는바, 지금은 어쨌든 나머지들은 건드리지 않을 것이다.

10장

"근본적 경험론"에 대한 피트킨 씨의 논박[*]

피트킨]Walter Boughton Pitkin, 1878-1953 씨가 비록 근본적 경험론에 대한 그의 날카로운 글에서[1] 나를 거명하지는 않았지만, 〔…〕 내가 근본적 경험론이라는 명칭을 내 학설에 붙였다는 것을 아는 일부 독자들은 내가 끝장났다고 생각하지 않을까 우려된다.

사실 나는 아무렇지 않다. 실제로 나는 "근본적이 되려면 경험론자는 직접 경험되지 않은 어떤 요소도 그 구성에 들여서는 안 된다"는 말을 했다.[2] 그러나 나 자신의 근본적 경험론에서 이것은 다만 **방법론적 가정일 뿐**, 초경험적 대상들의 고유한 부조리함에서 흘러나온 것으로 가정된 어떤 결론이 아니다. 나는 피트킨 씨가 공박하고 페리에]James Frederick Ferrier, 1808-1864가 그토록 충격적으로 활용한 관념론적 논증에 일말의 존경심도 가져본 역사가 없다. 또한 나는 실용적 가치가 드러나기만 한다면 아무리 많은 본체적 존재나 사건이라도 기꺼이 받아들일 작정이다.

근본적 경험론과 실용주의는 너무나 많은 오해에 시달

---

* [편집자] *The Journal of Philosophy, Psychology and Scientific Methods,* vol. III, No. 96, December 20, 1906에 게재되었던 글. 또한 같은 책, vol. IV, No. 4, February 14, 1907에도 「피트킨 씨에게 보내는 답」이라는 제목으로 실렸다.

1. [편집자] W. B. Pitkin, "A Problem of Evidence in Radical Empiricism," 같은 책, vol. III, No. 24. November 22, 1906.

2. [편집자] 같은 책, p. 42.

려 왔기 때문에, 이러한 오해가 정정되지 않은 채 계속되지
않도록 하는 것이 나의 의무라고 생각한다.

*

피트킨 씨가 내게 한 "회답"에서[3] 나는 우리의 거의 모
든 젊은 철학자들에게서 발견하게 되는 문체의 모호성을
접하고 당혹했다. 그러나 그는 내가 곧바로 이해할 수 있는
질문을 두 가지 했기에, 이에 답하고자 한다.

첫째로 그는 이렇게 묻는다. 경험과 과학은 "수많은 사
물이[4] 그것이 아닌 것 또는 부분적으로만 그것인 것으로
서 경험된다는 점을" 보여주지 않는가? 내 답은 이렇다. 예
컨대 굴절매체에 의해 왜곡된 "사물", "분자", 그 밖에 무엇이
든 그것은 지각 순간의 직접적 내용보다 궁극적으로 실재
적인 것으로 여겨지므로, 확실히 그렇다.

둘째로 "경험이 (이해할 수 있는 어떤 의미에서든) 자립
적이라면[5] 이 사실은 (a) 경험되지 않은 어떤 것과 (b) 본체

---

3. [편집자] "In Reply to Professor James," *The Journal of Philosophy, Psy-
chology and Scientific Methods*, vol. IV, No. 2, January 17, 1907.
4. 피트킨 씨는 "바로 경험의 성질을 이유로"라는 구를 삽입한다. 대체 어떤 이
유를 말하는지 이해하지 못했기 때문에 나는 이 구를 내 답에 포함시키지
않겠다.

에 관한 경험의 작용 가능성을 배제하지 않는가?"

내 대답은 이런 것이다. 확실히 둘 중 어느 쪽의 가능성도 배제되지 않는다 — 어떻게 그럴 수 있겠는가? 그러나 내 생각에 우리는 현명하게 그러한 성질의 어떤 사물이나 행동을 고려하지 말고 우리의 철학적 담론의 세계를 경험된 것, 또는 적어도 경험 가능한 것에 한정해야 할 것이다.[6]

---

5. [편집자] 같은 책, p. 193 참조.

6. [편집자] 다른 곳에서 "개념적 또는 지각적 경험"으로서의 "실재성"에 대해 말하면서 저자는 이렇게 말한다. "이것은 단지, 지각적 관점에서도 개념적 관점에서도 아무런 설명을 제시할 수 없는 "알 수 없는" 종류의 실재성을 배제하려는 것이다. 물론 그것은 인식 주체에 대해 독립적인 많은 경험적 실재성을 포함한다. *The Meaning of Truth*, p. 100, 주석.

11장

거듭하여,
인본주의와
진리[*]

내 글 「인본주의와 진리」에 대한 조셉 씨의 비판은[1] 일반적 설명에 도움을 준다. 그는 실용주의 운동이 분명히 말해 무엇을 의미하는지 파악하기 위해 진지하게 노력했다. 또한 만일에 그가 실패했다면, 그것은 그의 인내나 성실성 탓이 아니라, 그가 쉽사리 벗어던질 수 없었을 사고의 고질적인 습관 탓이다. 당사자들이 서로의 비난에 대해 일일이 모든 세부사항을 논박하고자 애쓰는 세세한 논쟁들은 논객들에게만 유용한 활동이다. 그들은 독자에게 혼돈만을 불러일으킬 뿐이다. 그러므로 나는 우리 둘의 글(내 글은 매우 불충분했다)의 본문을 가능한 한 무시하고 다시 한번 일반적인 객관적 상황을 다루겠다.

내가 파악한 바로는, 인본주의를 향한 운동은 하나의 정밀한 공식으로 이어질 수 있고, 그럼으로써 즉시 논리의 꼬챙이에 꿰어질 수 있는 특수한 발견이나 원리에 근거하지 않는다. 그것은 오히려 "너무 충만하여 소리도 물거품도

---

* [편집자] *Mind*, N. S., vol. XIV, No. 54, April, 1905, pp. 190~198에 게재되었던 글을 수정 없이 다시 실었음. pp. 245~247과 pp. 261~265 부분은 *The Meaning of Truth*, pp. 64~57, 그리고 pp. 97~100에도 재게재됨.

1. [편집자] 「인본주의와 진리」는 *Mind*, N. S., vol. XIII, No. 52. October, 1904에 처음 실렸다. 그것은 *The Meaning of Truth*, pp. 51~101에 다시 실렸다. 이 글의 여러 곳을 참조할 것. H. W. B. 조셉 씨의 비평, "Professor James on 'Humanism and Truth' "는 *Mind*, N. S., vol. XIV, No. 53, January, 1905에 실렸다.

없는"[2] 조수에 실려 와 하룻밤 새 대중의 의견과 조우하는 세속의 변화들 가운데 하나에 훨씬 가깝다. 그것은 옹호자들의 온갖 조잡함과 지나침을 견뎌내고 살아남아서, 우리는 그것을 어떤 하나의 절대적으로 핵심적인 언표로 못 박을 수도, 한 번의 결정적인 일격으로 죽일 수도 없다.

귀족정에서 민주정으로, 고전적 취미에서 낭만적 취미로, 유신론적 느낌에서 범신론적 느낌으로, 생명을 이해하는 정적인 방식에서 진화론적 방식으로의 변화들은 그와 같았다 ― 우리 모두는 그러한 변화들을 목도했다. 스콜라주의는 새로운 견해가 자기모순을 수반하고, 또는 어떤 근본적 원리를 거부한다는 것을 제시하면서, 단일한 결정적 근거들에 의한 논파 방법을 내세워 그러한 변화에 여전히 반대한다. 이것은 마치 강바닥에 막대기를 꽂아놓고 강의 흐름을 막아보겠다는 것과 마찬가지이다. 당신이 만들어 놓은 장애물을 우회하여 물은 흘러가고, "늘 그렇듯 거기에 도달한다." 조셉 씨의 글을 읽으면서 나는 더 적은 것이 더 많은 것을 낳을 수 없기minus nequit gignere plus 때문에 고차원의 종은 저차원의 종으로부터 유래할 수 없다거나, 변환 개념은 종들이 그들 자신의 파괴를 지향한다는 의미를 내포

---

2. [옮긴이] 앨프리드 테니슨의 시 「모래톱을 건너」 2절 2행을 인용하고 있다.

하기 때문에 부조리하며, 그것은 모든 실재성이 그 자신의 형태를 계속하려는 경향을 보인다는 원칙에 어긋난다는 식의 말을 함으로써 다원주의를 논박하는 가톨릭 저자들을 적잖이 떠올린다. 그 관점은 귀납적 논증에서 받아들이기에는 너무 근시안적이고 협소하다. 우리는 형식적 논리에 의해 사실에 관한 문제들을 해결할 수 없다. 나는 거의, 조셉 씨가 문장이 내 입에서 나올 시간을 주지 않고, 하나하나의 단어에 덤벼드는 듯한 느낌을 받는다.

인본주의를 이해하는 한 가지 조건은 스스로 귀납적-마음을 갖는 것, 엄격한 정의를 그만두고 "전체적으로" 저항이 최소한이 되는 선을 따르는 것이다. "요컨대" 조셉 씨라면 아마 "당신의 지성을 일종의 진창으로 분해하라"고 말할 것이다. "그럼에도" 나는 이렇게 답하겠다 ― "더 정중한 말을 쓰지 않는 데 당신이 동의한다면." 더 "참된" 것을 더 "만족스러운 것"(듀이의 표현)으로 생각하는 인본주의는 직선적 논의를, 그리고 고대적 엄격성과 목적성을 진심으로 포기하지 않을 수 없기 때문이다. 인본주의의 정신은 본질적으로, 퓌론주의적 회의론과는 너무도 다른 이러한 포기의 기질로 이루어져 있다. 만족은 복수의 기준에 따라 측정되어야 하며, 그중 일부는 아마도 주어진 어떤 경우에 어긋날 수 있다. 그리고 시야에 들어오는 어떤 대안보다 더 만족스러운 것은 끝까지 더하기와 빼기의 총합일 수 있다. 그것에 대해 우리는 그저 이면의 수정과 개선에 의해 어떤 것의 최대치와 다른 어떤 것의 최소치가 언젠가 접근될 수 있다는 것을 믿을 수밖에 없다. 우리가 믿음의 조건에 대한 이런 관점을 받아들일 때, 그것은 마음의 실제 변화, 절대론적 희망과의 단절을 뜻한다.

인본주의를 비판하는 이들이 이러한 태도를 내심 상상해 본 일이 결코 없다는 것은 그들의 변함없는 전술에서 드러난다. 그들은 자신들이 진리에 대해 갖고 있는 정반대의 개념이 무엇인지를 객관적으로, 그리고 외부에서 보이려는 노력을 기울이지 않는다. 조셉 씨는 그러한 어떤 개념에 사로잡혀 있다. 그는 자신의 독자들이 그 개념으로 충만하다고 생각하고, 개념을 따르며, 그것에 입각해서 작업하지만, 그것이 무엇인지 우리에게 말하려는 시도조차 전혀 하지 않는다. 그가 그러한 시도에 가장 가까이 다가가는 것은, 우리가 심리학적으로 그렇게 할 수밖에 없든 그렇지 않든, 그것이 "우리가 사고해야 하는" 방식이라고 말하는 대목이다.[3]

물론 인본주의는 이것에 동의한다. 그것은 다만 진리를

---

3. 앞의 책, p. 37.

어떤 이상이라 부르는 방식일 뿐이다. 그러나 인본주의는 "해야 하다"ought라는 요약의 말을, 우리를 비판하는 이들이 진리 자체가 그 한가운데서 비상한다고 여기는 수많은 실용적 동기들에 따라 설명한다. 진리란 이중의 의미를 가리키는 명칭이다. 진리란 때로 우리의 사고가 일치해야 하는 것으로서만 규정된 추상적인 어떤 것을 나타낸다. 때로 그것은 그러한 일치가 그 내부를 이미 지배하고 있다고 우리가 믿는 구체적인 명제들을 ─ 그 명제들은 그만큼 많은 "진리"임을 ─ 나타낸다. 인본주의는 우리가 구체적으로 다루어야 하는 유일한 일치는, 매우 광범위한 의미에서 우리의 주어들과 술어들 사이의 일치임을 안다. 더욱이 인본주의는 이 일치가 술어와 주어만큼이나 다양한 무수히 많은 실용적 시험에 의해 (실러 씨의 용어를 빌면) "유효해진"validated것을 안다. 어떤 주어를 우리 정신에 더욱 완전한 만족의 총합을 부여하는 주어술어가 대신한다면, 우리는 항상 우리가 진리의 관점에서 더 나은 위치로 진전해왔다고 말한다고, 인본주의는 지적한다.

그렇게 획득된 우리의 판단 다수는 회고적이다. 주어는 사실이 인간적으로 기록되기 이전에 이미 주어술어였다고 판단 내려진다. 이러한 사태에 충실한 상식은 이제 전체 장을 재배열하며, 전통 철학은 그 본보기를 따른다. 술어가 주어에 일치해야 한다는 일반적 요구를 그들은 존재론으로 번역한다. 맨 앞의 '주어'Subject는 더 작은 주어들로 대체되고, 원형적 '실재'Reality로 이해된다. 또한 술어에 일일이 요구된 일치는, 우리의 전체 정신과 그 모든 주어와 술어가 다 함께 이러한 '실재'Reality에 관하여 들어가야 하는 어떤 관계로 재해석된다. 한편 그것은 영원하고, 정적이며, 우리의 사고에 영향받지 않는 것으로 여겨진다. 이와 같은 비인간석 '원형'Archetype에의 일치가 아마도 우리의 적대자들이 상식과 철학적 합리론과 공유하는 진리 개념일 것이다.

인본주의가 이러한 가설의 자연스러움과 위엄을 모두 완전히 인정하면서도 그것의 불모성을 지적하고, 구체적인 것을 유지하면서도 여전히 일일이 술어와 주어 사이에 진리를 위치시키는 대체를 거부할 때, 그것은 격렬한 항의를 유발하게 된다. 우리는 그러한 항의를 듣게 되며, 나를 비판하는 이는 거기에 공명한다.

그러한 항의의 가장 일반적인 부분 중 하나는 인본주의가 전적으로 주관주의적이라는 것이다 — 그것은 "초지각적 실재를 부정할" 필요성 아래 고통받는 것으로 가정된다.[4] 인본주의에 대한 이와 같은 오해가 어떻게 발생할 수

---

4. [편집자] 이 책의 10장 「피트킨 씨의 논박…」 참조.

있었는지를 알기는 어렵지 않다. 그리고 인본주의적 저자들은 부분적으로는 그들의 표현을 충분히 신경 쓰지 않았기 때문에, 그리고 부분적으로는 (그들의 문헌이 부족한 가운데) 그 주제에 관해 아직 완전한 토론에 이를 "여력을 갖지" 못했기 때문에, 어느 정도 비난받아야 한다는 것이 분명하다. 그러나 나는 그들이 내세우는 원리들을 제대로 파악한 사람이라면 어떻게 그들을 주관주의라고 싸잡아 비난할 수 있는지 이해할 수 없다. 나 자신으로 말하자면, 사상가 자신도 실재의 한 부분으로 취급하는 한, 그가 참이라고 선언하는 실재들 중 일부는 그가 거기에 있으므로 해서 창조되었다는 것 또한 허용해야 한다는 정도 이상으로는 인본주의를 주관주의적이라고 생각해 본 적이 없다. 물론 그러한 실재들은 그의 행동이거나, 아니면 다른 사물들과 그의 관계, 또는 그가 아니라면 결코 추적되지 않았을 사물들 사이의 관계이다. 인본주의자들은 또한, (자신들이 지금 믿고 있는 것의 절대적 진리에 대한 보증서를 손에 쥐고 있다고 믿는) 합리론자들과는 달리, 현재의 모든 믿음이 미래의 경험에 비추어 수정될 수 있다고 여기는 점에서도 주관주의적이다. 그러나 미래의 경험은 그 사상가 외부의 사물에 관한 것일 수 있다. 그리고 이러한 사실이야말로 인본주의자가 다른 어떤 종류의 경험론 철학자만큼이나 자유롭게 믿을 수 있는 것이다.

인본주의에 대한 비평은 (비록 여기서 나는 그것들을 어렴풋하게만 따라가고 있지만) 어떠한 주관주의도 진리에 섞여들어 가는 것을 반대하는 듯이 보인다. 모든 것은 원형적이어야만 하며, 모든 진리는 그 지각에 앞서 존재해야 한다. 인본주의는 막대한 양의 진리가 우리 인간이 그것을 지각하기에 앞서 존재한 것으로 기록되어야 함을 안다. 무수한 사례들에서 우리는, 비록 우리가 줄곧 S[주어는 SP[주어술에라는 사실에 관해 무지했다 하더라도 그것은 늘 사실이었음을 믿는 것이 가장 만족스럽다고 여긴다. 그러나 인본주의는 이러한 부류의 사례들을 그 반대, 즉 S는 덧없다거나, P[술에는 지나가는 사건이라는 것을, 또는 SP는 지각하는 행동에 의해 창조되었다는 것을 믿는 편이 더 만족스러운 사례들과 분리한다. 반면에 우리의 비평가들은 회고적 유형의 사례를 보편화하고 싶어 하는 것으로 보인다. 실재는 진리의 모든 주장에 앞서 존재해야 한다. 그리고 한 가지 특수한 판단 유형을 남용하는 것만으로 만족하지 못한 우리의 비평가들은 그것의 독점을 주장한다. 그들은 인본주의를 그것이 가진 어떤 회고의 권리로부터도 완전히 단절시키고자 하는 것처럼 보인다.

인본주의는 만족이 참과 거짓을 구별하게 해주는 것이

라고 말한다. 그러나 만족이란 주관적 특질이기도 하고 현재적 특질이기도 하다. 그러므로 (비평가들은 이렇게 추론하는 것처럼 보인다) 참된 것으로서의 대상은 인본주의에게 언제나 현재적이고 주관적이며, 인본주의자의 신념은 결코 그 신념 자체의 외부에 살거나 그에 선행하는 어떤 것에 관한 것일 수 없다. 어째서 이처럼 터무니없는 비난이 그토록 유행하는지, 말문이 막힐 지경이다. 대상의 객관적인 존재, 그리고 그것의 과거 존재는 둘 다 그 대상과 관련해 그야말로 매우 만족스럽게 보이게 하는 것, 우리가 그것들을 굳게 믿도록 만드는 것이라는 사실만큼 명백한 것은 없다. 인본주의자의 세계에서 과거 시제는, 다른 어떤 세계에서만큼이나 조화롭게 표상은 물론 신념으로 나타날 수 있다.

조섭 씨는 이러한 비난을 독특하게 전환시킨다. 그는 내가 사고의 주요 범주들이 경험 자체의 경로와 관련되어 있다고 말한 것을 두고 내가 자기모순을 일으킨다고 주장한다.[5] 내가 바로 이 범주들로 경험의 경로를 규정하기 때문이라는 것이다. 내가 말하는 경험이란 범주들을 사용한 산물이다. 그렇지만 나는 경험을 범주들에 앞서 참된 것으로 받아들인다. 조섭 씨는 이것이 부조리하다고 본다. 그의 독

---

5. 앞의 책, p. 32.

자들마저 그렇게 생각하지는 않기를 바란다. 만일 경험이 어떤 가설을 제시할 수 있다면 (그리고 그럴 수 있다는 것은 주지의 사실이다), 나는 회고적 가설이, 그 자신의 존재를 다른 사물들의 존재와 더불어 발생시키는 일련의 경험 자체를 대상으로 삼는다는 생각이 조금도 부조리하다고 생각하지 않는다. 그 가설이 "만족스럽다"면, 물론 우리는 그것이 우리의 정식화에 앞서 참되다고 믿어야 할 것이다. 현재를 미래에 준해 설명하는 것은 전부 이런 종류의 순환을 수반하는 것으로 보이는데, 이것은 악순환이 아니다. 과거는 현재의 존재 원인causa existendi이며, 반대로 현재는 과거의 인식 원인causa cognoscendi이다. 현재가 과거의 존재원인으로 다루어진다면 그야말로 악순환이 될 것이다.

이러한 의사–곤란과 밀접하게 연결되어 있는 것은 더욱 폭넓고 더 큰 복잡성을 가진 – 그래서 더 용인되는 – 다른 곤란이다.[6] 다시 말해, 사실의 관점에서 어떻게 진리에 도달하게 되는지를 묻고, 항상 더 만족스러운 의견으로 덜 만족스러운 의견을 대체함으로써 그렇게 할 수 있다고 보는 인본주의는, 그로 인해 발전에 관한 모호한 역사적 개요에 이르게 된다. 최초의 "의견"은 희미하고 단절된 "느낌"인 것

---

6. 조셉 씨는 그의 글 pp. 33~34에서 (비록 너무나 사소하고 가당치 않은 방식으로이긴 해도) 〔이를〕 다루고 있다.

이 분명하고, 다만 점진적으로 더 질서 있는 사물에 대한 관점이 그것을 대체한다고 인본주의는 생각한다. 이제 이러한 진화 전체에 대한 우리 자신의 회고적 관점은, 말하자면 그 과정 속에서 지금까지 도달된 "진리"의 최근 후보이다. 만족스러운 후보가 되기 위해서, 그것은 어떠한 힘이 과정을 계속되게 하는지에 관해 명확한 종류의 그림을 제시해야 한다. 주관적인 면에서 우리는 상당히 명확한 그림을 가지고 있다 — 감각, 연합, 흥미, 가설, 이것들은 마음이 출발하는 상대적 혼돈에서 질서정연한 우주로의 성장을 일반적인 방식으로 설명한다.

그러나 거칠게 말해 대상의 측면에서 우리의 관점은 훨씬 덜 만족스럽다. 우리의 많은 대상 가운데 어떤 것에 관해 우리는 그것이 참으로 거기에 있었고 인간의 정신이 시작하기 전에 작동했다고 믿어야 하는가? 시간, 공간, 종류, 수, 순서, 원인, 의식은 객관화하지 않기 어려운 것들이다 — 초월론적 관념론조차 그것들을 "경험적으로 실재적"인 것으로 남겨둔다. 실체, 물질, 힘은 비판에 더 취약하며, 이차적 특질들은 거의 아무런 저항도 하지 못한다. 그럼에도 우리가 스콜라주의에서 칸트주의를 거쳐 스펜서주의에 이르는 사변의 장을 탐구할 때, 우리는 전(前)인간적인 것을 단순히 논리적 대상으로 전환시키려는 영원히-회귀하는 경향을 발견하게 된다. 그러한 논리적 대상이란 이를테면 과정을 시작할 뿐이지만 인식할 수 없는 물자체, 또는 우리의 형상들을 수용할 뿐인 모호한 제1질료materia prima 등을 말한다.[7]

이것의 이유는 논리적이라기보다는 물질적이다. 우리는 마음 바깥의 저것을 충분히 자유롭게 상정할 수 있지만 (비록 일부 관념론자들은 우리에게 그럴 특권이 있다는 걸 부정해도), 우리가 그렇게 했을 때 그것의 **무엇**what of it을 만족스럽게 결정하기는 어렵다. 다양하게 제안된 **무엇**들 사이의, 그리고 그것들과 인간 마음의 역사 간의 대립과 얽힘이 그러한 결정을 어렵게 만드는 것이다. 사변적 우주론에 관한 문헌은 이러한 어려움을 입증한다. 인본주의가 그로 인해 고통받는 것은 다른 어떤 철학이나 마찬가지이지만, 그것이 우리의 모든 우주생성론을 너무 불만족스럽게 만들기 때문에 일부 사상가들은 어떤 원초적 이원론도 부정하는 것으로 그 고통에서 벗어나려고 한다. '절대적 사고' 또는 "순수경험"이 상정되고, 그것이 "스스로 작동한다"는 믿음을 정당화하기 위해 계산된 속성들이 부여된다. 진리를-주

---

7. *Revue de Métaphysique et de Morale*, vols. VIII, IX, and X, 〔1900, 1901, and 1902〕에 실린 르 로아(Édouard Le Roy, 1870~1964) 씨와 윌부아(Joseph Wilbois, 1874~1952) 씨의 정교한 글들과 비교해 보라.

장하는 이 가정들은 둘 다 마음과-물질이라는 전통적 의미에서 이원론적이지 않다. 그러나 세계의 과정 자체에 관해 보자면 전자는 일원론적이고 후자는 다원론적이다. 인본주의자 일부는 이런 종류의 비-이원론자들이다 — 나 자신이 거기에 속하는데, 말하자면$^{und\ zwar}$ 다원론의 낙인을 달고 있다. 그러나 일원론 측의 비이원론적 인본주의자들은 물론이고, 의심의 여지 없는 이원론적 인본주의자들 또한 존재한다.

조셉 씨는 이러한 일반적인 철학적 곤란을 인본주의에 한하는 것으로, 또는 아마도 나 한 사람에게 한하는 것으로 못 박는다. 내 글은 최초에 도래하는, 그리고는 정신을 구축하는 "가장 혼돈스러운 순수경험"에 관해 모호하게 말했다.[8] 그러나 어떻게 두 개의, 구조 없는 것이 상호작용하여 하나의 구조를 만들어내는가 하고 나의 비판자는 의기양양하게 묻는다. 물론 순수하게 이름 붙여진 그대로의 존재로서 그것들은 그렇게 할 수 없다. 우리는 추가적인 가설들을 세워야 한다. 추가적인 가설을 위해서 우리는 최소한의 구조를 구해야 한다. 우리가 지금 현실적으로 전개되었다고 여기는 것을 향해 증대되는 경향을 가졌을 수 있는

---

8. [편집자] *The Meaning of Truth*, p. 64 참조.

그러한 **종류**의 최소한은 여기서 철학적 필요물이다. 문제는 실질적으로 가장 만족스러운 가설에 관한 것이다. 조셉 씨는 마치 그가 가설의 논리를 조금도 알지 못하는 양, 순수하게 형식적 논리에 의해 그것을 다룬다.

조셉 씨는 또한 지식이라는 말을 쓸 때, 인본주의자가 무엇을 뜻할 수 있는지에 대해서 상당히 갈피를 잡지 못한다. 그는 내가 어떤 종류의 선善과 그것을 모호하게 동일시하고 있다는 판결을 내리고자 애쓴다. 지식은 간단히 규정하기 어려운 것이고, 조셉 씨는 여기서 그의 글의 여타 부분들에서만큼 구축적 솜씨를 보여주지 못한다. 나 자신도 몇몇 경우에 지식에 관한 근본적으로 실용적인 해석을 제기했는데,[9] 나의 비판자는 아마도 그 글의 존재를 알지 못하는 것 같다 — 그래서 어쩌면 그가 그 글을 읽고 공격해오기 전에는 아무 말도 안 하는 게 나을지 모르겠다. 그러나 앎이라고 불리는 관계 자체가 무엇으로 구성되어 있다고 입증되든, 나는 다른 어떤 철학의 원리에서나 인본주의적 원리에서나 지식의 대상이 될 수 없는 어떠한 가능한 종류의 대상도 생각할 수 없다.[10]

---

9 가장 최근에 두 편의 글, 「"의식"은 존재하는가?」와 「순수경험의 세계」에서. 〔이 책 1, 2장 참조.〕

10. 인본주의와 앎을 일치시키려는 최근의 시도로서 대체로 효과적인 것으로,

고백하건대 나는 진리와 지식에 대한 자신의 관념이 나의 그것보다 더 참되다고 가정하는 인본주의 비판자들의 습관에 의해 상당히 지속적으로 방해받아 왔다. 진리와 지식 관념의 성질에 관해 나는 알고 있는 것이 분명하고, 그것을 재정의할 필요는 없었다. 결과적으로 내가 이 관념들을 재구축했던 것은 토론을 이어가기 위해서였다 (예컨대 이 글의 일부에서 그렇게 했다). 그럼으로써 나는 희화화의 혐의에 스스로를 노출하게 된다. 그러나 조셉 씨의 공격 한 대목에서 우리가 이런 당혹함에서 벗어나게 되는 것을 나는 기쁘게 생각한다. 그것은 중요한 점이고 아마도 진정한 곤란을 다루고 있으므로, 마지막으로 그것에 대해 이야기해 가겠다.

내가 실러와 듀이를 따라 진리란 최대치의 만족의 조합을 주는 것이라고 정의할 때, 그리고 만족은 다양한 방식으로 실현될 수 있는 다차원적 용어라고 말할 때, 조셉 씨는 매우 타당하게도 이성적 피조물의 주된 만족은 언제나 자신이 믿는 것이 진리라고 하는 그의 생각이어야 한다고 답한다. 그 진리가 그에게 부수적인 이익을 주는지의 여부

우드브리지 교수가 세인트루이스 의회에서 한 재기 넘치는 강연을 언급할 수 있을 것이다. *Science*, N. Y., November 4, 1904에 실린 "The Field of Logic".

와 무관하게 말이다. 그러나 이것은 진리를 우선적 개념으로 만들고 만족을 이차적인 위치로 격하시키는 것처럼 보일 수 있다.

또한, 만족스럽다는 것이 진리라는 것의 뜻이라면, 누구의 만족이, 그리고 그의 만족들 가운데 어떤 것이 그에 해당하는가? 주지하다시피 변별은 이루어져야 하며, 결과적으로는 오로지 합리적인 후보자와 지적 만족만이 시험을 통과하는 것이다. 그와 같이 우리는 순수하게 이론적인 진리 개념으로 떠밀리게 되고, 실용적 분위기를 완전히 벗어나게 된다. 그리고 조셉 씨는 우리를 이렇게 내버려 둔다 ─ 진리는 진리일 뿐이고, 거기서 문제는 끝난다. 그러나 그는, 내가 우리의 순수하게 이론적인 만족에 인본주의 도식 내의 어떤 위치를 부여하는 자충수를 두고 있다면서 꽤나 요란하게 나를 비난한다. 순수한 이론적 만족은 부수적인 만족을 집 밖으로 몰아낸다고, 그리고 실용주의는 그것들을 조금이라도 인식한다면 파산해야 한다고 그는 생각한다.

여기에 사실들에 대한 불일치의 여지는 없다. 그러나 그 추론의 파괴적인 힘은, 우리가 추상적이 아니라 구체적으로 말하는 순간, 또한 우리가 좋은 실용주의자의 자격으로, 유명한 이론적 욕구란 대체 무엇이며, 어떤 지적 만족으로 구성되어 있는지를 묻는 즉시 사라진다. 자신의 파당의 관습을 충실하게 따르는 조셉 씨는 그것들을 설명하기 위한 아무런 노력도 하지 않고, 그것들의 성질이 모두에게 자명하다고 상정한다.

그것들은 전부 단순한 일관성의 문제가 아닌가 — 또한 단연코 '절대적 실재'와 그것에 대한 마음의 사본들 사이의 일관성이 아니라, 마음속의 판단, 대상, 반응 양식들 사이에서 현실적으로 느껴지는 일관성에 관한 문제가 아닌가? 그리고 우리가 그러한 일관성을 필요로 하는 것이나 거기서 기쁨을 느끼는 것은 둘 다 우리가 심적 습관을 발전시키는 존재들이라는 자연스러운 사실의 결과로 생각할 수 있지 않은가? — 습관 자체는 동일한 대상들 또는 동일한 종류의 대상들이 회귀하고 "법칙"을 따르는 환경에 적응하는데 더 유익하다는 것이 입증되지 않았던가? 사태가 그러하다면 우선했어야 하는 것은 습관 자체의 부수적 이득이고, 이론적 삶은 이런 것들의 도움으로 성장했어야 할 것이다. 사실상 이것이 개연적인 경우였을 것으로 보인다. 생명의 기원에서는 어떤 현재적 지각도 "진리"였을지 모른다 — 진리라는 말을 그때 적용할 수 있었다면 말이다. 나중에 반응이 조직화되었을 때, 그 반응은 그들에 의해 기대가 충족될 때마다 "진리"가 된다. 다른 경우에 그것은 "거짓" 또는 "착오된" 반응이 된다. 그러나 같은 부류의 대상은 같은 종류의 반응을 필요로 하고, 그렇기 때문에 일관되게 반응하고자 하는 충동이 점진적으로 수립되었음이 분명하고, 결과가 기대를 좌절시킬 때마다 실망을 느끼게 된 것이다. 여기에 우리의 모든 고차원적 일관성들의 완벽하게 그럴듯한 싹이 있다. 오늘날 어떤 대상이 우리에게서 습관적으로 오직 상반되는 부류의 대상에만 일치하는 종류의 반응을 얻어낸다면, 우리의 심적 기계장치는 순조롭게 움직이기를 거부할 것이다. 상황은 지적으로 불만족스럽다. 안도하기 위해서 우리는 대상을 재해석함으로써 반응을 보존하려고 하거나, 아니면 대상을 있는 그대로 내버려 두고 우리에게 요구되는 것과 상반되는 방식으로 반응한다. 어느 쪽 해결책도 쉽지 않다. 내가 인본주의를 승인하라고 요구할 때 조셉 씨가 처하는 것이 그러한 상황일지 모른다. 그는 그것을 이해해서 자신이 내 요구를 충족시키도록 허용할 수 없다. 그러나 그 요구에는 그가 자신의 거부를 정당화하기 위해 글 한 편을 쓰도록 유도하기에 충분한 호소력이 있다. 반면에 그가 인본주의를 승인한다면, 거기에는 그가 이전에 가지고 있던 심적 신념의 달갑지 않은, 그야말로 믿을 수 없는 변화가 딸려 올 것이다. 그러나 그가 어떠한 대안을 받아들이든, 지적 일관성의 새로운 평형이 결국은 올 것이다.

그가 어떤 길을 택했든, 그는 자신이 이제 참되게 생각하고 있다고 느낄 것이다. 그러나 그의 옛 습관은 변화하지 않은 채로 그가 단순히 거기에 인본주의를 시끄럽게 또는 조용히 옹호하는 새로운 습관을 덧붙이는 데 그친다면, 그의 정신은 두 체계로 찢어질 것이고, 그 각각은 서로를 거짓이라고 비난하게 될 것이다. 그 결과로 생긴 상황은 심히 불만족스러운 것으로서 더구나 불안정하기까지 할 것이다.

이론적 진리는 이렇듯 우리의 마음과 원형적 실재의 관계가 아니다. 그것은 마음 안에 포함되며, 그것의 어떤 과정 및 대상과 다른 과정 및 대상의 일치이다 ― 여기서 "일치"는 잘-정의할-수-있는 관계에 있다. 그러한 일치를 느끼는 만족이 우리에게 허락되지 않는 한, 우리가 믿고 있는 것에서 발생하는 것처럼 보일 수 있는 부수적 이익은 그것이 무엇이든 그저 저울 위의 티끌일 뿐이다 ― 이것은 언제나 우리가 지적으로 고도로 조직화되어 있다면 그렇다는 것인데, 우리 대다수는 그렇지 않다. 대부분의 사람을 만족시키는 일치의 양은 그저 그들의 통상적인 사고와 언표, 그리고 그들의 삶이 처한 감각-지각의 제한된 영역 사이의 폭력적인 충돌의 부재에 불과하다. 우리 대부분이 우리가 도달"해야 한다"고 생각하는 이론적 진리는 그러므로 그들의 주어들과 모순되지 않는 일단의 술어들을 갖는 것이다. 우리는 대체로 다른 술어들과 주어들을 배제함으로써 그것을 보존한다.

어떤 이들에게 이론은 다른 이들에게 음악이 그런 것과 마찬가지로 어떤 열정이다. 내적 일관성의 형식은 부수적인 이득이 멈추는 선을 훌쩍 넘어 추구된다. 그런 사람들은 통일에 대한 순수한 애정에서 체계화하고, 분류하고, 도식화하며, 그러고는 개요표를 만들고 관념적 대상을 발명한다. 발명가들을 위한 "진리"로 빛나는 결과는 너무나 자주 방관자가 보기에 눈물겹도록 사적이고 인위적이다. 그것은 마치 순수하게 이론적인 진리의 기준은 다른 기준이나 마찬가지로 쉽사리 우리를 곤경에 빠뜨릴 수 있다고 말하는 듯하다.

나는 조셉 씨가 다만 이 모든 것들을 조금 더 구체적으로 고려한다면, 인본주의의 도식과 이론적 진리의 개념이 그 또한 지적 만족에 복속시키기에 충분할 만큼 일관되게 일치한다는 것을 그가 알 수 있으리라고 생각한다.

12장

절대론과
경험론[*]

진리를 추구하는 어떤 이라도, 『마인드』 지에서[1] 시작된 것으로 보이는 경험론과 초월론 사이의 (혹은 후자의 옹호자라면 아마도 비합리론과 합리론 사이라는 말을 선호할 것이다) 쟁점들에 관한 세속적인terre-à-terre 종류의 토론을 보고 기뻐하지 않을 수 없을 것이다. 마치 J. S. 홀데인 John Scott Haldane, 1860-1936 씨가 제시한 것과 같은 구체적인 사례 앞에서는 양자 모두가 필연적으로 더 나은 이해로 나아가지 않을 수 없는 것처럼 보인다. 비합리론에 강하게 경도되어있는 독자로서, 나는 그의 글[2]을 연구하면서 명료함을 향한 각고의 노력과 그 기질에 가장 크게 감탄했다. 그러나 논의된 사례들은 내게 만족스럽지 않았고, 처음에 나는 그 사례들에 대해 상세히 비평하는 '짧은 글'을 쓰고 싶었다. 사지의 성장, 바다의 윤곽선, 신경중추의 대상기능, 디기탈리스의 심장 치료는 불행히도 전체가 부분들에 철두철미하게 영향을 미치는 것을 철저하게 이해할 수 있는 사례가 아니다. 그것들은 전부, 독립적으로 존재하는 것으로 가정된 주체가 다른 주체와의 관계를 통해 특정한 속성들을 획득하는 상호작용의 사례이다. 그들 또한 유사한 관계를 통

---

* [편집자] *Mind*, vol. IX, No. 34, April, 1884에 게재되었던 글임.
1. [편집자] 1884년에
2. [편집자] "Life and Mechanism," *Mind*, vol. IX, 1884.

해 존재한다는 것은 다만 관념적 가정일 뿐, 이것이든 다른 어떤 구체적인 사례들을 통해서 우리의 이해에 합당하다고 입증된 것이 아니다.

그러나 우리가 이것을 엄중하게 촉구하려고 한다면, 홀데인 씨의 친구들은 그가 단지 우리 마음의 단단함hardness of our heart 3 때문에 그러한 사례들을 제시한 것뿐이라고 쉽사리 말할 수 있을 것이다. 그는 그 사례들의 불완전함을 완벽하게 잘 알고 있었지만, 자발적으로 '총체성 개념'으로 상승하지 않으려는 사람들에게 이러한 사례들이 자극제가 되어 그것들 자체보다 나은 어떤 것을 시사하고 상징화할 수 있기를 기대했다고 말이다. 소환될 수 있는 어떤 특수한 사례도 실재적으로 구체적인 것이 아니다. 그러한 사례는 전부 '전체'로부터의 추상이고, 물론 거기서 "철두철미한" 성격은 발견될 수 없다. 사례들 각각은 여전히, 우리가 사물, 문법적 주어라고 부르는 것을 그 요소들 가운데 포

---

3. [옮긴이] "단단한 마음"이나 "부드러운 정서" 등의 표현은 알렉산더 베인(Alexander Bain, 1818~1903)에게서 유래했으며, 『심리학의 원리』에 인용된 바 있다. *The Principles of Psychology* vol. 2 (London 1891), pp. 458, 481. 이것은 『실용주의』의 제1강에서 '부드러운 마음을 가진 사람'(the tender-minded)과 '단단한 마음을 가진 사람'(the tough-minded)의 개념들을 통해 좀 더 구체적으로 제시된다. 여기서 전자는 합리론적이고 일원론적이며, 후자는 경험론적이고 다원론적이라는 등의 비교가 이루어진다. *Pragmatism* (Longman, 1921), pp. 11~12 참조.

함하며, 그 사례들에서 나타나는 모든 관계가 말해진 뒤에 일종의, '존재'Existence의 불필요한 찌꺼기caput mortuum를 형성한다. 대중적 철학은 마치 겨우내 곰이 자신의 지방에 의지해 살아가듯 이러한 "존재"에 의지해 사물이 살아갈 수 있다고 생각한다. 또한 그럴 때 그것은 결코 관계에 들어가지 않거나, 들어간다고 해도 홀데인 씨의 사례에서 다루어진 것과는 전적으로 다른 일련의 관계로 들어간다. 그러므로 만일에 디기탈리스가 심장을 강화하는 대신 약화시키고, 따라서 (때로 일어나는 일처럼) 죽음을 산출한다면, 그것은 "치유"가 아닌 "죽임"의 기능으로 유기체를 결정함으로써 스스로를 결정할 것이다. 기능과 관계는 디기탈리스가 어떤 종류의 심장에 접촉했는지에 좌우되는 외래의 것으로 보이며, 디기탈리스와 심장은 서로에게 외적 사실, 즉 우연적 사실이다. 그러나 홀데인 씨의 친구들은 이러한 대중적 견해가 환영이라고 주장할 것이다. [그들의 주장에 의하면] 우리에게 죽이거나 살리는 관계 외부에 있는 디기탈리스와 심장의 "존재"로 보이는 것은, 우리가 여기서 고려하지 않는 더 넓은 관계들의 체계에서 하나의 기능에 불과하다. 더 큰 체계가 존재를 결정하는 것은, 바로 체계가 "죽이"거나 체계가 "치유하는" 것이 디기탈리스의 기능을 결정한 것과 마찬가지로 절대적이다. 이러한 상대적이고 부분적인 체계에 머무르는 대신에 절대적 체계로 상승하라, 그러면 당신은 철두철미함의 법칙이 존재해야 하고 실제로 존재하고 있음을 알게 될 것이다.

물론 이러한 주장은 전적으로 합리적이며, 우리가 홀데인 씨가 선택한 구체적인 사례들에 대해 궤변을 부리는 것을 완전히 차단한다. 그의 범주들은 너무 섬세한 도구라서 사물들의 총합만이 그것들의 사용 방식을 우리에게 보여주는 데 동원된다고 해도, 그것이 그의 잘못은 아니다. 다만 그가 그것을 보여줄 사물들의 총합을 갖고 있지 않은 것은 우리의 불행이다. 모든 구체적 시도들로부터 물러나, 명백히 **추상적으로** 취해진 그의 철두철미함 개념을 가지고 무엇을 할 수 있는지 살펴보자. 추상적 체계에서 "철두철미한" 관념은 모든 곳에서 실현된다. 그런 어떤 체계에서도 구성원은 체계 안의 **구성원**일 뿐이다. 체계를 철폐하면 우리는 그 구성원을 철폐하게 되는데, 왜냐하면 우리는 그것을 오로지 구성원이라는 추상적 특성을 통해서만 생각하기 때문이다. 양측성을 통하지 않는다면 오른쪽도 왼쪽도 없다. 저당을 하지 않는다면 저당권자도, 저당권 설정자도 없다. 이런 경우들의 논리는 다음과 같다 ― A라면 B이다. 하지만 B라면 A이다. 고로 둘 중 한쪽이라면 양쪽 모두가 되며, 둘 다가 아니라면 어느 것도 아니다.

사물들의 절대적 총체성이 이러한 "철두철미한" 추상들 중 하나의 패턴을 정확히 따라서 조직되었을 수 있음을 인정하는 데는 아무것도, 심적 노력조차 필요 없다. 사실 그것은 가장 즐겁고 가장 자유로운 심적 운동이다. 남편은 결혼을 통해 아내를 만들고, 아내에 의해 남편으로 만들어진다. 우리는 스스로 타자가 됨으로써 타자를 만든다. 모든 것은 자신의 반대자를 통해 자기-창조했다 ─ 우리 안의 다람쥐처럼 쳇바퀴를 돈다. 그러나 멈춰 서서 우리가 무엇을 하고 하는지 성찰해 본다면, 상식과 "철두철미한" 학파 사이의 정확한 논점을 고스란히 밝히게 된다.

실제로 이러한 추상적 체계들의 논리는 무엇인가? 그것은 위에서 말한 바와 같다. 즉 어떤 '구성원'이 있다면, '전체 체계'가 있고, '전체 체계'가 없다면, '아무것도' 없다. 그러나 '논리'가 할 수 있는 것은 두 가설을 단일한 이접적 명제/선언명제로 결합하는 것에 지나지 않는다 ─ "현상태로서의 이 '전체 체계'이거나, 아니면 '아무것도' 아니다." 그러한 이접은 그 문제에 관한 '논리'의 궁극적 언어이고, 스스로 그 문제를 해결하지 않는가? 홀데인 씨는 어떻게 한쪽 끝, 즉 '전체 체계'의 개념이 실재적 존재를 수반하는지를 아는 것일 수 있다. 그러나, 내가 안셀무스의 논증[4]에 관한 헤겔의 개정을 완전히 이해하지 못한 것처럼 그도 그것에 성공하지 못했다면, 설령 체계가 **무엇이어야** 하는지를 '논리'Logic가 결정할 수 있다 하더라도, **만일에 체계가 있다면** '논리'Logic 이외의 다른 무엇인가가, 우리에게, 그 체계가 저것임을 말해주어야 한다고 말해야 할 것이다. 홀데인 씨는 이 경우에 아마도 의식적으로, 또는 무의식적으로 '사실'에 호소하고 있다. 즉 사실상 아무도 지금 **아무것도** 없는 것이 아니라 무엇인가가 있다는 데 이의를 제기할 수 없는 한, 이 점은 결정되어 있는 것이다. 그러므로 그는 우리가 바람직한 의미에서의 '전체 체계'를 인정해야 한다고 말할 것이다. 그렇다면 안셀무스의 논증의 가치는 '논리'와 '사실' 사이의 문제 전체의 핵심이 아닐까? 홀데인 씨와 그의 친구들의 노력은 주로 그것을 설명하는 데 바쳐져야 하지 않을까? 그것이 경험론과 합리론 사이에 놓인 실제 문이 아닐까? 또한 만일에 합리론자들이 그 문을 잠시 경첩에서 떼어놓는다면, 어떤 힘이, 세속의 사람들에게 순수한 사실이라고 알려져 있는 저 추상적이고, 불투명하고, 매개되지 않고, 외적

---

4. [옮긴이] 여기서 "안셀무스의 논증"이란 소위 '존재론적 신증명'을 뜻한다. 안셀무스는 『프로슬로기온』에서 오직 인간의 이성으로써 신의 존재를 증명하고자 하였는데, 간단히 요약하면 다음과 같다. 이 책에서 신은 "그보다 더 큰 것을 생각할 수 없는 어떤 것"(id quo maius cogitari nequit)으로 전제되며, 그것은 사유나 관념의 대상으로서뿐 아니라 실제로도 존재해야만 한다는 것이다. 즉, 신에 대한 개념 분석을 통해 실재로 나아가는 논증방식을 취한다.

이고, 비합리적이고, 무책임한 괴물이 들이닥쳐 전체 성소를 그 존재로 오염시키지 못하게 할 수 있는가? 파우스트가 "태초에 말씀이 계셨느니라"라는 말을 "태초에 행위가 있었느니라"라고 변화시키는 것을 막을 수 있는가?[5]

지상에도 천상에도 아무것도 없다. 안셀무스의 논증만이 사실을 철학에서 떼어놓을 수 있다. "'사실'은 최종 원리로 재인되어야 하는가?"라는 질문이 합리론자들과 통속 철학의 경험론 사이의 쟁점 전체이다.

물론 그렇게 인식된다면, '사실'은 세계의 합리성의 "철두철미한" 성격에 제한을 둔다. 그때 그 합리성은 세계에 관한 우리의 개념의 모든 구성원들 사이를 매개하지만, 그 개념 자체와 실재 사이는 매개하지 않는다. 실재는 '이성'에 의해서가 아니라 '사실'에 의해 주어지게 될 것이다. 사실은 '절대론 논리'가 요구하는, 모든 것을 논리적 관계로 녹이는 저 보편적 조해溶解, deliquescence에 단호하고 거칠게, 맹목적으로 저항한다. 사실은 그것에 저항하는 유일한 것이다. 이 때문에 '절대론 논리'는 분노한다 ― 이 때문에 절대론 논리는 사실을 인정하지 않고, "삭제"하는 것이다.

'절대론 논리'가 그러한 "삭제"의 이유로 제시하는 것들

---

5. [옮긴이] 인용된 구절은 각각 괴테의 『파우스트』 1224행과 1237행이다.

은, '사실'이 말 못 하는, 사고를 부정하는 한낱 말이고, 공허한 불가지이며, 실은 자신보다 나은 것들이 나서지 못하게 만드는 심술쟁이라는 것이다.

여기에는 두 가지 사항이 관련되어 있다. 첫째는 어떤 것들에는 절대적이고, 편재하며, 만연한 권리가 있으며, 그에 관한 한 그 밖의 어떤 것도 자신의 정당한 권리로 존재할 수 없다는 주장이다. 둘째는 이러한 주장을 부정하는 것이 아무런 긍정적 맥락을 갖지 않는 순수 부정否定이라는 주장이다.

두 번째 사항을 먼저 살펴보자. 어떤 식으로 부정적인 것은 그렇다는 이유로 다른 어떤 식으로도 긍정적일 수 없다는 비난을 받는 것이 사실인가? "사실"Fact이라는 말은 "우연"Accident이라는 말, "절대"Absolute라는 말 자체와 유사하다. 그 말들 모두 부정적 함의를 가진다. 실제로 그들의 전체 함축은 부정적이고 상대적이다. 그것이 말하는 바는 단지, 그 말로 표현된 사물이 무엇이든, 다른 사물은 그것을 통제하지 않는다는 것이다. 사실이 어디에 있는지, 우연이 어디에 있는지에 관해 다른 사물은 침묵해야 하며, 표현된 그 사물만이 말할 수 있다. 그러나 그렇다고 해서 그것이 제 입으로 멋대로 커다랗게 말하는 것을 막을 수는 없다. 그것은 스스로 투명한, 최고도로 활동적인 내적 삶을 가질 수 있다. 예컨대 나의 불확정적 미래의 자유 의지는, 나의 현재적 자아를 고려하는 한 확고한 우연이다. 그러나 그렇다고 해서 저것이 발생한 순간에 아마도 내가 가져본 가장 강렬하게 생생하고 빛나는 경험으로 존재하지 못하는 것은 아닐 것이다. 그것이 외부에서 온 적나라한 사실이라는 그 특질은 그것의 내향성에 관해 일절 아무것도 말하지 않는다. 그것은 다만 외부자들에게 이렇게 말할 뿐이다. "손대지 마!"

그리고 우리는 이로 인해 '사실'Fact에 대한 '절대론의'Absolutist 고발이라는 첫 번째 사항으로 되돌아간다. 그것은 과연 무엇이든 "손대지 마"라고 말하는 것에 대한 기막힌 혐오 이상의 것일까? "로부터의" 자유, 등 단순히 그 "부정적" 측면에 의해서만 규정된 자유에 대해 '절대론의'Absolutist 저자들이 드러내는 혐오를 그 밖에 무엇으로 설명할 수 있을까? 그 밖에 무엇이 그들이 그러한 자유를 조소하도록 유도하겠는가? 그러나 혐오에는 혐오라고 누가 결정할 것인가? 내가 그들"로부터" 떨어져 나오는 것에 대한 그들의 혐오와, 그들이 나를 "통해" 가는 것에 대한 나의 혐오가 대등하지 못할 것은 무엇인가?

나는 혐오에 관해 한 번도 언급한 적이 없는 이들에게 혐오를 말하는 것이 매우 조잡한 일이고, 나 자신이 일종의 지적 오르송[6]이 되는 일임을 매우 잘 알고 있다. 그러나 나로서는 도저히 어쩔 수가 없다. 왜냐하면 나는 호불호야 말로 나의 철학뿐 아니라 그들의 철학의 궁극적 요소들에 속하는 것이 **틀림없다**고 분명히 느끼기 때문이다. 그들이 인정하기만 한다면! 그러면 얼마나 다정하게 우리는 대화를 나눌 수 있을까! 현 상태에서 우리는 둘 모두 유한한 어떤 것에 둘러싸여 있다. 우리는 아직 '절대적 전체'를 알지 못한다. 그 일부는 여전히 우리에게 부정적이다. 절대적 전체의 **무엇들** 사이에는 여전히 불투명한 저것의 무리가 활보하며, 이것이 없다면 우리는 사고할 수 없다. 그러나 내가, 이것은 어쩌면 전부 잠정적인 것이고, 안셀무스의 논증조차 괜찮은 것이 될 수 있고, 창조는 어쩌면 철두철미하게 합리적인 체계일 수 있다는 것을 인정하는 것처럼, 그들 역시 그것이 전부 다른 것일지 모른다는 것, 그림자, 불투명성, 부정성, "로부터"인 것, 궁극적인 다원성을 무대에서 모두 몰아낼 수 없을지 **모른다**는 것을 인정할 수 없는 까닭은 무엇인가? 그럴 때 우리는 둘 다 명백히 이념들과 유희하면서 가설을

---

6. [옮긴이] 오르송은 카롤루스 왕조 시기에 유행한 로망스 『발랑틴과 오르송』의 등장인물이다. 둘은 쌍둥이었으나, 오르송은 곰에게 끌려가 야생에서 키워졌고, 발랑틴은 기사로 성장했다. 발랑틴은 훗날 오르송을 발견해 제압하고 길들이게 된다.

세우는 것일 터이다. 아! 어째서 가설이라는 개념은 헤겔적 정신에는 그토록 혐오스러운 것이란 말인가?

그리고 일단 가설이라는 우리 공통의 수준으로 내려오면, 우리는 그때, '전체'가 아직 밝혀지지 않았으므로 회의론이 가장 타당한 논리적 입장이라고 인정할 수 있을지도 모른다. 그러나 우리는 대부분 회의론자가 아니다. 그러므로, 나서서 우리의 몇 가지 신념의 동기들을 솔직하게 서로 고백할 수 있을 것이다. 솔직하게 내 동기들을 말하자면, 나는 실지로는 그것들이 논리적인 것이 아니라 미적인 것들이라고 생각하지 않을 수 없다. "철두철미한" 우주는 그 틀림없고 무결한 만연함으로 나를 질식시킬 듯하다. 아무런 가능성도 없는 그것의 필연성, 어떤 주체도 없는 그것의 관계들은 마치 내가 아무런 권리도 없는 계약을 체결한 것만 같은 느낌을 준다. 아니면 차라리 해변의 커다란 하숙집에 살지만 그곳 사람들과의 교류로부터 피신할 수 있는 개인 침실을 배정받지 못한 것 같은 느낌을 주는 것이다. 나아가 나는 죄인과 바리새인의 오래된 다툼[7]이 이 문제와

7. [옮긴이] 이것은 『신약성서』에 등장하는 바리새인을 염두에 둔 표현으로 보인다. 거기서 묘사된 바리새인들은 당시 유대교의 율법을 주도적으로 해석하면서 그것을 매우 엄격히 지켜야한다는 소위 율법주의적 신앙을 강조한다. 그에 따라 율법의 기준에 미달하는 죄인들을 지나칠 정도로 단죄하고, 그들에게 관대한 예수와 자주 충돌하는 것으로 그려진다.

관계있다는 점을 분명히 인지하고 있다. 확실히, 내가 아는 바로 모든 헤겔주의자들이 도덕군자연하는 이들은 아니지만, 어째서인지 모든 도덕군자연하는 이들은, 사상을 전개하면서 마땅히 헤겔주의자로 귀결되는 것처럼 느껴진다. 실수로 같은 장례의 집행을 부탁받은 두 사람의 성직자에 관한 이야기가 있다. 처음 온 쪽이 "나는 부활이요 생명이니"까지 말했을 때, 다른 한 사람이 들어왔다. 후자가 "나는 부활이요 생명이니"라고 외쳤다. 현실적으로 존재하는 "철두철미한" 철학은 우리 중 많은 사람들에게 그 성직자를 떠올리게 한다. 단추를 끝까지 채우고, 흰 초커를 하고, 말끔하게 면도를 한 그 철학으로는 무시무시한 심연과 미지의 파도와 더불어 느리게-호흡하는 거대한 무의식의 우주를 논할 수 없을 듯하다. 우리가 거기서 보고 싶어 하는 "자유"는, 다리에 끈을 묶어 날아가 버리지 못하게 만든 그러한 철학의 자유가 아니다. "날려 보내자"고 우리는 말한다. "우리로부터! 그리고 나면?"

내가 또다시 조야한 심리를 드러내고 있다는 것을 안다. 그러나 또다시, 나는 달리 어쩔 수가 없다Ich kann nicht anders. 나는 내 느낌들을 내보인다. 그런데 어째서 그들은 그들의 느낌을 드러내려고 하지 않는가? 나는 그들이 철두철미한 우주에 대해 나의 것과는 전적으로 다른 개인적 느낌을 가지고 있다는 것을 안다. 또한 그들이 그러한 느낌의 방법을 알려만 준다면 내게는 훨씬 이득이 될 것 같다. 그러한 느낌이 문제와 아무런 상관이 없다고, 그것은 순수하게 절대적 이성의 문제라고 그들이 고집스럽게 말하기 때문에, 나는 계속해서 울타리 바깥에 머물러 있게 된다. 그러나 사물들에서 논리가 축출하지 않는 저것을 보면서 내가 할 수 있는 최선은 축출을 염원하는 것이다. 현재 나는 염원조차 하지 않는다. 염원은 느낌이다. 느낌의 사례 외에 무엇이 느낌에 불을 붙일 수 있는가? 또한 헤겔주의자들이 본을 보이기를 거부하려고 한다면, 그들은 나머지 우리가 무엇을 하기를 기대할 수 있겠는가? 더 진지하게 말해서, '경험론'이 '절대론'과 벌이고 있는 한 가지 기본적 논쟁은, 철학의 구축에서 사적이고 미적인 요인들에 대한 절대론의 이러한 거부에 관한 것이다. 우리 모두가 느낌을 가지고 있다는 것을 경험론은 매우 확실하게 느낀다. 그들이 우리가 가진 다른 어떤 것에 못지않게 진리를 예견하고 예언할 수 있다는 것, 그리고 그들 중 일부는 다른 것들 이상으로 그러하다는 점은 도저히 부인할 수 없다. 그러나 절대론이, 이 공통의 기반 위에서 토론하려고 하지 않는 한, 또 절대론이, 모든 철학은 논리적이고 정서적인 우리의 모든 능력의 도움을 받는 가설이고, 그중 가장 참된 가설은, 사물들의 최종적 통합에서 전체에 대한 최고의 점술적 능력을 가진 사람의 수중에서 발견되리라는 것을 인정하지 않는 한, 의견들을 조화시키고 합의에 이를 희망이 있겠는가?

이 책은 윌리엄 제임스William James, 1842-1910의 *Essays in Radical Empiricism* (Dover, 2003)을 번역한 것이다. 제임스는 1907년에 자신의 글 몇 편을 선별해 '근본적 경험론에 관한 시론'이라는 표제를 적어 넣은 서류철에 보관했다. 이 글 묶음은 저자 사후 2년째 되던 1912년에, 그의 동료이자 제자, 전기 작가이기도 한 랠프 바튼 페리Ralph Barton Perry, 1876-1957의 편집을 거쳐 출간되었다. 편집자가 서문에서 상세히 밝히는 바와 같이, 여기에 실린 글들 가운데 몇 편은 부분적으로 또는 전체적으로 다른 지면을 통해 제임스 생전에 발표되었으며, 또 다른 몇 편은 편집자가 추가한 것들이다. 이런 점들을 감안하고 보더라도, 페리의 말처럼 이것은 논문집이라기보다는 그 전체로 한 편의 논문에 가깝다. 비록 저자의 손으로 부분과 전체가 조율된 정치한 논문은 아니지만, 이 책의 각 장은 제임스가 표방하는 '근본적 경험론'의 개념을 다양한 방식으로 규정하고 설명하고 있다.

근본적 경험론이 일반적인 경험론과 구별되는 점은 사물들의 관계를 다루는 방식에 있다고 제임스는 주장한다.

즉 사물들 사이의 연접적 관계를 신비화하는 합리론은 물론, 관계의 이접성을 강조하는 경험론과도 달리 근본적 경험론은 연속성과 불연속성을 동시에 수용한다는 것이다. 그러려면 관계의 항인 사물들뿐만 아니라 관계를 실재적인 것으로 볼 필요가 있다. 다시 말해 관계는 그 자체가 경험된 것, 즉 경험의 내용으로서, 경험된 모든 것이 그러하듯 실재적인 것으로 간주된다.

'순수경험'은 이 대목에서 중요한 개념으로 등장한다. 제임스는 순수경험을 세상에 단 하나뿐인 일차적 재료, 모든 것을 구성하는 재료라고 설명한다. 여기서 모든 것이란 앞서 말한 관계의 항들 모두를 말한다. 사물과 사고, 객관과 주관, 내용과 의식, 물질과 기억 모두라는 뜻이다. 순수경험이 이 모든 것의 재료라는 것은 뒤집어 말하면 순수경험에서 이러한 항들이 서로 구분되지 않는다는 이야기도 된다. 따라서 관계는 순수경험의 일부, 즉 부분적 경험이되, 그 관계를 이루는 항들은 경험이 발생한 뒤에 사후적으로 구분되는, 경험의 '기능적 속성'으로 규정된다.

이를 설명하면서 제임스는 우리가 '전진하는 파고점의 앞쪽을 산다'고 말한다. 그 파도에 관해 지적 지식을 얻는 것, 또는 그 파도가 의식의 내용이 되는 것, 이를테면 그것의 크기와 모양, 속도 등을 알게 되는 것은 그 파도가 소멸한 때를 기준으로 비로소 가능해진다. 그러므로 파고점 앞쪽의 우리는 그 파도에 대해 '잠재적'으로만 인식할 뿐이다. 말할 것도 없이, 그러한 인식이 현실화하는 순간에 우리는 이미 다음 파도의 마루에 서 있다. 이렇듯 순수경험은 '순간적인 현재의 장'이고, 그것이 '무엇'what인지 아직 결정되지 않았으므로 '저것'that이라 불린다. 전체로서의 경험, 순수경험의 세계는 직접적으로 주어졌을 때 일종의 의사-혼돈으로 나타난다. 부분적 경험들은 각기 다양한, 시간 속의 과정이며, 하나의 경험이 가질 수 있는 유일한 기능은 다른 경험으로 이어지는 것뿐이라고 저자는 말한다.

제임스의 사상은 당대에 상당히 논쟁적인 것으로 받아들여졌고, 특유의 문체에 대한 비판과 더불어 종종 여러 진영으로부터 공격의 대상이 되었다고 한다. 반면 다양한 분야에 대한 폭넓은 독서를 바탕으로 하는 그의 연구는 후대의 사상가들에게 적지 않은 영감을 준 것으로도 알려져 있다. 비교적 최근의 사례로 브라이언 마수미Brian Massumi, 1956~의 저서 『가상과 사건』*Semblance and Event*(갈무리, 2016)을 들 수 있겠다. 이 책에서 우리는 제임스의 근본적 경험론을 지렛대 삼아 화이트헤드와 들뢰즈 등의 사상을 '활동주의 철학'이라는 범주로 묶어 읽으려는 시도를 접할 수 있다. 특히 순수경험 개념이 주요하게 등장하는 이 논의에서 저자는 다양한 분야의 현대 예술 작품들을 가지고 경험과 지각작용이라는 문제를 설명하고자 한다.

　그렇다면 거꾸로 예술 작품을 중심에 두고 이야기를 전개할 때도 마찬가지로 제임스의 순수경험 이론에서 유효한 어떤 관점을 얻을 수 있지 않을까? 이것은 서양미술사 전공자인 옮긴이가 『근본적 경험론에 관한 시론』을 처음 접할 때 떠올렸던 물음이다. 단초가 된 것은 이 책의 9장에 등장하는 짧은 한 문장이다. 제임스는 '존재하는 것은 지각된 것'이라는 버클리의 유명한 명제를 논하는 가운데 '휘장이 그림이다'the curtain is the picture라고 부연한다. 말 그대로 부연으로 그친 이 문장에 별 비중을 둘 필요는 없을 것이다. 또 기술된 맥락만으로는 저자가 과연 어떠한 휘장과 어떠한 그림을 염두에 두고 있었는지도 확언하기 어렵다. 다만 이 휘장과 그림이라는 두 단어의 조합은 미술사적으로 의미가 있는 것이어서, 옮긴이는 이로부터 끌려나오는 생각의 타래를 멈추기 어려웠다. 이를 구실 삼아 제임스의 맥락에서 잠시 방향을 틀어보자. 이제부터 하려는 이야기는 여전히 제임스 사상을 하나의 축으로 하되, 그의 논의 바깥으로 외삽해가는 내용을 다룬다.

　본문 해당 부분의 주석을 통해 설명한 바와 같이, 휘장 그림, 즉 휘장을 그린 그림을 둘러싼 미술사의 고사가 있으며, 실제로 우리가 접할 수 있는 눈속임 그림trompe l'oeil 장르의 작품들이 있다. 바로크 시기 정물화, 때로는 풍속화에서조차 화가들은 화폭의 일부 ─ 때로는 전체 ─ 를 가리면서 관람자의 시야 앞쪽으로 성큼 다가오는 휘장을 즐겨 그리곤 했다. 이러한 그림에서 휘장은 종종 그 뒤쪽으로 묘사되는 사물들보다 더 생생하고 사실적으로 그려진다. 눈속임 그림이라는 장르가 화가의 솜씨를 과시하려는 욕망과 관람자의 착시를 이용한 유희정신을 담고 있는 탓이다.

눈속임 그림이 성립하려면 선 원근법linear perspective과 음영법chiaroscuro이라는 기술적 조건이 갖추어져야 한다. 선 원근법이 재현된 공간을 고정된 시점에 따라 배치하는 기술이라면, 음영법은 빛과 그림자의 단계적 변화를 다루는 기술이다. 재현된 공간과 관람자 사이에 가상의 격자창을 세워두는 전자의 원리를 활용하여 그 창틀에 아슬아슬하게 닿도록 단축법foreshortening으로 사물을 소묘하고 빛과 그림자의 단계들을 가능한 한 섬세하게 나누어 채색하는 것은 바로크 회화 일반에서 즐겨 사용된 방식이다. 이러한 과정을 통해 재현된 대상이 관람자의 실제 공간으로 침입하는 듯한 환영이 완성된다.

바로크 전기의 음영법은 주로 화면을 지배하는 그림자의 흐름을 중심으로 전개되었다. 이른바 카라바조Carravaggio, 1571-1610풍의 연극적 음영법을 변주하던 화가들은 점차, 보다 일상적인 빛, 유리창으로 비쳐드는 자연스러운 빛으로 공간을 채우는 방식을 탐구하게 된다. 그러면서 그림자와 반사광 속으로 녹아들던 윤곽선은 어느새 빛을 표현하는 붓질 자국으로 바뀌기 시작한다. 벨라스케스Diego Velázquez, 1599-1660가 그린 공주의 드레스의 매끈한 광택이나, 페르메이르Johannes Vermeer, 1632-1667의 하녀 앞에 놓인 빵의 거친 질감이 주는 경이로운 사실감이 그림에 다가서는 순간 캔버스 위의 물감으로, 붓이 지나간 흔적들로 해체되는 것을 떠올려보자.

그리고 마침내 누구나가 아는 동화의 결말처럼 화가들은 결국 그 빛을 따라 작업실 밖으로 나서기에 이른다. 인상주의, 혹은 외광파pleinairisme 화가들에 의해 회화는 역사상 어느 때보다 시각의 논리를 온전히 재현하는 데 바쳐졌다.

"모네가 가진 것은 오로지 눈뿐이지. 그러나 얼마나 굉장한 눈이냐!"라고, 세잔Paul Cézanne, 1839-1906은 자신의 아들에게 보낸 편지에 썼다. 이 말은 모네Claude Monet, 1840-1926 회화의 다양한 성격을 한마디로 요약한다. 모네는 평생에 걸쳐 오로지 '자신이 본' 것을 그렸다. 유명한 〈루앙 대성당〉 연작(1892~1894)에서 모네의 눈앞에 있던 '존재'는 성당의 외벽 안쪽에 감추어진 골조가 아니라 이른 아침의, 또는 정오의 광선이 부딪히는 성당의 표면, 어스름의 그림자에 묻혀 있는 성당의 표면이었다. 아니, 모네가 본 것은 성당의 표면조차 아니다. 그것이 대성당이든 들판의 낟가리든 그는 개의치 않았을 가능성이 더 크다. 그저 그 순간 자신의 감관에 '지각된 것', '저것'을 최대한 빨리, 그에 대한 지적 사고가 끼어들 틈 없이 그림으로 옮기고자 하는 것이 그의 작업이었다. 모네가 말년에 그린 후기 〈수련〉 연작에는 노안으로 백내장을 얻은 화가의 시각이 담겨 있다. 수련

클로드 모네, <수련>, 1922

연못과 그것을 바라보는 화가의 시선, 물감을 캔버스에 칠하는 손짓, 그의 신체의 노화와 질환 등의 경험들은 저마다의 이행 중에 이, 낯선 색채와 허물어지는 형상 위에서 교차하고 있다. 이것이야말로 '저것', 즉 캔버스 앞에 있던 모네의 순간적 현재의 장에 관련된 것이다.

그렇다. 그것은 '모네의' 경험이다. 관객은 화가 개인의 순수경험, 지각작용의 그림자를 엿보는 위치에 놓인다. 반면 감상자가 작품에 대해 가질 수 있는 고유한 경험은 그가 작품과 대면할 때 시간 속에서 계기적으로 변화하는 일련의 지각작용들 및 그에 따르는 사후적 인식을 포함한다. 물론 그림의 휘장이 그림임을 알아채는 순간이나, 재현된 드레스의 윤곽선이 눈앞에서 흩어지는 것, 외광파의 풍경에 그려진 수면이 몇 가지 색의 커다란 붓 자국들로 이루어진 것을 알아채는 등의 경험도 관람자의 것이다.

그러나 이러한 경험이 부수적인 효과를 넘어서 작가의 의도 일부로 본격적으로 고려될 때 작품과의 조우는 다른 차원의 경험이 된다. 그와 같은 변화를 향해 앞서 나간 대표적인 인물로 로댕Auguste Rodin, 1840-1917을 들 수 있다. 발표 당시 엄청난 거부반응과 혹평을 받은 〈발자크〉(1898) 상을 보자. 거대한 두상과 인물이 걸치고 있는 커다란 가운. 작품을 구성하는 것은 이 두 가지 요소가 전부이다. 머

오귀스트 로댕, <발자크>, 1898 (132cm)

리카락을 흐트러뜨린 채 오른편 위쪽을 바라보고 있는 머리 아래로, 가운의 두터운 주름이 시원스러울 만큼 거칠게 수직강하하고 있다. 조각에서 옷 주름은 고전고대에도, 또 르네상스 이후에도 그 아래 숨겨진 신체를 암시하기 위한 장치의 일종이었다. 그러한 경우에 옷 주름은 이면의 형상에 '아우라'를 부여하는 조건이 된다. 로댕의 〈발자크〉는 이러한 관습을 벗어나는 것처럼 보인다. 그는 이 작품을 위해 누드와 가운을 각각 분리하여 습작하는 것을 포함해 다양한 방식을 시험했지만, 결과물에서 부각되는 것은 가운이다.

　이것은 휘장 그림의 눈속임을 전복하고 있지 않은가? 눈속임 그림의 휘장이 회화의 물질적 조건을 은폐하는 3차원적 환영의 극단적인 형태라면, 로댕의 소조상은 우리의 시선을 작품의 표면 자체에 붙들어 놓으려고 대단히 애를 쓰는 것처럼 보인다. 과감한 논 피니토non-finito 기법 — 의도적으로 작품을 부분적으로 미완성인 채 남겨두는 것 — 과 대담하고 거친 터치로 작품의 표면을 강조하는 동시에, 익숙한 분절을 파괴하는 구성과 자세로 인해 관람자는 작품의 서사에 흡수되는 대신 작품 앞을 배회하게 된다. 작품의 구조를 꿰뚫어 볼 수 없어 그 표면을 자꾸만 미끄러지는 그의 시선은 — 크라우스Rosalind Krauss, 1941- 가 일찍이 지적

했듯 — '제작 과정'의 무수한 흔적들에 걸려 몰입을 방해받는다. 그럴 때 관람자는 작품에 표현된 정서에 이입하거나 작품 이면의 서사적 이념을 독해하는 대신, 작품과 자기 자신 사이에서 어떤 감정이 일어나는 것을 경험한다. 순간적 현재의 장은 '지금 여기서' 발생한다.

번역 원고를 검토해주신 조정환 선생님과 갈무리 출판사 활동가 여러분께 감사드린다.

2018년 1월 16일
정유경

부록

윌리엄 제임스 저작 목록

인명 찾아보기

용어 찾아보기

The Principles of Psychology, 2 vols. (New York : Dover Publications [New York : Henry Holt & Co. ; London : Macmillan and Co., Ltd.], 1890). [『심리학의 원리』 1~3, 정양은 옮김, 아카넷, 2005.]

Psychology (Briefer Course) (New York : Henry Holt & Co. [Cleveland : World Pub. Co. ; Greenwich, Conn. : Fawcett ; London : Macmillan and Co., Ltd., 1892). [『심리학의 원리』, 정명진 옮김, 부글북스, 2014.]

The Will to Believe, and Other Essays in Popular Philosophy (New York ; London ; Bombay : Longmans, Green & Co., 1896). [이 책에 수록된 "Is Life Worth Living?"의 한국어판 : 『인생은 살아야 할 가치가 있는가』, 김영희 옮김, 누멘, 2011.]

Human Immortality : Two Supposed Objections to the Doctrine (the Ingersoll Lecture) (Boston : Houghton, Mifflin [London : A.P. Watt], 1898).

Talks to Teachers on Psychology : and to Students on Some of Life's Ideals (New York : Henry Holt & Co. [London ; Bombay : Longmans, Green & Co.], 1899). [『선생님이 꼭 알아야 할 심리학 지식』, 정명진 옮김, 부글북스, 2016.]

The Varieties of Religious Experience : A Study in Human Nature (New York : Random House [London : Longmans, Green & Co. ; Auckland : Floating Press], 1902). [『종교적 경험의 다양성』, 김재영 옮김, 한길사, 2000 ; 『종교 체험의 여러 모습들』, 대학기독교서회, 2003.]

Pragmatism : A New Name for Some Old Ways of Thinking (New York ; London : Longmans, Green & Co., 1907). [『실용주의』, 정해창 옮김, 아카넷, 2008.]

A Pluralistic Universe (New York ; London : Longmans, Green & Co., 1909).

The Meaning of Truth : A Sequel to "Pragmatism" (New York ; London ; Bombay ; Calcutta : Longmans, Green & Co. [Westport, Conn. : Greenwood Press ; Auckland : The Floating Press], 1909).

Some Problems of Philosophy : A Beginning of an Introduction to Philosophy (New York ; London : Longmans, Green & Co., 1911).

Memories and Studies (New York ; London : Longmans, Green & Co. [Auckland : Floating Press], 1911).

Essays in Radical Empiricism (New York ; London : Longmans, Green & Co.

[Auckland : Floating Press ; Ann Arbor, MI : UMI], 1912).

Letters of William James, 2 vols. (Boston : Atlantic Monthly Press [London ; Bombay : Longmans, Green & Co.], 1920).

Collected Essays and Reviews (New York ; London : Longmans, Green & Co., 1920).

Ralph Barton Perry, *The Thought and Character of William James*, 2 vols. (Boston, Ma. : Little Brown & Co. [London : Oxford University Press], 1935) (이 책에는 *Letters of William James*에 수록되지 않은 500여 통의 서신이 수록되어 있다.).

William James on Psychical Research (New York : Viking Press [London : Chatto.], 1960).

The Correspondence of William James, 12 vols. (Charlottesville : University Press of Virginia, 1992~2004).

William James on Habit, Will, Truth, and the Meaning of Life, James Sloan Allen, ed. (Savannah : Frederic C. Beil, 2014).

:: 용어 찾아보기